国家自然科学基金面上项目"长三角乡村多功能转型模式、动力机制及土地治理对策:'镇—村'尺度研究"(72074143)的阶段性成果

大都市乡村多功能转型

URBAN
RURAL

Multifunctional Transition
of Rural Areas in Metropolises

谷晓坤 ————— 著

上海交通大学出版社
SHANGHAI JIAO TONG UNIVERSITY PRESS

内容提要

在中国式现代化持续推进和大都市率先探索全面乡村振兴的背景下,本书尝试从政府—社会—市场融合的视角,建立一套理解和分析大都市乡村多功能转型的理论与方法,探讨大都市居民、政府及社会资本三类关键主体参与乡村多功能转型的过程与机理。全书共7章,包括理论框架、数据模型和实践案例,涵盖大都市乡村多功能转型的内涵、理论框架与评估方法,城市居民对乡村多功能的认知与响应模拟,"三块地"政策创新和全域土地整治工具,以及社会资本嵌入等助推乡村多功能转型等内容。本书适合公共管理、乡村发展以及自然资源管理和乡村治理领域的专业人员阅读。

图书在版编目(CIP)数据

大都市乡村多功能转型 / 谷晓坤著. -- 上海 : 上海交通大学出版社,2024.12 -- ISBN 978-7-313-31684-4

Ⅰ.F299.2

中国国家版本馆 CIP 数据核字第 2024S7299L 号

大都市乡村多功能转型
DADUSHI XIANGCUN DUOGONGNENG ZHUANXING

著　者:谷晓坤
出版发行:上海交通大学出版社　　　　　　地　址:上海市番禺路 951 号
邮政编码:200030　　　　　　　　　　　电　话:021-64071208
印　制:苏州市越洋印刷有限公司　　　　　经　销:全国新华书店
开　本:710 mm×1000 mm　1/16　　　　　印　张:14.75
字　数:224 千字
版　次:2024 年 12 月第 1 版　　　　　　　印　次:2024 年 12 月第 1 次印刷
书　号:ISBN 978-7-313-31684-4
定　价:79.00 元

前言

　　工业化与城市化作为现代经济社会发展的重要标志,是推动社会结构变革、经济增长方式转变的关键因素。然而,全球范围内以城市为核心的经济发展范式,往往伴随着大量乡村人口向城市持续迁移,在为经济发展提供了所需的劳动力与消费市场的同时,也导致了乡村地区在经济发展、社会结构、文化传承等方面出现不同程度的衰退。自 20 世纪 70 年代以来,一部分城市化先行国家出现了逆城市化趋势,城市周边通勤地区的出现、部分制造业迁往乡村以及第二产业、第三产业的城乡流动日趋频繁,刺激了新的需求,从而带动了以农业生产为主要功能的乡村向消费为主要功能的乡村的转型。20 世纪 90 年代以后,欧美、日韩等地的城乡不同社会群体对乡村的利益诉求日益多样化,再加上可持续发展语境下对乡村资源保护、文化景观价值等功能的认知,进一步驱使消费型乡村向生产、消费和保护并重的多功能乡村的转型,带动了许多乡村重新走向复兴。

　　在我国几千年的历史长河中,乡村一直扮演着举足轻重的角色。乡村不仅是我国传统社会的基本聚落单位与基本社会单元,还是我国农耕文明的基础所在,具有传统性、共同性和自主性的特点。从功能上来看,传统乡村不仅仅是农业人口的聚居点,具备基本的生活功能,还具有生产、商业以及教育等多种功能。由于历史原因,在 1978 年改革开放前,我国在城乡之间实行了区域界线分明、人员控制严格、产业分工清楚、管理方式迥异的体制,形成了所谓城乡"二元结构"。其重要特征是"乡村只能搞农业,城市才能搞工业",由此传统上"百业可兴"的产业乡村一次性退化成为单一"农业功能"的生产乡村。自 1978 年改革开放以来,在全球化、城镇化及工业化的冲击下,我国城乡地域结构、产业结构、就业结构、社会结构快速演变,城乡治理体系的持续变革,引发城乡空间、社会、文化的巨大变化,出现了普遍的乡村空心化、人口过快老弱化、水土环境严重污损化等严峻问题。如何扭转乡村的持续衰落,激发乡村的发展活力,成为我国进入快速工业化后期面临的重要挑战。自 2004 年以来,我国先后实施了新农村建设、美丽乡村建设等重大战略,以"乡土文化"为文明传承载体,毅然选择走乡村振兴之路。2017 年党的十九大报告正式提出"乡村振兴战略",2018 年发布了《乡村振兴战略规划》,2019 年发布了《关于建立健全城乡融合发展体制机制和政策体系》,这表明我国城乡关系发生了历史性变革,标志着我国城乡关系走入"城乡融合"的新阶段。乡村经济的可持续发展、社会活力的恢复、生态环境的优化及乡土文化的传承等乡村功能的多样化发展是乡村振兴的核心内容,并且随着我国城乡转型的进一步发展,乡村多功能价值将更加凸显。

《中国城市建设统计年鉴》数据显示,截至 2023 年 11 月,我国拥有 10 个超大城市、9 个特大城市和 13 个Ⅰ型大城市。持续近 40 年大规模的城市化进程,一方面造就了这些现代化的大都市,另一方面也塑造了大都市乡村这一代表性的乡村类型。大都市乡村,指位于大都市行政区域范围内、都市建成区以外的空间区域。在这里,城市与乡村的力量交织碰撞,共同作用和影响着大都市乡村的发展与演变,使其展现出既不同于大都市建成区又不同于一般乡村的独特之处。

一方面,大都市乡村比一般乡村区域受到更强烈的城市化影响,中心城区与其周边乡村之间互动的强度更大、频率更高,方式也更丰富,在空间、资源、生态等问题上形成紧密联系的生命共同体,共同影响大都市的可持续发展。以上海为例,作为大都市里的稀缺资源,乡村已经不仅仅肩负农产品供应功能,更具有多元复合功能,逐渐成为城市核心功能的承载地,提升城市能级和核心竞争力的战略空间,乡村对于上海建设社会主义现代化大都市具有重要的经济价值、生态价值和美学价值。

另一方面,大都市的竞争力不仅体现在巨大的人口数量上,更体现在汇聚了数量庞大的人才,尤其是青年人。这部分群体对传统性、亲自然、个性化的生活和工作方式的新需求,恰与乡村的历史文化底蕴、传统"非标"特质相契合。与此同时,数字技术重塑了广阔的虚拟城乡社会空间,为他们从城市回到乡村并仍保持与城市的社会联系提供了可实现的技术载体,这将深刻影响着周边乡村的空间利用与产业形态,从而构成了中国式城乡融合现代化的生动图卷,实践了大都市乡村多功能的转型。以新农人、乡村 CEO(农村职业经理人)、乡村运营官、乡创客等为代表,一批青年人自主回归乡村创业创新。网红民宿、咖啡馆、亲子科普、乡村教育、露营、剧本杀、低空飞行等新业态在乡村不断涌现。以《种地吧》为代表的乡村真人秀综艺节目的热播,李子柒、二米炊烟等乡村博主成为海内外网络平台的顶流……大都市乡村的多功能转型,不仅是乡村领域的新现象和新问题,更是整个大都市和区域研究都不能忽视的新议题,也成为大都市城市治理的新课题。

在持续推进中国式现代化和大都市率先探索全面乡村振兴的背景下,本书尝试从政府—社会—市场融合的视角,建立一套理解和分析大都市乡村多功能转型的理论与方法,揭示大都市居民、政府及社会资本三类关键主体参与乡村多功能转型的内在逻辑与影响效果。全书分为 7 章。首先,本书系统构建了大都市乡村多功能转型理论分析框架,提出了基于城乡居民需求视角的大都市乡村多功能评估方法。其次,本书从大都市居民作为乡村服务和商品的主要"消费者"的定位出发,调查研究了他们对城市周边乡村多功能性的认知态度及其差异,并定量揭示了大都市居民对乡村多功能转型的响应及内在机理。再次,本书的研究视角转向政府,探讨了大都市周边乡村"三块地"涉及的政策创新实践与乡村多功能转型的关联逻辑,聚焦促进乡村多功能转型的空间治理工具,提出了从全域土地整治到"规划—整治—运营"一体化治理范式。最后,本书从以社会资本为核心的市场视角出发,分析了社会资本嵌入乡村自然资源、助推乡村多功能转型的具体路径与机制。

本书尝试突破单一学科的研究视角与研究范围,以地理学的空间视角、公共管理学的政策视角、社会学的城市居民视角以及经济学的企业视角等多学科交叉融合的方法,来观察和分析大都市乡村多功能转型的过程与机理。在行文中,笔者不免在满足大都市城乡所有居民需求的乡村多功能的理想与实际面向乡村居民需求的乡村多功能之间摇摆,书中存在的疏漏之处,敬请读者朋友们批评指正。本书是国家自然科学基金面上项目"长三角乡村多功能转型模式、动力机制及土地治理对策:'镇—村'尺度研究"的主要成果。书中部分章节内容来自笔者与周小平教授、许德娅副教授、张正峰教授、李小天博士、徐梦瑶博士、刘静、陶思远、谢泊明、卢方方、刘博研等人合作的已经正式发表的学术论文。感谢许德娅副教授、李小天博士，以及申端帅、谢泊明、徐凯基、张陈晓等同学先后参与不同阶段的调查、数据分析和资料整理工作。感谢北京师范大学的刘博研、甄奚、曹飞同学分别参与了部分章节的内容讨论、翻译、引文勘误以及文字校对工作。感谢张丽和徐唯在本书出版过程中给予的帮助。特别感谢上海市规划国土部门、宁波市国土资源规划部门、德清县政府在项目合作中提供的支持帮助和专业建议。特别感谢上海交通大学国际与公共事务学院、中国城市治理研究院的领导和同事们在工作中给予笔者的指导和帮助。

目录

第 1 章

大都市乡村多功能转型的
研究背景与理论框架

　　乡村是中国历史文化的底色，也是中国式现代化中最为关键的一环。面向城乡融合和乡村振兴目标，大都市乡村率先涌现出新生机，为开展中国式乡村多功能转型研究提供了丰富的实践场景。本章简要介绍了大都市乡村多功能转型研究的背景，分别从都市农业多功能、乡村（地域）多功能和乡村转型三个不同方向，梳理了相关研究进展。本章提出了大都市乡村多功能转型的基本概念，回顾了国际国内大都市乡村多功能转型历程，依据内源性和外源性乡村发展以及乡村"内核—外缘"系统等理论，构建了大都市乡村多功能转型"政府—市场—社会"三维耦合理论分析框架。

1.1　大都市乡村多功能转型的研究背景

1.1.1　乡村：中国历史文化的底色

　　"乡"，古时写作"鄉"，与"向""享""饗"等通用，始见于商代甲骨文，其古字形像二人面对着盛满食物的器皿，表示二人相向而食。《说文解字》里提到"乡、国离邑、民所封乡也、啬夫别治、封圻之内六乡、六乡治之、从㘇、皀声、许良切"，即乡是与国都相距遥远之邑，是百姓开荒封建之乡，由乡官啬夫分别管理。《国语·齐语》记载："五家为轨，轨为之长；十轨为里，里有司；四里为连，连为之长；十连为乡，乡有良人焉。"春秋战国时期，大约两千家为一乡。自秦汉以后,郡、县、乡、亭构成基本的行政组织结构。《汉书·百官公卿表上》记载:"大率十里一亭,亭有长;十亭一乡,乡有三老、有秩、啬夫、游徼。"唐、宋迄今,尽管乡的人数、管辖区有变化,但都作为固定的行政区域单位和一级行政组织被固定下来,并成为一种稳固的政治制度(宁志中,2019)。

"村"来源于"邨",基本含义为野外的聚落。《说文解字》记载:"邨地名、从邑、屯声、臣铉等曰、今俗作村、非是此尊切。"现存典籍中,最早出现"村"字的是《三国志》,"村"与"落"连用。以"村落"命名乡野的民众聚居之所,也在此时肇兴并逐渐盛行。东晋时,村落在文人笔下也时有出现。如陶渊明的诗《归园田居·其一》:"暧暧远人村,依依墟里烟。"《移居二首·其一》:"昔欲居南村,非为卜其宅。"《搜神后记》卷五:"未至村,日暮。"《桃花源记》描述了一个中国人永恒的精神家园,并明确写道这是一个村落:"便要还家,设酒杀鸡作食。村中闻有此人,咸来问讯。"南北朝时,村可能已经具备了行政区划意义,成为基本的税收单位、经济事务单位和行政管理单位。唐代以后,"村"成为所有的野外聚落的统称,并且被纳入国家管理体系,成为国家行政管理的基层单位(胡彬彬,2021)。

"乡"为野域,"村"为聚落,但因乡、村均为县以下的地方基层组织,因此我国古代常将乡、村二字连用,用以指代城以外的区域,古代"乡村"亦作"乡邨"。乡村一词可能最早出现在南北朝时文人谢灵运的《石室山》中,"清旦索幽异,放舟越坰郊。……乡村绝闻见,樵苏限风霄"。此后,"乡村"开始成为具有地域含义的固定词语。《古代汉语词典(第二版)》(最新修订版·彩色本)并没有收入"乡村"一词。《现代汉语词典(第7版)》收有"乡村"一词,其定义为"主要从事农业、人口分布较城镇分散的地方"。中共中央、国务院印发的《乡村振兴战略规划(2018—2022年)》第一篇第一章给予"乡村"一词的定义是:"乡村是具有自然、社会、经济特征的地域综合体,兼具生产、生活、生态、文化等多重功能,与城镇互促互进、共生共存,共同构成人类活动的主要空间。"

人们一般认为,乡村就是城市外的区域。但是,现实中并不存在一个城市消失和乡村开始的明显标志线。从乡村到城市是渐变的、交错的、模糊的,因此,对乡村的定义也并未统一,总体来说,主要有3个不同视角(宁志中,2019): ① 基于社会文化视角,把乡村作为一种社会文化构成,认为低人口密度地区(乡村地区)的居民与高人口密度地区(城市地区)的居民存在价值观、行为和文化上的差异。乡村往往与固守传统的地方性价值观相联系,乡村社会生活以大家庭为中心,其家庭观念、血缘观念比城市重。② 基于行业产业视角,乡村地区以第一产业,特别是农业和林业为主,经济活动较为简单,从而认为"乡村"等同于"农村"。③ 基于景观生态视角,有学者从城市与乡村之间的人口分布、景观、土地利用特征、相对隔离程度等生态环境与景观差异着手,将乡村界定为土地利用方式粗放,郊外空间开阔,聚居规模较小的地区。这一定义将乡村看作是一个特定的空间地域单元,既包括乡村居民点,又包括居民点所管辖的周围地区。该视角下的乡村定义与人们对乡村的现实理解比较接近。

1.1.2　大都市乡村:城市化浪潮的一粟

1) 金泽镇:上海大都市乡村华丽转型的代表

金泽镇位于上海市青浦境域西南,与江苏、浙江两省交界,是江浙两省进入上海的唯一西入口。金泽古镇建于唐宋年间,古称白苎里,在白米港上,是古时运米的聚集之地。金泽镇境内多湖荡泽地,土质肥沃,是典型的江南水乡小镇。《江南通志》有"地接泖湖,稼人获泽如金"之说,遂名金泽。金泽镇又以"桥庙文化"为特色,至今镇上还保存着宋元明清时期所建的七座古桥梁,素有"江南第一桥乡"美誉。1958 年,为解决上海市辖区面积狭小、人口众多、副食品供应短缺等发展瓶颈与民生问题,国务院批准将江苏省的青浦等 10 个县相继划入上海,金泽也随之划入,并成为距离上海市中心最远的镇之一。

现在的金泽镇于 2004 年 3 月由原金泽、商榻、西岑(包括原莲盛镇)3 镇撤并而成,区域面积达 108.49 平方千米,下辖 30 个行政村、5 个居委会,户籍人口 6.22 万人,常住人口 5.4 万人。金泽镇水域面积占全镇面积的近1/4,全上海 21 个天然湖泊中,有 19 个在金泽;金泽独占上海市最大淡水湖——淀山湖 2/3 的湖岸线;由 7 个湖荡和 1 条河港串联而成的"蓝色珠链"是镇域内标志性生态风貌;金泽水库保障着上海西南 5 区 670 万人口的原水供应;全镇各类生态涵养林超 6 000 亩,森林覆盖率高达 16%。受限于区位条件和生态保护功能,改革开放40多年来,金泽镇的乡村生态景观风貌几乎没有发生实质性变化,以种植业和水产养殖为主要产业,乡村年轻人口持续流出,零星工业用地利用粗放、低效,经济社会发展水平相对周边地区明显滞后。

2012年,为缓解上海大都市生态空间紧张现状,上海市在全市重要生态节点布局了21个郊野公园,位于金泽镇的青西郊野公园作为试点之一。青西郊野公园以大莲湖及湖周边河湾、岛屿为基底,以保持现有河湖水系、农田林网、自然村落等肌理为特色,突出水、林、田为主的保护修复,结合地区空间人文特色塑造,打造以生态保育、湿地科普、农业生产、体验休闲为主要功能的远郊湿地型郊野公园,为市民提供富有野趣的休闲游憩空间。2016年10月,总面积达到4.65平方千米的青西郊野公园一期建设完成并对外开放。2020年国庆长假期间,入园游客超4.5万人次,创下开园以来的新高峰,成为展现国际大都市乡村的重要窗口。

2017年,华为与上海市政府签署战略合作框架协议,双方约定在软件和信息服务业、物联网、车联网、工业互联网、智慧城市示范应用等方面开展全面合作,并正式启动华为青浦研发中心项目,选址于金泽镇的育田村和西岑村一带。原本只有800户居民的上海远郊乡村,依托丰富的生态、文化以及农业资源优势,塑造江南韵、小镇味、现代风的新江南水乡风貌,未来将迎来约4万科技人才入驻,华美转身成为全球瞩目的具有江南水乡特色的科创小镇。

2)仙潭村:杭州大都市乡村的逆袭代表

德清县仙潭村位于莫干山北麓,与莫干山镇政府所在地相距10公里,与杭州市相距68公里。仙潭村四面环山,远观群峦叠起,风景宜人。村庄面积达11.8平方千米,约600户人家,拥有水田800亩、林地14 000亩,主要以毛竹拉丝粗加工、挖毛笋、生猪养殖、水稻种植等传统农牧业为主。由于交通不便、产业单一、设施落后,村里的年轻人都纷纷外出务工。2000年以前,户籍人口将近2 000人的村落,常住人口却只有不到1 000人,仙潭村人口流失、老龄化、房屋闲置、基础设施老旧、"空心化"等问题突出。

1999年,随着莫干山乡村旅游热的兴起,仙潭村开设了第一家农家乐。

2003 年,浙江启动实施"千村示范、万村整治"工程,开启了以改善农村生态环境、提高农民生活质量为核心的村庄整治建设大行动。此后,村庄人居环境设计水平有所提升,农家乐数量也增长到十几家,不过整体消费水平不高,大部分村民仍然以毛竹毛笋加工为主要收入来源。2013 年,为保护下游老虎潭水库,位于水库上游的仙潭村根据要求关停了竹笋厂、竹拉丝厂等工业企业,乡村非农产业更加单一,仅剩下几家农家乐。

机缘巧合之下,几个规划设计专业的学生在莫干山发现了名不见经传的仙潭村。随后,他们租下一处村民闲置的民房,设计改造成为一家高端民宿,取名为"大乐之野",以 2 000 元一晚的价格、一房难求的"网红民宿"的市场表现,重新定义了这个小山村的民宿产业。

2013 年,在县城开小饭店的仙潭村村民沈蒋荣回村二次创业,将自家的老宅改作高端民宿,取名"莫梵"。作为第一家由村里人自主经营的民宿,莫梵的房价在千元左右,开业当年入住率达到 53%,2016 年上升到 61%。随后,越来越多在外的仙潭村人回乡改造自家房屋开办民宿,"薜园""隐宿""芷水""清栖""在水小馆""漫步山乡"等民宿陆续开业。高端民宿的发展,一方面发展带动了当地菌菇、竹笋和中药材等林副产品的销售;另一方面,还带动了民宿配套产业,比如农场、鱼塘等观光农业的发展。熟悉电子商务和物流产业的年轻人回来,在村里打造"农产品进城、消费品下乡"的中转服务站。

截至 2020 年,仙潭村外出人员回乡的有 300 多人,其中从事民宿经营的有近 200 人,从事民宿相关配套产业的有 100 多人。2021 年,仙潭村接待国内外游客达 20 万人次,全村旅游综合收入高达 7 130 万元。仙谭村先后获得国家 3A 级景区村庄、2022 年中国美丽休闲乡村等荣誉。

3) 数字乡民:链接虚拟时代的城市与乡村

1997 年,日立公司的前首席执行官牧本次雄和英国记者大卫·曼纳斯首次提出了"数字游民"(digital nomad)这一概念。数字游民指无须办公室等固定工作场所,而是利用网络数字手段完成工作的群体。随着人工智能在全球范围高速发展,互联网新技术和数字工具持续迭代升级,数字游民的数量快速增长。无国界数字游民机构"Global DNX"曾预计,到2035 年,全球数字游民或采用数字游民生活方式进行远程工作的人将达到 10 亿人①。北京大学国家发展研究院与智联招聘联合发布的《2022 雇佣关系趋势报告》认为,"数字游民"这样依托互联网的新型工作和生活方式也正在成为越来越多年轻人的选择,超过七成"00 后"表示想成为"数字游民"②。

"数字乡民"则专指在乡村地区生活和工作的数字游民。农业农村部的数据显示,从 2012 年初到 2022 年底,全国返乡入乡创业人员累计达到 1 220 万人③,以青年为主体的各类返乡群体为乡村振兴注入了新的活力,艺术家、科技工作者、创业者在乡村建立工作室、实训基地、创业小镇的数量在不断增长。乡村的宜居生态和人文情怀是吸引"数字乡民"的重要因素。对于长期生活在城市中的各类人才来说,他们可以在乡村中体验田园牧歌和炊烟袅袅,与此同时,数字化工具助力"数字乡民"摆脱工作空间的约束,实现在乡村完成工作,在线维持与不同团队之间的合作。不同于传统的人才下乡,相当一部分"数字游民"是在全球范围内流动的科技工作者、艺术家和创业者等优秀人才,连接了城市乃至全球范围内的资本、技术、市场等资源。这部分群体让诸多外部要素溢出进入乡村。他们带来的资本、技术、市场需求和运营理念等发展要素,不仅为既有产业提档升级提供了可能,还推动了乡村文化产业、特色产业、县域电商等新产业形态的发展,构成了中国式城乡融合现代化的生动图卷(宋庆宇、付伟,2023)。

1.1.3 大都市乡村多功能转型:政策背景与意义

1) 中国式现代化与乡村振兴

在全球化、城镇化及工业化的冲击下,城乡地域结构、产业结构、就业结构与社会结构的快速演变引发了中国城乡空间的巨大变化,如何扭转乡村

---

① 马路天使.当数字游民,"赚第一世界的钱,到第三世界花。"[EB/OL].新周刊,(2021 - 02 - 01)[2024 - 07 - 01]. https://baijiahao.baidu.com/s?id=16903819263011961 50&wfr=spider&for=pc.
② 《2022 雇佣关系趋势报告》发布:超半数职场人正在兼职,近 8 成 00 后有躺平想法[EB/OL]. 搜狐网,(2022 - 10 - 12)[2024 - 07 - 01]. https://www.sohu.com/a/592169675_ 120619005.
③ 截至 2022 年底,全国返乡入乡创业人员数量累计达 1 220 万[EB/OL]. 光明网,(2023 - 02 - 17)[2024 - 07 - 01]. https://m.gmw.cn/baijia/2023-02/17/36372410.html.

的持续衰落,如何激发乡村的发展活力,成为中国进入快速工业化后期面临的重要挑战(刘彦随,2007;龙花楼等,2009)。2004年以来,中国先后实施了新农村建设、美丽乡村建设等重要战略。党的十九大报告提出的乡村振兴战略进一步为未来中国乡村的发展指明了方向。自2018年以来,每年的中央农村工作会议都聚焦乡村振兴,或从宏观上对乡村振兴战略进行部署,或部署阶段性乡村振兴任务,或部署年度乡村振兴任务,指导乡村振兴稳步推进。2021年4月,第十三届全国人民代表大会常务委员会第二十八次会议通过的《中华人民共和国乡村振兴促进法》,是我国第一部全面指导和促进乡村振兴的法律,也是"三农"领域一部固根本、稳预期、利长远的基础性、综合性法律。

党的二十大报告明确提出,新时代新征程中国共产党的中心任务是"团结带领全国各族人民全面建成社会主义现代化强国、实现第二个百年奋斗目标,以中国式现代化全面推进中华民族伟大复兴";并提出中国式现代化是人口规模巨大的现代化,是全体人民共同富裕的现代化,是物质文明和精神文明相协调的现代化,是人与自然和谐共生的现代化,是走和平发展道路的现代化。党的二十大报告还提出,"全面建设社会主义现代化国家,最艰巨最繁重的任务仍然在农村",明确了要全面推进乡村振兴,要求坚持农业农村优先发展,坚持城乡融合发展。把解决好"三农"问题作为全党工作重中之重,举全党全社会之力全面推进乡村振兴。乡村地区的转型与全面振兴是实现中国式现代化的关键与重中之重。

2)大都市乡村是全面乡村振兴的前沿示范

大都市乡村通常指的是环绕在大都市中心城或卫星城周边的乡村区域。这个区域范围的大小会因大都市的规模和扩张速度而有所不同,但都是大都市的有机组成部分。它既不是城乡接合部,也不是小城镇,既具有乡村的特色,又承担着大都市的部分功能。这些地区不仅拥有优美的自然风光和丰富的农业资源,还承载着深厚的乡村文化传统。它们是大都市居民休闲度假、体验乡村生活的好去处,也是乡村居民实现农业现代化、提高生活水平的重要载体。纽约近郊的广袤乡村,伦敦周边的绿带,上海外环以外的郊野,都是典型的大都市乡村。

由于大都市经济发展水平高、城乡融合程度高、资金与人才集聚度高,大城市中心城与其乡村区域在产业、土地、人才、资金等要素上的双向流动频繁,对乡村发展产生强大的带动作用。此外,大都市乡村紧靠市场前沿,对丁产业发展的新动向十分敏感,乡村产业结构调整具有主动性和先导性。由此,大都市乡村依托其中心城区的资源优势率先成为全面乡村振兴的前沿示范区域,休闲旅游、新型居住、康养、文旅、亲子教育、电商、文创、企业研究等新业态、新功能不断涌现。以国际大都市上海为例。上海明确提出乡村是"建设生态文明的主战场、长三角江南田园文化的集中展示区、承载上海科创中心建设的重要战略空间"。未来的上海乡村空间,不仅仅是广大农民的生产、生活和创业空间,也是广大市民享受田园生活、亲近自然、品味长三角江南田园文化的体验空间,更是承接全球城市新兴业态,承载科创中心建设的绿色创意灵动空间。

3) 中国特色乡村多功能转型研究亟待开展

乡村多功能是指乡村不仅生产粮食,还能维持乡村景观,保护生物多样性,创造就业机会,促进乡村地区的发展(Potter,2002)。20 世纪 90 年代末,欧盟(European Commission,EU)把多功能性发展作为应对欧洲乡村空间转型的范例(European Commission,1999)。这一政策迅速推广到大多数的发达国家,对引导世界乡村发展逐步从以农业为中心的部门方法向更为一体化的愿景演进起到了重要的促进作用(Horlings and Marsden,2014)。乡村多功能理论自被提出以来已经在日本、韩国等人口密集的国家进行了实践,对其乡村的转型发展产生了积极影响(Holmes,2006)。乡村多功能是一种用来描述乡村转型状态的可能"结果"的概念。乡村转型的过程和理想结果就是多功能乡村的产生(Wilson and Jonathan,2003)。在中国快速城市化过程中,乡村内部和外部环境发生显著变化,逐渐呈现出功能多元化的趋势和转型特征(龙花楼,2012)。

2010 年以后,为适应国家破解"三农"问题和推进乡村振兴重大战略需求,愈来愈多的学者开始关注乡村地域多功能研究,取得了富有启迪性的研究结论与成果(罗雅丽等,2016;房艳刚、刘继生,2015;杨忍等,2019)。

近几年来,在乡村多功能和乡村转型的共同语境下,国际上开始出现针对城市周边乡村多功能转型进行研究的新趋势(Zasada,2011;Henke and Vanni,2017;Gu et al.,2019;谷晓坤等,2019)。作为近几年才兴起的交叉研究的前沿和热点,我国乡村多功能转型研究存在较大的开拓空间。

1.2　相关研究进展

"多功能"是指一件物品或一项技术的多种用途或功能。它可以实现不同的功能,满足不同的需求,提升效率和便利性。"多功能"一词在乡村发展的背景下,通常指的是乡村空间、资源和社会组织的多样性及其相互作用所带来的多样性功能。与大都市乡村多功能转型相关的研究主要包括三个方面:都市农业多功能、乡村(地域)多功能和大都市乡村转型。

1.2.1　都市农业多功能

1) 农业多功能

最早在 20 世纪 80 年代末,欧共体委员会就开始强调农业可以在地域经济发展、环境管理和乡村社会生存等方面做出多元贡献。1992 年,里约热内卢环境与发展地球峰会上提出,将"农业多功能性"(agricultural multifunctionality)定义为:除粮食纤维等生产的初级功能外,农业活动也可塑造景观、提供环境利益,例如土地保护、可更新自然资源的永续发展及生物多样化,以及有益于许多乡村地区的社会经济活力(Van Huylenbroeck, 2007)。欧洲理事会关于农业法律的文件中首次出现了"多功能农业"的概念(Wilson,2009)。经合组织(Organization for Economic Cooperation and Development,OECD)农业部长委员会宣言将"农业多功能"定义为:除了具备生产食物和纤维的功能以外,农业还具有景观塑造、生态环境保护和促进乡村经济社会发展的功能(Maier and Shobayashi,2001)。

2) 都市农业多功能

在城市化进程不断加速和城乡关系迅速演变的背景下,都市农业作为一种与城市发展密切相关的新形态,已成为一种显著趋势。都市农业指位于城市内部及城市周边地区,依托城市发展并为都市提供农产品、观光农业、生态农业等农业产品的现代农业,是城市生态系统的有机组成部分(Peng et al.,2015)。不同于传统农业,都市农业并非只关注农业的经济功能,而是生态、社会、文化等多种功能并重,其发展与进步有赖于农业多功能性的发挥。有学者指出,都市农业发展已渗透到经济、社会、环境和空间各方面,成为城乡和谐发展的关键和基本保证(杨振山、蔡建明,2006)。

张锦华和吴方卫(2006)将都市农业的生态功能及发挥的作用分为提供直接服务的功能,如提供生态产品和为城市居民提供生态休闲观光旅游场所,以及提供间接服务的功能,包括固碳释氧、涵养水源、保持土壤和维持营养物质循环等。王航(2013)对沪宁杭都市农业的经济、生态和社会功能进行了比较研究,发现上海的耕地和杭州的林地资源优势明显,沪宁杭农业产业结构变化率因都市农业实施时间长短呈梯度递减特点,三市农业旅游都处于由休闲阶段向度假阶段转型的进程中。王明等人(2015)以西安都市圈为研究区域,分析了都市农业多功能协调发展的动态变化以及空间差异,为都市农业结构调整,优化配置农业部门及结构,合理规划都市农业空间布局提供了参考。李梦桃和周忠学(2016)以中国具有代表性的 22 个城市为研究对象,应用四维评价模型探究中国都市农业功能发展水平的空间差异特征及多功能发展模式。彭锐等人(2021)以探究大城市近郊多功能现代农业的实施路径为目的,通过对通安示范园的需求分析提出其农业多功能发展路径,为示范园都市现代农业的发展指明方向。Madara 等(2022)以拉脱维亚为研究对象,确定了都市农业的政治、经济、社会、环境和科技 5 类 14 项功能,并指出所有职能之间都存在相互作用,其中支持城市可持续发展、教育、提供生态系统服务和技术创新的功能对其他功能的影响最大。

1.2.2 乡村(地域)多功能

1) 乡村多功能

国际上,乡村多功能内涵界定研究经常采用需求和供给视角分析方法。Gómez-Sal 等(2003)把乡村多功能分为生态、生产、经济、文化和社会五类。Plieninger 等(2007)将乡村多功能分为可以供人类休闲和居住功能;提供粮食和资源的农业生产功能;为工业、基础设施、采矿和废物处置的场地功能;作为动植物的栖息地和撤退的生态功能,不同的文化和休闲景观功能。Willemen 等(2010)等将荷兰乡村的功能划分为居住、集约化生产、文化遗产、旅游观光、生态系统、耕地生产、休闲等七类,并基于此研究了不同功能间的相互作用。房艳刚等(2015)则从理论范式角度揭示乡村多功能的内涵,说明乡村地域主要有三大功能:一是通过农业生产空间,永续地提供充足的资源品;二是通过生态空间为非自律的城市生态系统提供环境负熵流,容纳、消解污染物;三是通过聚落空间(体系)响应和引导区域城乡人口变化趋势,提供理想栖居空间。

2) 土地多功能

1999 年,世界粮农组织(Food and Agriculture Organization of the United Nations,FAO)比较系统地提出了土地支撑人类和其他陆地生态系统等 10 个基本功能,但未对土地功能的概念内涵做出明确界定。全球土地计划 (Global Land Programme,GLP)在土地科学实施计划报告中指出,应当在充分理解土地多功能与土地功能的空间分离策略的基础上,开展更加细致的、多尺度的评估,以提出适应未来情景的土地利用方案(GLP,2016)。土地多功能研究框架已经被广泛用于欧洲、中国和其他一些发展中国家,为土地资源的可持续管理与政策制定提供决策支持(Wiggering et al.,2003)。

由于对土地多功能的研究目的和侧重点不同,关于土地多功能利用类型的划分,不同学者的观点也存在差异。有学者从"三生"视角将土地功能利用类型划分为生产、生活以及生态三类(赵丽等,2017)。其中,生产功能是实现生态功能和生活功能的前提和基础。在可持续发展战略强调经济、社会、环境协调发展的基本原则下,一些学者将土地功能利用类型划分为:经济功能、社会功能和生态功能(Xie et al.,2010)。随着研究的深入,对土地功能类型的划分更加细化。基于欧盟 SENSOR 计划研究成果,一些学者将土地功能进一步细分为 9 个子功能(Hermanns et al.,2015;杜国明等,2016),即经济功能细分为农业生产功能、非农业生产功能和交通功能;社会功能细分为就业支撑功能、娱乐功能、文化和美学价值功能;环境功能细分为提供非生物资源功能、供给生物资源功能、维持生态系统平衡功能。人们对土地功能利用的认识经历了从一元到多元的过程,分类不断细化。土地多功能利用分类的焦点也从系统整体性逐渐向可持续性转变,并逐渐呈现较强的宏观性、系统性。

此外,许多学者着眼于土地多功能利用评价的相关研究。土地多功能利用评价是评价土地利用变化对土地功能可持续性影响的核心内容,对促进土地资源可持续利用具有重要理论指导意义和现实价值。构建土地多功能利用绩效评价指标体系是土地多功能利用评价的首要步骤。学者们一般在对土地多功能利用类型的正确识别与分类的基础上,构建多层次、多尺度的土地多功能利用评价指标体系。由于土地多功能涉及经济、社会和环境3个维度,因此,评价指标体系一般可以分为经济、社会和环境三大类。其中,经济指标主要包括物质生产和收益等,社会指标主要包括就业和公共服务等方面,环境指标主要包括土壤和生物多样性等方面(彭建等,2014;李广东、方创琳,2016)。确定评价方法是开展土地多功能利用评价的第二个步骤,目前采用较多的评价方法有:灰色关联投影法(王枫、董玉祥,2015)、熵权改进的 TOPSIS(Technique for Order Preference by Similarity to An Ideal Solution)法(张一达等,2019)、全排列多边形图示法(张路路等,2016)、投影寻踪模型法(张路路等,2018)。在评价结果上,学者们通过研究发现,土地多功能利用评价的区域多集中在我国东部,对西部地区的研究比较少(张晓平等,2014);在空间上,农村与城市、平原与丘陵山区以及不同行政区域之间土地多功能利用都存在差异(谢高地等,2009)。

3) 乡村(地域)多功能

Wilson(2007)从乡村地域转型过程入手,深入地对乡村地域多功能转型问题进行更加系统科学的理论分析,指出土地不仅具有提供粮食的功能,还具有生态、社会等功能。李平星等(2014)从地域功能角度出发,将乡村地域功能分为经济、社会和生态环境三大类,或者分为经济发展、粮食生产、社会稳定、生态保育等类型;从乡村土地利用及其功能出发,乡村地域功能可分为社会、经济、环境功能三大亚类;从乡村生态系统角度出发,则可将乡村功能划分为供给、调节、文化和支撑功能四大类。简单来说,乡村多功能与土地多功能具有紧密联系,尤其是乡村区域土地多功能与乡村多功能内涵存在交叉,乡村土地多功能是否满足乡村多功能转型的要求,是影响后者能否实现的一个决定性因素。

1.2.3　乡村转型

1) 乡村转型

乡村转型的概念较早见于欧洲乡村地理学与社会学学者对欧洲等地

区乡村发展变迁的论著,用以形容工业化时期乡村在社会结构、经济权力、空间景观等方面的变化。罗吉斯和伯德格(1988)认为乡村转型就是乡村社会变迁的过程。在这个过程中,传统乡村由农业社会向现代工业社会转变,主要表现出人口结构和职业结构的转换。蔡运龙(2001)认为乡村转型发展主要体现为农民生活水平、农业土地经营方式、乡村经营发展模式和工农关系等方面的转变。Woods(2005)将乡村转型定义为在城乡因素的交互影响下农村地区社会经济结构的重新塑造。刘彦随(2007)认为乡村转型发展是实现农村传统产业、就业方式与消费结构的转变。龙花楼等(2011)认为乡村转型发展实质上与国际上流行的乡村重构具有相似的概念内涵。陈晓华和张小林(2008)则认为乡村转型发展集中表现在经济形态、空间格局与社会形态方面的转变,以及在此基础上实现的乡村空间重构。

乡村转型发展同时受到内在因素和外援驱动力的共同作用。内在因素即乡村本身所具有的自然条件、资源禀赋、区位条件及产业基础等;外援驱动力包括外来投资的地区倾向、大城市的辐射带动、区域政府的发展政策等(龙花楼等,2001)。吴传钧(2001)认为工业化、城市化的快速推进导致乡村产业结构、就业结构与农业生产等发生巨大变化,是农村土地利用转型的原始动力。新时期,工业化、城镇化、产业结构升级和制度创新成为乡村转型发展的四大核心动力(陈玉福等,2010)。区域农村自我发展能力的强弱,以及区域工业化和城市化外援动力的大小直接作用于农村发展系统演进的状态(张富刚等,2008)。林若琪和蔡云龙(2012)认为景观功能与农村地域功能是相辅相成的,乡村多功能的分类为重新审视乡村地域发展带来一种机会,而乡村景观多功能可能是塑造乡村地域多功能的潜在动力机制。乡村转型普遍面临内生动力不足的问题,需要激活乡村社会内生资源,提升农民内在组织能力(贺雪峰,2017),培育乡村振兴的内生主体,包括新乡贤、技术专家、企业家、创业者等,提高参与主体的协作组织能力。

2) 大都市乡村转型

随着城市化进程的加快,特大城市的郊区由于对城市增长极的经济、环境和社会动态的影响,对其多功能转型提出了更高的要求。"强大的多功能性"所必需的要素在郊区尤其明显,例如强烈的非生产倾向,包括地方嵌入性、供应链短缺、低农业强度、高度多样化和开放的社会(Wilson,2007)。由于对城郊区的结构、发展过程,特别是与城市的相互作用还没有完全了解,许多学者已经认识到,需要特别关注城市郊区的多功能性。然而,城市郊区的多功能性缺乏地方特征性的实证研究,因为它正处于从农村地区向城市地区过渡的阶段,并将成为大都市地区的一部分。近几年来,在乡村多功能和乡村转型的共同语境下,国际上开始出现针对大都市周边这一特殊区域的乡村多功能转型开展研究的新趋势。

1.3　大都市乡村多功能转型理论

1.3.1　大都市乡村多功能内涵

当代中国已经从以农为本、以土为生、以村而治、根植于土的"乡土中国",进入乡土变故土、告别过密化农业、乡村变故乡、城乡互动的"城乡中国"(刘守英、王一鸽,2018)。在快速工业化和城镇化进程中,工业化和城镇化驱使以土地、资本和劳动力为核心的乡村发展要素发生重大变化,进而导致乡村地域系统的要素结构和地域功能发生了一系列的转变,使乡村空间逐渐呈现出多主体、多功能、多样化等特点。第一,以政府、社会资本、国有资本、市民、创业者为代表的人群来到乡村,打破了乡村原本封闭的社会结构,也引发了乡村土地空间变迁、产权关系变革、生产结构变化等现象。第二,乡村承担了生态功能、生产功能、生活功能、娱乐功能、景观功能等多元功能,改变了仅仅依靠农业生产的传统状态。

大城市乡村,即指位于大都市行政区域范围内、都市建成区以外的空间区域。相较于传统的纯农业乡村,大城市乡村与城市的互动强度更大、方式更丰富,在空间上呈现出农用地、宅基地、经营性建设用地交错分布的现象,各类土地利用的竞争性愈发突出,使得大城市乡村有更强的动力进行乡村多功能转型。大城市的城乡融合进程更快,产业、资金、人力等要素的城乡双向流动能够为乡村多功能转型提供助力,以更便捷的渠道获得城市外溢的产业与技术。此外,大城市周边的乡村以其交通便捷性往往承接都市在农旅、康养、生鲜供应、景观美化等方面的需求,拥有转型的外部动力。

　　大都市乡村多功能是指为满足城市居民和乡村居民的各自需求、维持乡村发展、促进大都市城乡融合所能提供的各类服务和功能的总和(谷晓坤等,2019),包括经济、生态、农业、文化、生活、教育、社会、休闲等多重功能与价值,其功能的变化与拓展方向是城乡居民主体需求交互的缩影。在城乡融合发展阶段的背景下,Gu 等学者(2019)建立了大都市乡村多功能转型的概念模型,如图 1-1 所示。该概念模型依据"以人为中心"的城市发展基本理念,分别从城市居民和乡村居民对周边乡村的不同需求出发,界定大都市乡村多功能转型的基本逻辑。

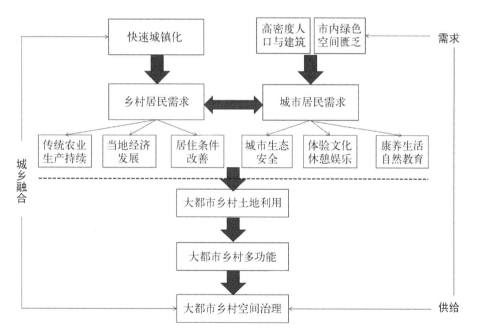

图 1-1　城乡融合阶段的大都市乡村多功能

资料来源:笔者自绘。

　　一方面,大都市乡村受到城市化和工业化力量的影响,出现了不同程度的人口流出、土地破碎、经济滞后、人居环境破旧、农业生产低效等系列挑战。在城乡融合发展和乡村振兴等国家重大战略的引导下,乡村土地利用迫切需要满足村民的基本需求,主要包括维护农业生产、发展乡村经济以及改善人居环境条件等。

另一方面,高速城市化引发了市内绿色空间匮乏与居民对良好生态生活环境和自然户外休闲区日益增长的需求之间的冲突,这对于大多数生活在特大城市环境中的居民尤其重要。大都市周边的乡村由于区位的特殊性及与都市的有机联系,具有能提供满足城市居民所需要的各种商品或服务的功能或潜力功能,具备都市空间和乡村空间的双重功能与特征(周小平等,2021)。在机会成本、资源禀赋和功能定位等综合作用下,大都市乡村多功能的主从性和排他性日趋复杂,功能逐渐分化,并突出表现为粮食生产功能、社会保障功能等传统功能的相对弱化,以及鲜食优质农产品生产("果盘子""菜篮子"等)、休闲旅游、健康养生、生态研学与服务等特色功能的凸显(Henke and Vanni,2017;杨其长,2022)。最后,乡村居民的需求和城市居民的需求共同在大都市乡村土地利用中实现,而大都市乡村空间治理则是通过规划、保护、利用、协同等一系列手段和措施,促进乡村功能向满足城乡居民需求的方向转变。

1.3.2　大都市乡村多功能转型历程

1) 西方大都市乡村多功能转型

胡书玲等(2019)提出大都市乡村多功能转型的具体历程,历经了"生产性乡村—消费性乡村—多功能乡村—全球化乡村"4个不同阶段。

(1) 从生产性乡村到消费性乡村。第二次世界大战结束后,提高粮食自给率成为各国的迫切需要。农业生产主义在西方国家的乡村盛行,以集中化、专业化、集约化的生产方式,培育了一个达到产量增长和产出最大化的农业产业体系,造就了一个以农业为核心的生产性乡村。20世纪70年代中期以后,多数西方国家经过了快速的工业化和城镇化阶段,城市居民对健康食物、精神文化、旅游康养的需求快速增长,对环境保护日益重视。提供优质农产品、居民观光休闲空间和安全的生态环境成了乡村发展的重要内容。大多数西方国家开始进入逆城市化阶段,出现中产阶层携带资本进入乡村以满足其文化想象和生活体验的乡村绅士化现象。与此同时,第二产业和第三产业也开始迁往乡村,乡村农业就业人口下降,导致农业对乡村的影响普遍减弱,乡村原有的以农业为核心的产业体系逐渐被瓦解,并且受到外部更广泛的需求的影响。中产阶层和乡村外部的新需求共同将乡村塑造成为城市社会的消费空间。

（2）从消费性乡村到多功能乡村。20 世纪 90 年代，一方面农业技术进步提高了资源条件较好地区的农业竞争力；另一方面不同社会群体对乡村的利益诉求日益多样化。此外，自然生态环境的可持续性成为西方国家乡村政策的价值取向，乡村增加了农业资源保护、文化景观修复等功能。农业冗余、市场驱动的乡村多用途的出现和乡村社会价值的不断变化驱使西方国家的乡村从消费性乡村向多功能乡村转型。西方国家乡村重构到深化阶段外显出来的转型结果是多功能乡村的产生。而与多功能相对应的是，乡村越来越多元化的主体的多样需求驱动乡村呈现多种功能，既包括经济的也包括社会的，超越了原有消费性乡村过于强调"去农业化"，而忽视了农业的基础作用的不足。多元主体共同建构了乡村空间，建构后的空间具有更多功能，也是社会文化重构的结果。

（3）从多功能乡村到全球化乡村。21 世纪初，西方国家的乡村在更高程度上参与了人员、资本、制度、文化等要素的全球性流动与分配，加上虚拟网络的普及进一步磨平了地域边界，本地与非本地的联系更加紧密。全球性力量和地方性实践在网络中相遇和混杂，创造出新的形式与特征，乡村的意义被重新建构（Brunori，2005）；气候变化和食品安全等全球问题也凸显了乡村地域的独特功能。西方国家的乡村由原来的地方性多功能进入全球化的大框架，Woods（2007）将其概念化为全球化乡村。一些乡村社区从外来投资、行政集中或旅游胜地的发展中获得收益，而另一些乡村社区却日益走向衰落。传统的地方和系统通过与全球网络的互动来改变，但结果往往不是标准的，而是地方混杂性的产生，正是通过混杂的方式，地方在全球化下重新构建起来。全球化乡村空间的混杂重构不仅涉及地方和非地方的混杂，还涉及各种自然和社会元素的混杂，以及人类与非人类因素的混杂。多功能乡村向全球化乡村转型，是主体上更加多元化和空间上扩展化以及基于多因素混杂重构的结果。Woods（2018）在预测现有全球化进程的过程中建立了一个框架，提出了全球化乡村的十大特征，总结为基于食品体系的全球化乡村，基于劳动力迁移的全球化乡村，基于旅游胜地的全球化乡村，并将其概括为全球化乡村（global countryside）和不稳定的乡村世界主义（precarious rural cosmopolitanism）。

2）中国大都市乡村多功能转型

中国大都市周边乡村多功能转型与世界趋势基本相同。中国乡村因受到宏观政策和战略等方面的影响且地域差异较大，其转型呈现出多元化的特点，基本从以小农经济为主向以农业现代化和"三产"融合发展方向转型。其中，大城市周边乡村因特殊的区位优势，在城市化扩张的影响下，传统农业生产方式最先受到挑战和冲击。以中国城市化水平和城乡协调发展进程最前沿的长三角城市群中的乡村区域为例，理论上可以认为该区域的乡村多功能转型经历了 4 个不同的阶段（见图 1-2）：在改革开放前，仍然是以小农经济为主的自给自足的传统乡村阶段；20 世纪 80 年代以后，以乡镇企业异军突起带动的乡村向产业发展功能转型的第一个阶段，即生产性乡村出现；2000 年以后，随着人均收入的提高而兴起城市周边乡村"周末游"，带动乡村向休闲观光功能转型，即消费性乡村出现；2010 年以后，城市生态安全和深度体验乡村需要，带动乡村向生态功能和文化功能转型，即多功能乡村出现。尤其是 2020 年以后，城乡不断融合发展，以数字技术为代表的新技术普遍应用，削弱了物理空间对人的限制，出现了较为明显的城市居民自主归乡的逆城镇化趋势；研学、健康、露营、乡创等新业态不断涌现，均进一步激发大都市乡村的更多新功能。

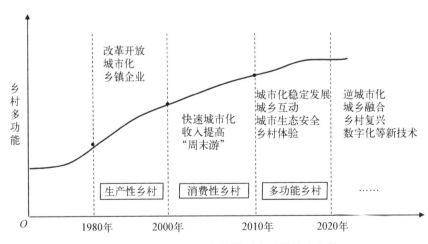

图 1-2　大城市周边乡村转型发展的演变规律

资料来源：笔者自绘。

此外，与西方大都市乡村转型相比，中国的大都市乡村转型有以下特征：

（1）关注共同富裕。党的十九届五中全会强调"扎实推动共同富裕"，党的二十大报告明确了中国式现代化的本质要求，其中一个重要方面是"实现全体人民共同富裕"。共同富裕是全体人民通过辛勤劳动和相互帮助最终达到丰衣足食的生活水平，也就是消除两极分化和贫穷基础上的普遍富裕。我国乡村振兴的总要求是"产业兴旺、生态宜居、乡风文明、治理有效、生活富裕"。共同富裕作为中国式现代化的基本特征之一，既是乡村振兴的主要目的和根本方向，也是大都市乡村多功能转型的最终价值目标所在。

（2）乡土韧性（城乡黏性）显著增强。尽管我国已经从"乡土中国"进入"城乡中国"阶段，但在工业化和城市化的转型中，乡土性展现出一种强劲的韧性，或称为城乡黏性，不断与新的要素和需求相结合，并以多种不同方式呈现出来。比如，有能力、有威望、有社会资源的乡村精英在经历多年的城市生活后重新返回乡村，并参与乡村转型过程；进入乡村的各类企业，积极开展捐款、助老等公益活动，与乡村留守居民之间形成一种融洽乃至融合的社会关系。

（3）空间治理工具协调应用。从空间治理的角度来看，大都市乡村转型是一个涉及田、水、路、林、村、厂、宅等各类空间要素的，全方位、系统性的转型过程，与当前不同空间要素分属不同部门管理导致的碎片化治理、条块式分割等问题产生明显的冲突，因此，要求完善乡村空间治理政策体系，强化不同政府治理部门的纵横协同，充分发挥部门间的政策、资金和项目叠加效应，真正形成多个部门在统一空间治理目标下的集体行动，保障乡村发展的综合性而非"顾首不顾尾"的片面转型。

1.3.3　大都市乡村多功能转型"政府—市场—社会"三维耦合理论分析框架

1）理论基础

（1）乡村外源性发展与内源性发展。乡村外源性发展主要依赖政府补贴和外部机构决策，强调国家主导农业发展，制造业企业转移至农村，体现技术的现代化和工业化的逻辑。近年来，大量城市资本迅速流向农业领域，为农村带去了先进的城市生产要素，改善了农村基础设施，提高了农村公共服务水平(方劲,2018)。然而,外源性乡村发展的模式在实践中面临着诸多挑战:一方面,由于农村劳动力外流与农民异质性的凸显,乡村的组织化和公共参与程度日益削弱,难以有效统筹利用资源,导致资源浪费严重。在项目制背景下的竞争性授权使资源常常被经济条件更好或具有私人关系的村庄和群体所"俘获"。另一方面,市场在进行资源导入时往往短视功利,给地方生态和文化环境带来破坏性影响,乡村旅游业在经历快速扩张后陷入季节性和周期性波动。此外,资本下乡易引致"极化"风险(叶林、雷俊华,2022):占据优势地位的资本带走大部分效益,进一步拉大了城乡之间的差距;资本对农民产生"挤出效应",可能使农民成为弱势群体(涂圣伟,2014)。

乡村内源性发展理论则是对外源性发展的反思。内源性发展理论认为,一个地区的自然、人力和文化等特定资源是其可持续发展的关键,强调利用和动员地方内部资源以振兴地方经济,而不是过于依赖外部的资金、技术援助和政府的政策支持;注重民众的自主参与,构建群体身份认同感,从而产生归属感并促进沟通与协作。也有学者质疑内源性发展,认为"自下而上"的内源性发展不是最具有操作性的理想发展方式,无法取代传统发展战略(朱娅、李明,2019)。内源性发展面临的主要困境包括:第一,地方自身的资源相对有限,呈碎片化特征,资产盘活利用率低,不依靠外源性动力难以将资源和资产整合转化为收益;第二,地方行动者存在利益分歧与协调,而只有所有行动者的相关利益得到有效协调才能保证福利最大化的内源性发展;第三,内源发展的持续性动力源自何处,这种动力究竟产生于何种条件以及如何维持和自我复制,显然还处于"黑箱"之中(方劲,2018)。

内源性发展理念和外源性发展理念看似相悖,但并非绝对对立的两种理论视角,二者具有相互补充的空间。事实上,西方农村发展模式正是经历了从自上而下的外源性发展到自下而上的传统内源性发展,再到越来越多地强调内外相融合的新内源性发展。新内源性发展理念倡导自主性改变与外部性协助的有机统一,不仅关注生产性层面,还强调社会福利和文化层面,注重经济、生态、社会等多维度的价值嵌入(张文明、章志敏,2018)。这一理论没有将发展看作内部实现的过程,而是将其视为内源发展同外部干预相结合的发展过程,即通过各行动者积极参与内部和外部互动,以更好地利用地方资源和外部资源,共同推进地方社会的发展。此外,新内源性发展理念借鉴了发展制度主义理论,认为地方发展的关键在于构建地方的制度能力,既能调动内部资源,又能与外部力量合作并监督外部力量(Galdeano-Gomez et al.,2011)。

(2)乡村的"内核—外缘"复杂系统。统合内源性发展与外源性发展两条理论脉络,从复杂系统理论视角出发,乡村是一个涉及空间和产权的多主体、多要素综合作用的复杂系统,呈现出"外缘—内核"式的系统结构,具有复杂性、开放性、非线性等特点。乡村系统的内核是由乡村主体系统和本体系统耦合而成的,而外缘系统则是由具有尺度空间效应异质性特征的各种外部性因素组成的,并且随着乡村发展系统开放程度的逐步提高,其外部环境的影响和制约也越发显著(张富刚、刘彦随,2008)。外缘系统的影响因素、内核系统的构成要素以及内、外系统之间的交互响应与耦合效率,共同促成了乡村发展的可持续性。

2)大都市乡村多功能转型的理论框架

功能是乡村空间土地利用形态的重要表征,能够反映乡村空间对于乡村多元利益攸关主体发展需求的满足程度。由于与中心城市的空间距离较近,城市周边乡村比传统纯农业乡村受到更强烈的城市化的影响。在乡村振兴和新型城镇化的外部政策压力下,大都市城区和乡村逐渐由竞争走向合作,"城市居民—乡村居民"两大群体在"城市—乡村"两大空间进行着需求、资源、信息的交换与流动,从而引起了城市周边乡村空间生产、生态、生活和文化等多功能的转型。

然而,在乡村空间有限性的前提下,功能之间存在相互促进、相互胁迫的复杂关系,一种功能的过度发展会对其他功能的实现产生一定的影响。乡村多功能相互作用、博弈的过程是相关主体多元化发展需求在乡村地域的重叠,实际上是稀缺的土地资源在不同土地利用功能之间动态分配的发展过程。多种乡村功能间的耦合互动关系构成不同的转型模式;而不同的乡村多功能模式则体现了社会经济转制度等不同外部因素以及乡村土地、资源、人口等内部因素对乡村空间产生的影响。在中国,土地多功能利用转型先于乡村多功能转型,这也是协调多元利益主体需求与引导乡村多功能发展之间矛盾的理论基础。

因此,笔者依据内源性和外源性乡村发展以及乡村"内核—外缘"系统等理论,构建了大都市乡村多功能转型"政府—市场—社会"三维耦合理论分析框架,如图1-3所示。其中,政府、市场和社会构成了大都市乡村多功能转型复杂系统的外缘系统,乡村中的各类主体构成了内缘系统。

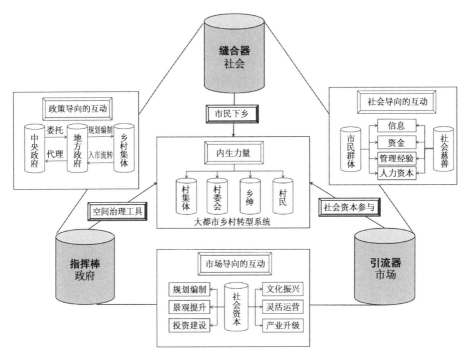

图1-3 "政府—市场—社会"促进乡村多功能发展的耦合框架

资料来源:笔者自绘。

(1) 外缘系统。如图1-3所示,乡村的外缘系统主要由社会、市场和政府三维主体构成,为乡村提供政策支持、资金支撑、信息流动和先进的管理运营经验。其中,政府作为乡村发展的"指挥棒",是乡村发展政策的设计者。政府不断创新并使用诸如国土空间规划、全域土地综合整治、农村集体经济制度改革、支持和鼓励乡村新产业新业态发展等多种治理工具,积极促进城乡要素双向流动,为乡村的发展划定了底线和范围,明确了方向和前景,提供了资金和支持。市场作为乡村发展的"引流器",以市场运行规则为乡村发展提供资本、信息和经验。在国家不断放宽乡村发展限制、盘活乡村沉睡资源的政策背景下,社会资本进入乡村并发掘土地价值洼地,基于经济效率原则,通过发展农产品加工、民宿、文旅、康养、直播、乡创等各类产业和业态,改造乡村风貌、盘活乡村资源、推动乡村转型。在这个过程中,市场主体也将城市运营的既有经验与多元产业理念引入乡村,打造具有高价值的新型产业空间,助力乡村转型发展。社会作为乡村发展的"缝合器",市民下乡、社会慈善参与等工作机制能够有效缝合政府、市场之间的鸿沟。社会主体为三方主体共同融入乡村起到"助推"和"缝合"作用。一方面,市民下乡和社会慈善响应了政府对于乡村振兴和共同富裕的号召;另一方面,市民下乡有效促进了社会资本在乡村打造的二、三产业的消费,促进了乡村产业的繁荣发展。此外,社会慈善机构也能够有效统筹以公平为核心的政府逻辑和以效率为核心的市场逻辑,整合为以发展为核心的乡村逻辑,从而有效带动多方主体嵌入乡村。

(2) 内核系统。乡村的内核系统则是由乡村的村集体、村民委员会、乡贤乡绅、村民群体等组成,构成了乡村发展的重要内生动力,如图 1-3 所示。乡村的内核系统以多元主体为出发点,耦合外缘系统的资金、信息和经验,形成乡村内部的集体行动,从而激发乡村的自发创新。村集体和村民委员会在其中起到对接外缘系统,沟通村民群体的重要作用,既保证了政策传达的清晰准确,又保证村民民主的有效运转。新乡贤往往经验丰富,能够统筹好乡村的传统社会网络和外部力量,团结起群众形成合力。村民群体是乡村发展的灵魂,其经济行为、情感态度、流动迁徙成为乡村发展的缩影,更反映着新时代城乡融合背景下的政策成效。因此,村民群体作为集体行动的被动员者和核心力量,决定着整个乡村的未来走向。

总结而言,大都市率先进入城乡融合发展阶段是其乡村探索多功能转型发展的底色与背景。城乡融合阶段带来了更加频繁的城乡要素双向流动,促进了城乡劳动力、人力资本因工作、休闲旅居、创业发展、灵感激发等需求带来的流动,带来了国有资本、社会资本等多元资本在乡村的投入与扎根,促进了包括规模化农业运营技术、无土栽培与循环农业技术等新兴技术的应用和推广,也促进了以集体经营性建设用地为代表的土地指标在城乡间的双向流动,更带来了乡村村民群体的演化迁徙、集体行动和自发创新。在外缘和内核双重推拉作用下,大都市乡村也在现实中演化出了多种不同的多功能乡村转型模式。

3) 三种大都市乡村多功能转型模式

(1) 市场导向的内核外缘互动。在国土空间规划的背景下,大多数都市都面临着建设用地空间增长的限制和用地成本上升的压力,客观上促进了部分产业主动迁移到周边乡村,以此获得规模化的用地保障,降低生产成本,大量城郊工业园区、创新港口等不断出现。其中,值得注意的是主动参与乡村振兴的各类国有或民营社会资本企业。这些企业以其管理灵活、运营先进、理念前瞻、尊重乡村本土生态和传统文化为特点,成为改善乡村空间发展、促进乡村功能升级、融合本土与外地村民的实践者。外部社会资本可以是来自企业、投资机构或个人的资金投入,社会资本的引入可以提供乡村转型所需要的资金支持,用于基础设施建设、农业生产投入、市场开拓等方面。同时,社会资本还参与对乡村资源的整合,制订全面的运营计划,对乡村转型可能的新业态、新产品进行策划、组织、营销和推广。另外,还有部分社会资本向前延伸参与乡村规划的编制,以运营前置的理念,将乡村转型的产业发展需求融入乡村规划、建设和发展过程中,并与乡村内核系统建立融合共生关系,从而更好地实现乡村资源的有效利用和可持续发展。

(2) 政策导向的内核外缘互动。政策创新是打破城乡二元对立、促进城乡融合、加快乡村转型进程的关键力量。国土空间治理体系的变革,以放活产权和编制规划为核心政策工具,形成了"限制"和"促进"的两股乡村转型平衡力。在产权放活方面,以征地制度改革、宅基地"三权分置"改革和集体经营性建设用地入市改革为代表的"三块地"改革,通过赋权为乡村发挥土地经济效益提供了法律保障,为新兴产业和城市外溢产业落地乡村提供合法合规的空间支持。"入市"和"流转"是产权放活的两大核心结果,可将耕地、宅基地和集体经营性建设用地通过流转盘活利用起来。在规划编制方面,明确划定乡村用地指标流转的界限和底线,例如永久基本农田的调整范围、乡村土地整治需要依规而动,都明确了粮食安全是乡村多功能转型的关键前提和根本遵循。在"产权"激发和"规划"限制的共同作用下,乡村转型的理论与实践创新在各地萌发。一改以往宗族、血缘的传统治理模式,新的治理体系正在乡村悄然出现。例如乡村的"网格员"制度,不仅在突发公共卫生事件出现期间保障政策的落实,还能够肩负起人口排查、村内纠纷调解、乡村规划民主集中的职责,类似于城市的居委会促进了大城市周边乡村的现代化发展。

（3）社会导向的内核外缘互动。城市空间的密集性、封闭性、资本密集性，一方面导致了市民下乡现象的出现，另一方面则促进了社会慈善机构参与乡村振兴的实践，形成城市发展外溢作用于乡村转型的两股动力。以都市白领为代表的一部分城市居民，厌倦了大都市繁华吵闹、节奏飞快的生活模式，开始向往乡村山雀轻啼、躬耕陇亩的环境，寻找短暂"逃离"大都市的机会，对乡村空间产生了更强的消费需求。此外，还有很多基于乡村发展的重要社会慈善机构的建立，以帮助乡村发展农业科技、建立制度体系、推动儿童教育等为目标。下乡市民和社会慈善组织更能够与村民形成良性互动，在帮助村民理解政策措施、支持乡村产业发展的同时，耦合政府与市场两条源流，建立更加"原汁原味""尊重村民"的新时代乡村。

1.3.4　本书各章节主要内容

第1章从历史文化、现实案例以及国家政策的不同视角，介绍了大都市乡村多功能转型研究的缘起与背景，分别从都市农业多功能、乡村（地域）多功能和乡村转型三个不同方向，梳理了相关研究进展。基于此，本书定义了大都市乡村多功能转型的基本概念，回顾了大都市乡村多功能转型历程，进一步依据内源性和外源性乡村发展以及乡村"内核—外缘"系统等理论，构建了大都市乡村多功能转型"政府—市场—社会"三维耦合理论分析框架，并据此统筹本书的整体研究内容。

第2章首先建立了基于城乡居民需求视角的大都市乡村多功能评估模型，按照镇域和村域的不同尺度，分别筛选合理的评估指标建立评估指标体系，分别以上海市89个镇和青浦区160个村为例，开展了镇、村不同尺度的实证评估，以检验评估方法的可用性。

大都市居民是周边乡村多功能转型的主要利益相关者，也是以往研究中被长期忽视的一类主体。第3章根据马斯洛需求理论与可持续发展的经济—社会—生态三个原则，建立了一个居民需求与乡村功能匹配的分类表，并据此设计大都市居民对乡村多功能认知调查问卷。笔者基于来自宁波市的913份有效问卷，评估了宁波市居民对乡村多功能性的认知水平；接着分别从信息来源、乡村情感和过往经历三个方面，分析了影响居民乡村多功能认知的可能因素,并提出了促进乡村多功能转型的对策建议。

在乡村多功能转型的背景下,城市居民回归乡村代表的逆城市化人口流动正蓬勃兴起,且从零星偶发性现象逐渐呈现小规模多样化趋势。第 4 章基于全国 1 342 份已经回归乡村的城市居民调查问卷,系统分析大都市居民对乡村多功能转型的行动响应,进一步建立了城市居民归乡行为意愿的 KAEP 模型,并以上海、武汉、成都三个代表性大都市的居民为例,深入分析他们对乡村多功能转型的响应机理。

围绕乡村的农用地、宅基地和集体建设用地的政策创新实践,第 5 章分别研究了低效工业用地减量化与乡村多功能转型、宅基地激活与乡村多功能转型、农业标准地与乡村多功能转型的关联逻辑、实施机制与影响效果。

全域土地综合整治是助推乡村多功能转型的综合性空间治理政策工具。第 6 章系统分析了上海大都市全域土地整治的实践困境及成因对策,提出了从全域土地整治到"规划—整治—运营"一体化治理范式,以及全域土地整治给大都市乡村治理带来的挑战、应对的实践探索。

第 7 章聚焦于以社会资本为核心的市场视角,借助嵌入理论和助推理论,构建了社会资本嵌入乡村自然资源治理的路径框架。以上海市嘉定区乡悦华亭项目为案例,本章分析了社会资本嵌入乡村自然资源、助推乡村多功能转型的三种具体路径;又以上海市青村镇吴房村为案例,分析了社会资本的嵌入助推乡村共同富裕的模式与机制。

第 2 章

大都市乡村多功能评估

　　大都市乡村功能评价是开展多功能转型研究的基础,在功能划分的基础上,建立一套空间可定量的评估方法则是后续转型研究的前提,而现有大多数乡村多功能定量评价的尺度以县域或省域等中观尺度为主,亟须构建微观尺度(镇村尺度)的方法。本章依据需求和供给理论,提出基于城市—乡村居民需求"联合驱动"的城市周边乡村多功能类型划分原理,划分大都市乡村多功能类型;建立镇—村尺度乡村多功能定量评估方法,测算评估单元乡村多功能一级功能指数和综合指数。本章分别以上海市 89 个镇和青浦区 160 个村为例,开展了镇、村不同尺度的实证评估,以检验评估方法的可用性。

2.1　基于城乡居民需求视角的评估方法

2.1.1　乡村多功能评估方法综述

　　评估乡村多功能可采用成本效益分析方法(cost-benefit analysis, CBA)和多指标方法(multi-criteria analysis,MCA),但是在解决环境问题上面成本效益(CBA)方法缺少理论与现实的支撑。采用多指标方法(MCA)评价乡村多功能逐渐成为相对一致的选择,其核心在于乡村多功能类型划分与指标筛选。

　　由于区位的特殊性及与都市的有机联系,与一般乡村地区相比,大都市乡村具有能提供满足城市居民所需要的各种商品或服务的显著功能或显著潜力(Zasada,2011)。这些功能包括提供农产品和食品,提供城市社区居民所需要的社会、休闲、旅游等公共服务,以及自然资源管理、水控制、景观管理等公共物品(Wilson,2008)。Gómez-Sal(2003)将乡村多功能细分为生态、生产、经济、文化和社会功能,并采用多指标方法(MCA)定量评价乡村多功能。其中,生态功能由可持续能力、保护价值等指标衡量;生产功能由生态一致性、生产率等因素决定;经济功能由专业化程度和熟练程度等指标衡量;文化功能由文化遗产和知识技术等决定;社会功能由人口福利、土地利用策略等衡量。Gómez-Sal(2007)进一步将货币度量添加到评估方法中形成新的多功能评价方法。

国内学者也分别从不同角度开展了大都市乡村多功能的分类评估。李平星等(2014)以经济发达的江苏省为例,采用定量化价值评价方法,研究县域尺度乡村地域生态保育、农业生产、工业发展和社会保障功能的空间差异,识别各县市区主导功能类型,揭示不同类型乡村地域功能的影响因素。唐林楠等(2016)以北京13个区县为研究对象,通过构建乡村地域多功能评价模型,分析乡村经济发展、农产品生产、社会保障、生态服务及旅游休闲五项功能的时空分异特征,并探讨其未来的功能定位。洪惠坤等(2017)以重庆市县域单元为研究样本构建乡村空间多功能评价指标体系,将多功能划分为农业生产功能、经济发展功能、生态保育功能、生态稳定功能和社会保障居住家园功能。

总体上来看,与国外乡村多功能内涵相比,国内学者的定义相对偏重生产和经济发展,对生态和文化等功能的重视相对不足。然而,对于大都市乡村来说,由于受到城市化的强烈影响,土地利用格局上呈现农用地、农村居民点用地、农村乡镇企业用地及城市建设用地交错分布的景观特点,农业生产、居住生活与经济发展多功能性显著。与此同时,上海、北京、深圳等多个大都市乡村定位于保障大都市的生态安全,以及提供农产品生产、保障乡村居民生活、发展乡村经济,为城市居民提供景观休憩和传统文化价值。与一般农业地区乡村相比,大都市乡村的多功能更强调生态环境功能和休闲文化功能。

2.1.2 大都市乡村多功能分类

大都市乡村多功能转型本质上起源于满足城市居民和乡村居民的差异

化需求,并且进一步驱动了乡村功能的分化以及转型供给。一方面,在乡村振兴、农业农村现代化以及农业高质量发展等战略要求下,大都市乡村面临率先实现乡村振兴的内在需求。另一方面,都市居民对都市生态安全、对接触自然农业文化的需要,都市乡村往往成为满足市民对商品或服务需求的"供应商"。因此,从城市居民和乡村居民对乡村土地空间利用的需求和供给理论出发,笔者建立了基于城市居民—乡村居民需求"联合驱动"的城市周边乡村多功能分化,将大都市乡村多功能划分为经济发展、居住保障、农业生产、生态安全和文化休憩 5 个一级功能。

经济发展功能是实现全体人民的共同富裕,促进农民增产增收的生动反映。为早日实现"农民富"的目标,促进大都市乡村的经济发展是基本需要。村集体收入、村民人均收入、资源禀赋等均是衡量乡村经济发展功能的有力指标。

居住保障功能是实现乡村居民基本生理需求的前提。该功能涉及建设用地的使用情况、医疗保障、道路网络等基础设施的建设情况等。2023年,国家乡村振兴局、住房和城乡建设部、农业农村部三大部门联合发布了《关于开展乡村建设行动的指导意见》,提出要全面提升乡村建设水平。大都市乡村作为郊区乡村,拥有优越的区位条件,包括但不限于道路网、生产资料等;在此基础上的居住保障,自然成为大都市乡村功能的体现。

农业生产功能仍然是大都市乡村的最基本功能,也是满足城乡居民需求的前提。在粮食安全、耕地安全日益受到重视的今天,农业价值作为乡村功能之一,强调重点由农业生产的数量转向农业生产的质量。学者们普遍认为乡村地区本质上是农业生产空间,农业生产功能是保障国家粮食安全、促进乡村经济发展的基础性功能(王鹏飞,2013)。都市农业发展已渗透到经济、社会、环境和空间各方面,成为城乡和谐发展的关键和基本保证(杨振山、蔡建明,2006)。

生态安全功能主要涉及空间要素的协调与可持续,其中最具代表性的便是土地利用的多样性。伴随着中国城镇化率的快速增长,城市空间扩张,大量挤压了原本承担自然生态功能的土地,水面、林地、农地的非农化转化损坏了土地生态结构和景观功能的完整性。以上海市为例,2011年全市建设用地占总土地面积的比例达到43.6%,其生态空间已接近底线。大都市乡村作为城乡发展重要的绿色空间和生态屏障,是保障粮食安全、保护生物多样性、发展低碳经济、应对气候变化的重要战略空间。

文化休憩功能是满足城市居民接触自然农业文化、促进乡村居民生活空间功能提升并保护传承文化自信的生动体现。乡村是祖先耕作劳动、繁衍生息的地域,因此附带了集体的记忆。在传统文化的影响之下,中国人往往会将原本针对逝去时光和家园的"怀旧"需求投射到乡村语境中,一个繁荣复兴的、可以寄托文明归属和历史定位的乡村因此具备了重要的人文意义(申明锐、张京祥,2015)。建设美丽乡村,实现"农村美"的目标,与乡村文化休憩功能紧密相连。对于历史文化资源和生活休闲资源的利用情况,是评估大都市乡村文化休憩功能的重要指标。大都市乡村应在新型城镇化发展进程中,保护好非物质文化遗产、古村落古树等历史文化资源,并建设文化广场、阅览室、健身广场等文娱设施。

2.1.3　评估尺度:镇—村

乡村多功能研究可基于"省—市—县—镇—村"等不同空间尺度开展,而现有大多数研究基于省、市地域单元或县域尺度开展,存在乡村转型和更新机制研究深度不足的缺憾,亟待从微观尺度(镇—村尺度)对典型区域进行深入研究(杨忍、陈燕纯,2018;谷晓坤等,2019)。同时,有效的乡村发展政策必须以精确的区域类型划分和特征识别为基础(OECD,2003),以对接当前乡村振兴议题,服务空间体系更新、镇村规划以及公共服务设施布局等现实需求。因此,本书中的大都市乡村多功能研究的空间尺度聚焦在镇、村微观尺度。

2.1.4　大都市乡村多功能评估指标体系

评估指标可用于测度和反映各项功能,建立一个科学合理的乡村多功能定量评估指标体系是科学定量识别不同乡村功能的关键。大都市乡村多功能的定义为维持乡村自身及所依托的大都市融合共生和城乡协作发展所具备的综合特性。功能内涵包括生态环境、农业生产、经济发展、生活保障和休闲文化等。与一般农业地区乡村相比,大都市乡村多功能更强调生态环境功能和休闲文化功能(谷晓坤等,2019)。以大都市乡村生态环境—农业生产—经济发展—生活保障—休闲文化的多功能定义为基础,参照国内外学者提出的多功能评估框架,兼顾评价指标相对稳定性、评价方法可行性和可操作性,笔者构建了涵盖 5 个一级功能和 10 个二级功能的评价指标体系(见表 2-1),其特点在于针对微观尺度的乡村多功能评价。这对于建立精准、可实施的乡村发展政策具有显著意义。

表 2-1 大都市乡村多功能评估指标体系

一级功能	二级功能	镇 级 单 元	村 级 单 元	方向
生态环境	生态安全	土地利用多样性指数	土地利用多样性指数	+
	生态服务	生态服务价值	生态服务价值	+
农业生产	单位产值	单位面积农业产值	单位面积	+
		单位面积农业就业人口	村农业就业人口占比	+
	资源禀赋	永久基本农田面积占比	永久基本农田面积占比	+
经济发展	产业发展	单位面积二产产值	村企业数量	+
		单位面积二产就业人数	产业就业人口占比	+
		单位面积三产产值	二、三产业用地规模	+
		单位面积三产就业人数	二、三产业产值	+
	收入水平	年人均收入	年人均可支配收入	+
		镇财政收入	地均村经济收入	+
生活保障	基础设施	路网密度	路网密度	+
		互联网接入率	互联网接入率	+
	公共服务	义务教育师生比	教育可达度	+
		万人医生数量	医疗可达度	+

一级功能	二级功能	镇 级 单 元	村 级 单 元	方向
休闲文化	乡村旅游	乡村旅游收入	民宿(农家乐)数量	−/+
	文化风貌	历史文化村数量	历史建筑数量	+

生态环境功能(ecological function,EF)评估旨在衡量和分析大都市乡村地区的生态安全与生态服务两个二级功能。在"镇—村"尺度下进行生态环境评估,有助于充分考虑大都市乡村生态系统的复杂性和相互作用。通过考察镇区和各个村庄周边的自然景观、水资源、土壤质量、空气质量等因素,可以全面了解大都市乡村生态环境的现状和变化趋势。这种评估方法不仅有助于发现潜在的生态环境问题,还能够为生态保护和环境治理提供科学依据。

农业生产功能(agricultural function,AF)是大都市乡村的重要支柱之一,对于农民的生计和粮食安全至关重要,主要分为单位产值和资源禀赋两个二级功能。在"镇—村"尺度下进行农业生产评估,可以更好地理解大都市乡村的农业发展格局和特点。镇区作为农村经济的核心区域,集中了大量的农业生产要素和市场资源,而各个村庄则承担着不同规模和类型的农业生产活动。评估不同区域的农业产出、耕地利用率、农业就业人口、农产品质量和农业科技应用情况,可以为制定农村发展政策和农业技术推广提供依据。

经济发展功能(economic function,EF)是大都市乡村实现可持续发展的关键驱动力之一,主要包括产业发展和收入水平两个二级功能。在"镇—村"尺度下进行经济发展评估,有助于全面了解大都市乡村的经济结构和发展水平。镇区作为城乡交会的重要节点,集聚了大量的人口和资源,拥有较为完善的产业体系和市场网络,而各个村庄则承担着不同规模和类型的生产和服务功能。评估不同区域的产业结构、经济增长率、就业情况和收入水平,可以为促进城乡经济协调发展和改善农民生活条件提供指导。

生活保障功能(residential function,RF)是评估大都市乡村功能的重要方面,关系到农村居民的基本生活需求和幸福感,包括基础设施和公共服务两个二级功能。在"镇—村"尺度下进行生活保障评估,有助于全面了解大都市乡村的基础设施建设和公共服务水平。镇区作为农村的服务中心,集中了大部分的医疗、教育、交通等基础设施和服务资源,而各个村庄则面临着不同程度的基础设施不足和服务不均衡问题。评估不同区域的医疗卫生、教育水平、交通便利度和社会保障覆盖率,可以为改善农村居民的生活条件和促进社会公平提供参考。

休闲文化功能(leisure function,LF)是大都市乡村多功能的重要组成部分,对于提升农村居民的生活品质和促进文化传承具有重要意义,主要分为乡村旅游和文化风貌两个二级功能。在"镇—村"尺度下进行休闲文化评估,有助于全面了解城乡接合部的文化传统和休闲需求。镇区作为文化活动的中心,集聚了各类文化资源和休闲设施,而各个村庄则面临着文化传承不足和休闲设施匮乏的问题。评估不同区域的文化传统、文化设施和休闲活动的开展情况,可以为加强乡村文化建设和丰富居民精神生活提供指导。

2.2　镇域乡村多功能评估[①]

上海是中国城镇化水平最高的大都市,其乡村功能发展存在着显著差异。2015 年底,上海市域总面积达 6 800 平方千里,常住人口为 2 415.27 万人,人口密度为每平方千米 3 809 人。全市下辖 16 个区、104 个街道、107 个镇和 2 个乡,农村人口有 260.09 万人。按照位于中心城和新城外,域内保留有农用地、农村集体经济组织和农民为标准,上海涉农乡村包括 89 个镇。就上海乡村地区来说,由于受到城市化的强烈影响,土地利用格局上呈现农用地、农村居民点用地、农村乡镇企业用地及城市建设用地交错分布的景观特点,农业生产、居住生活与经济发展多功能性显著。与此同时,依据《上海市基本网络生态规划》和《上海市土地整治规划(2011—2015)》,上海乡村定位于保障上海的生态安全,提供农产品生产、保障乡村居民生活、发展乡村

---

① 　本节内容来源于:谷晓坤,陶思远,卢方方,等.大都市郊野乡村多功能评价及其空间布局:以上海 89 个郊野镇为例[J].自然资源学报,2019,34(11):2281 - 2290.

经济,为城市提供景观休憩和传统文化价值。

2.2.1 镇域乡村多功能评估方法

上海乡村多功能性评价指标包括土地利用多样性、单位面积产业与就业、收入、路网密度等 16 项指标,其计算方法如表 2 - 2 所示。数据来源包括 4 个方面:① 土地利用多样性、生态服务价值指数数据来源于上海市土地利用调查数据,运用 ArcGIS 软件按乡镇分别进行地类统计;② 路网密度和与中心城的距离来源于上海市基础地理数据,使用 ArcGIS 软件按乡镇分别计算;③ 经济社会类指标数据主要来源于上海市郊区统计年鉴,以及部分乡镇统计年鉴和乡镇政府网站公开数据,个别数据采用调查问卷获取;④ 乡村旅游数据来源于上海市旅游局和上海市农业委员会历年"美丽乡村""传统村落""3A 级乡村景点"入选名录,以及上海市 7 个开园大都市乡村公园所在镇。

为消除量纲的影响,本书采用极值法对各个评价指标进行归一化处理。根据待评价的 89 个镇各项指标的最大值与最小值确定极值。由于不同镇之间的各项指标差异较大,为缩小区域间的差异,将各项指标进行对数变换后,再进行归一化计算。

综合指标体系评价一般采用各级指标加权相加得到总指标值的评价方法。由于大都市乡村多种功能之间具有相互制约或促进的关系,虽然整体功能是各单项功能的综合表现,但是它并不是各单项功能的简单叠加。采用一级功能加权相加计算总功能指数的方法,虽然可以反映总功能数值的大小,但掩盖了不同一级功能之间的具体差异特征。为此,笔者分别计算一级功能指标值而不进行总功能加权加总,相应的各一级功能下设指标权重采用平均赋权原则进行权重分配,具体结果如表 2 - 2 所示。

表 2 - 2 上海乡村多功能评价指标体系

一级功能	二级功能	评价指标	权重	单位	指标来源与计算公式	方向
生态环境	生态安全	土地利用多样性	0.5	—	$H = -\sum[P_i \times \ln(P_i)]$,$P_i$ 是 i 种土地类型占面积的比	+

续　表

一级功能	二级功能	评价指标	权重	单位	指标来源与计算公式	方向
生态环境	生态服务	生态服务价值	0.5	万元	$ESV = \sum A_K \times VC_K$ ESV 为生态系统服务价值，A_K 第 k 类生态类型的面积，VC_K 为第 k 类生态类型的生态服务价值指数	+
农业生产	单位产值	单位面积农业产值	0.25	万元/公顷	农业产值/农用地面积	+
		单位面积农业就业人口	0.25			+
	资源禀赋	基本农田面积	0.5	公顷	二调变更数据	+
经济发展	产业发展	单位面积二产产值	0.125	万元/公顷	二产产值/工业用地面积	+
		单位面积二产就业人数	0.125	人/公顷	二产就业人数/工业用地面积	+
		单位面积三产产值	0.125	万元/公顷	三产产值/建设用地面积	+
		单位面积三产就业人数	0.125	人/公顷	三产就业人数/建设用地面积	+
	收入水平	年人均收入	0.25	万元	统计数据	+
		镇财政收入	0.25	万元	统计数据	+
生活保障	基础设施	路网密度	0.5	km/km²	区域路网总长度/区域面积	+
	公共服务	义务教育师生比	0.25	—	义务教育老师人数/学生人数	+
		万人医生数量	0.25	人/万人	医生数/常住人口	+

续　表

一级功能	二级功能	评价指标	权重	单位	指标来源与计算公式	方向
休闲文化	区位	距中心城距离	0.3	km	区域中心质点与城市中心点间的直线距离	—
	乡村旅游	乡村旅游点数量	0.7	个	列入认证和保护的传统村庄、大都市乡村公园数	＋

资料来源：谷晓坤,陶思远,卢方方,等.大都市郊野乡村多功能评价及其空间布局：以上海89个郊野镇为例[J].自然资源学报,2019,34(11)：2281-2290.

采用上述方法计算得出的89个镇5个乡村多功能性指数,其值均介于0到1之间,越接近于1,说明该功能性水平越高,反之则越低。在ArcGIS的支持下,分别使用1倍标准差分类法和0.5倍标准差分类法,尝试将5种功能划分为不同等级。最后比较不同的分类结果后,确定以指标均值＋0.5倍标准差和标均值−0.5倍标准差为依据,将5种功能分别划分为3级,分别以高、中、低表示。

2.2.2　上海89个镇的多功能评估结果

1) 生态环境功能

上海市89个镇的乡村生态环境功能值范围介于0.051 4～0.958 9之间,均值为0.767 4。评价对象中生态功能值大于0.838 3(即均值＋0.5倍标准差)的区域主要分布在崇明岛、青浦西部和奉贤,共涉及朱家角镇、金泽镇、陈家镇等25个镇,约占评价对象的28.09%。崇明和青浦西部为上海市2个主要的饮用水水源地,在城市化快速发展过程中,受到了最严格的保护,是上海重要的生态屏障和最重要的生态资源、生态服务功能提供区域。生态功能值小于0.696 4(即均值−0.5倍标准差)的区域则主要分布在闵行、宝山、嘉定以及与中心城区相邻的近郊区,共涉及虹桥镇、七宝镇、大场镇等11个镇,约占评价对象的12.36%。这些镇虽然仍有一些农用地和农村人口,但是由于区位优势,与中心城距离近,受城市化影响大,土地利用呈现显著的生态用地向非生态用地的转化,从而导致整体的生态环境功能减弱。

2）农业生产功能

上海是中国城市化和工业化水平最高的特大都市之一。2017 年,上海市农业增加值仅占全市 GDP 的 0.33%,但是大都市乡村镇之间的农业生产功能发展并不一致。依据评价结果,89 个大都市乡村镇的农业生产功能整体偏低,指标值范围介于 0～0.607 9 之间,均值为 0.588 2。农业生产功能高值镇主要位于浦东南部、奉贤及金山的成片区域,崇明南部和青浦个别镇,包括新场镇、大团镇、奉城镇等 29 个镇,这些都是传统的农业强镇,在基本农田面积、单位农业产值等方面水平较高。农业生产功能低值则主要集中在闵行、嘉定和宝山 3 个区以及与中心城接邻的近郊区镇,共涉及虹桥镇、七宝镇、大场镇等 16 个镇。农业生产功能低值区与生态环境功能低值区在空间上有较大的重合,反映出大都市乡村农业用地承担了重要的生态环境保障功能。

3）经济发展功能

乡村工业化是我国东南沿海特定历史时期的一种特殊工业化现象。随着乡镇企业如雨后春笋般的迅速崛起带动了乡村工业的发展,工业的发展又带动了人口的集聚和第三产业的发展。上海大都市乡村二、三产业的发展推动了乡村向城市的转型,促进了农村居民收入水平的提高,但是这种转型在空间上也呈现显著的差异性。按照评价结果,上海大都市乡村镇经济发展功能的范围介于 0.322 6～0.763 7 之间,均值为 0.605 4,低于生态环境功能,但是高于农业生产功能。经济发展功能强的镇主要是位于中心城区周边和新城周边区域,包括闵行所有镇、浦东新区的川沙镇、祝桥镇等共 28 个镇,约占全部评价对象的 31.46%。经济发展功能弱的镇则主要分布在距离中心城最远的崇明岛以及金山、奉贤等区域,共涉及 26 个镇。上海大都市乡村经济发展功能的空间差异,较好地反映了上海中心城与新城对促进乡村经济发展所起到的显著影响作用。

4）生活保障功能

上海都市乡村是农民集中居住、生活的主要空间,承载着重要的交通、教育、医疗等生活保障功能,也是城市化吸引的外来人口集聚的重要区域。以外来人口输入为特征的常住人口的持续增加,是上海都市乡村区域的生活保障功能面临的主要挑战之一。评价结果显示,89 个大都市乡村镇的生活保障功能值介于 0.148 8～0.797 3 之间,均值为 0.523 8,变动幅度仅次于生态环境功能,且整体功能水平较低。生活保障功能高的区域主要分布在崇明、奉贤、金山、青浦、嘉定、宝山,共涉及建设镇、绿化镇、四团镇、马陆镇等 29 个镇,这些镇大多数并不紧邻中心城或新城,也不是经济发展功能最强的区域。生活保障功能弱的镇一共涉及 25 个,约占评价对象的 28.09%,主要有两种情况:一是嘉定、闵行等一些经济发展功能强的镇,由于外来人口增加幅度超过了当地生活保障服务能力,从而导致生活保障功能较弱。二是远离中心城区和新城的一些镇则由于乡村发展滞后,从而导致其生活保障功能较弱。

5) 休闲文化功能

自 2010 年以来,以"周末家庭游"为代表的短途旅游发展迅速。上海都市乡村因区位、生态条件相比传统乡村聚落更具有吸引力,逐渐成为上海市民周末游的主要目的地,从而带动了大都市乡村休闲文化功能的发展。然而,与其他 4 个功能相比,大都市乡村的休闲文化功能发展程度最低。虽然 89 个评价镇的休闲文化功能值介于 0～0.796 7 之间,但均值仅为 0.252 5,整体功能水平最低。休闲文化功能强和较强的区域有 2 个:一个是与中心镇接邻,但是其中仍保留了相对较多的农业生产功能的镇,如浦江镇、马陆镇;另一个则是与中心城距离较远的松江、青浦、金山的部分区域,如朱家角镇、廊下镇等,它们保留了比较传统的农业生产和传统乡村景观格局。除此之外的区域的休闲文化功能发展较为滞后。依据评价结果,共有 26 个镇的评价值低于 0.172 4(均值-0.5 倍标准差),共有 48 个镇的评价值低于均值 0.252 5。评价结果和空间分布非常清晰地反映出上海都市乡村在休闲文化功能发展方面普遍较弱的现状。

2.2.3　上海镇域乡村多功能发展模式

按照 89 个镇的 5 个一级功能指数值分别绘制成雷达图用于比较每个镇 5 个功能值的大小与相对发展水平。以这些雷达图的形态特征相似性为依据划分上海都市乡村多功能发展模式,总结出镇域范围内 5 个功能均为高值的高均衡型、5 个功能均为低值的低均衡型以及 5 个功能值大小差异显著的非均衡型共 3 种类型。非均衡型又进一步细分为 3 个小类,分别是非均衡—混合发展型(4 种功能混合发展,且均达到较高发展水平,与高均衡型相似,仅休闲文化功能偏弱)、非均衡—传统维持型(生态环境、农业生产和生活保障 3 种功能复合发展,且达到高或较高水平,经济发展和休闲文化功能滞后)和非均衡—城市化型(经济发展功能成为镇域主导功能,生态环境、农业生产和休闲文化等传统功能已失去发展机会,基本上已是城市化地区)。

从上述乡村多功能发展类型及分布区域范围来看,表现出以下几个显著特征:第一,只有浦江镇、廊下镇、庄行镇、罗店镇、枫泾镇、青村镇、马陆镇等 10 个镇(占比为 11.24%)呈现出各项功能均衡发展且发展水平高的多功能均衡发展模式。这 10 个镇中的大部分在区位上,并没有与中心城紧邻,而是有一定的空间距离。这一现象反映出大都市乡村镇多功能均衡发展受到区位条件的强烈影响,与中心城的距离太近或太远均属于不利条件。第二,除了非均衡—城市化型以外,其他类型的大部分大都市乡镇的生态环境功能都保持在高或较高水平,然而仅有均衡型(包括高均衡型和低均衡型)的 29 个镇的休闲文化功能达到高或较高水平,这反映出大部分大都市乡镇虽然具有发展休闲文化功能的生态环境资源禀赋和潜力,但是目前并没有将其进一步转化为休闲文化功能优势。第三,低均衡维持型和非均衡—城市化型的共同问题在于生活保障功能较弱,尤其是非均衡—城市化型的镇,事实上已经是城市的一部分,但其生活保障功能却在整个大都市乡村中处于较低水平。未来多功能发展策略中应着重强调提供基本的教育、医疗等服务供给,这也是乡村振兴政策的重要内容。

无论是从区域经济建设的角度还是从自身的发展需求上,乡村功能的分化都为乡村空间更新提供了基础。依据上海都市乡村 89 个镇的乡村多功能评价结果,可以发现,实践中大都市乡村已经呈现了显著的功能分化和多样化的功能模式,这为政策制定至少可以提供两个方面的启示:首先,应当区分 5 种功能的不同性质和地位,并以此为基础制定相关政策。生态环境功能和生活保障功能较难通过外部交易解决,而主要依赖于镇域内直接提供,因此,乡村功能更新首先应当以保障生态环境资源和均等化的公共服务资源为主。农业生产、休闲文化和经济发展功能则属于可权衡的功能,即依据镇域功能的发展优势明确发展方向。其次,以不同乡村多功能发展现状特征为基础,提出多样化的乡村更新方向,至少包括:低均衡型镇的乡村更新应当以生态环境功能保护和生活保障功能为优先更新方向,非均衡—混合发展型镇以提升休闲文化功能为主要更新方向,非均衡—传统维持型镇以生态环境功能保护优先下结合文化休闲功能发展为更新方向,非均衡—城市化型镇则以提升生活保障功能为主导更新方向。同时,结合乡村多功能评价结果与乡村更新模式,制定分类引导和分步实施的大都市乡村振兴目标。将多功能特征与政策目标纳入区、镇地方政府绩效考核体系,实施多目标、多层次的多功能考核,有利于转变传统单一的经济指标考核机制(刘彦随、刘玉,2011)。

　　大都市乡村多功能性评价是一项复杂的系统工程,乡村空间功能类型、多功能划分标准及不同空间尺度的功能耦合与分异尚需深入探讨,上海大都市乡村多功能性评价指标体系也有待持续完善。同时,乡村功能具有较强的动态性,尤其是受上海全球城市建设、乡村振兴和长三角一体化策略、乡村传统文化重新评估等外部环境与政策的影响,上海大都市乡村的功能也在不断发展变化,其评价指标也将随之改变。

2.3　村域乡村多功能评估[①]

　　青浦区位于上海西部,距离市中心地标之一的人民广场 40 千米。青浦总面积为 668.52 平方千米,截至 2017 年底,青浦的常住人口和年人均可支配收入分别增长到 125 万人和 43 225 元人民币。青浦区由 3 个街道和 8 个镇组成。本书将青浦区 8 个镇的 184 个村庄纳入研究范围,采用了广泛使用的青东和青西的地域划分标准,前者包括徐泾镇、华新镇、白鹤镇、招乡镇、崇谷镇,后者包括朱家角镇、莲塘镇、金泽镇。

2.3.1　村域乡村多功能评估方法

　　数据来源于问卷调查的反馈、2015 年青浦土地利用图(1∶5 000)的

---

①　本节内容来源于: GU X, XIE B, ZHANG Z, et al. Rural multifunction in Shanghai suburbs: evaluation and spatial characteristics based on villages[J]. Habitat International,2019,92: 102041.

ArcGIS 数据和基本地理信息数据，以及镇政府网站上的公开数据。2015 年 1—6 月，对 184 个村委会进行了 2 次调查。在镇政府的许可和帮助下，一组经过培训的学生志愿者向村委会委员解释了问卷的相关信息，并获得了 160 份有效问卷，问卷的有效回答率为 87%。此次问卷调查提供了人口、居民收入、村集体经济收入、村庄就业的数据。村庄的各类景观位置和面积、卫生服务和小学的位置以及青浦区的道路网络来自 2015 年青浦土地利用图（1：5 000）的 ArcGIS 数据和青浦基本地理信息数据。此外，笔者还从官方网站上获取了每种医疗保健服务对应的医生数量和每所小学的教师数量，并与村委会委员确认。多源数据使我们能够对青浦区村庄的多功能性进行量化评估。

表 2-3 是所有评估指标的解释与计算方法。生态环境功能（EF）由生态安全和生态系统服务 2 个指标组成。这 2 个指标是由景观生态学的 2 个指标构建的。农业生产功能（PF）由单位产出价值和资源禀赋 2 个指标组成。经济发展功能（CF）包括产业发展和收入水平 2 个因素：产业发展由二、三产业的用地比例，单位面积的二、三产的产值，以及就业人口衡量；收入水平由人均可支配收入和村集体收入来衡量，该收入属于村民共享的财产收入，由村委会管理。生活保障功能（RF）包括基础设施和公共服务 2 个子功能。道路网络的密度反映了基础设施的发展水平，居民需要方便地获得基本的公共服务，如医疗保健和教育。医疗保健服务的可达性和小学的可达性被用来评估公共服务的提供水平。休闲文化功能（LF）由区位条件和乡村旅游发展水平 2 个指标组成，分别用村庄位置和乡村旅游点的数量和规模来衡量。

表 2-3 青浦区村域乡村多功能性指标计算方法

功能	维度	指 标	权重	单位	计 算 方 法	方向
生态环境（EF）1.0	生态安全	土地利用多样性	0.50	—	$H = -\sum [P_i \times \ln(P_i)]$，$P_i$ 是 i 种土地类型占面积的比	+
	生态系统服务	生态系统价值	0.50	元	$ESV = \sum A_K \times VC_K$，$ESV$ 是生态系统服务价值，A_K 是生态系统领域 k，VC_K 是生态系统服务的 K 值	+

续　表

功能	维度	指　标	权重	单位	计　算　方　法	方向
农业生产（PF）1.0	单位产出价值	单位农业产值	0.50	元/公顷	农业生产产值/农田规模	+
	资源禀赋	基本农田面积	0.50	公顷	土地利用数据	+
经济发展（CF）1.0	产业发展	二、三产业的用地面积比例	0.25	%	二、三产业用地面积/村庄总面积	+
		单位面积二、三产业产值	0.125	元/公顷	二、三产业的产值/村庄建设用地面积	+
		单位面积二、三产业就业人口	0.125	人数/公顷	二、三产业就业人数/村庄建设用地面积	+
	收入水平	人均可支配收入	0.25	元	村庄调查数据	+
		单位面积的村集体收入	0.25	元	村集体收入/村庄总面积	+
生活保障（RF）1.0	基础设施	公路网密度	0.50	km/km²	道路总长度/村庄总面积	+
	公共服务	基础教育服务可达性指数	0.25	—	$A_i^F = \sum_{j \in (d_{ij} \leq d_0)} R_j = \sum_{j \in (d_{ij} \leq d_0)} \left[\dfrac{S_j}{\sum_{k \in (d_{ij} \leq d_0)} D_k} \right]$ A_i^F代表i居住区的可达性，d_0是交通时间，d_{ij}是在i和j之间的交通时间，R_j是服务供应之间的比率（S）和需求（D）（$d_{ij} \leq d_0$）	+
		基本医疗服务可达性指数	0.25	—		+
休闲文化（LF）1.0	区位	距离	0.50	km	村中心和新市镇中心点之间的直线距离	—
	旅游	农村旅游区数量	0.25	个	历史风貌保护村庄和郊野公园的数量	+
		生态休闲区规模	0.25	%	村庄被划入生态廊道的面积/村庄总面积	+

资料来源：GU X, XIE B, ZHANG Z, et al. Rural multifunction in Shanghai suburbs: evaluation and spatial characteristics based on villages[J]. Habitat International，2019，92：102041.

2.3.2　青浦区 160 个村多功能评估结果

如图 2-1 所示,160 个村庄的 5 个功能指标(EF、PF、CF、RF 和 LF)的计算值和分布,反映了青浦区乡村多功能性的基本特征。经过 40 多年的快速城市化,即使是处于上海远郊区的青浦乡村,也已经呈现出明显的多功能发展的状态。同时,此次评估还发现,大都市乡村的 5 种功能的发展并不均衡,这体现在每个村庄的 EFV、PFV、CFV、RFV 和 LFV 的差异上。例如,横轴上前 40 个村庄的 5 个功能之间的差距小于其他村庄,而后 30 个村庄的差距大于其他村庄。此外,就大多数村庄而言,PFV 和 RFV 通常高于EFV、CFV 和 LFV,这意味着农村的生产功能和居住功能通常优于其他功能。值得注意的是,休闲文化功能的发展滞后于其他功能。

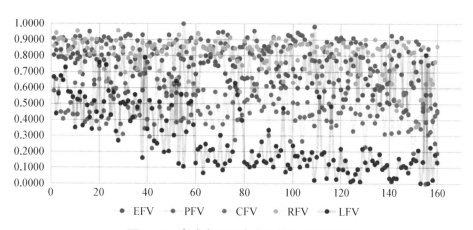

图 2-1　青浦市 160 个乡村的功能指数值

资料来源：GU X，XIE B，ZHANG Z，et al. Rural multifunction in Shanghai suburbs：evaluation and spatial characteristics based on villages[J]. Habitat International，2019，92：102041.

1) 生态环境功能

青浦区 160 个村庄的 EFV 在 0.425 9～0.868 3 之间,平均值为 0.690 0；EFV 大于 0.799 4(平均值＋1 倍标准差)的村庄有 25 个,占村庄总数的15.63%,主要分布在金泽镇、朱家角镇以及莲塘镇。青浦西部的淀山湖是上海市的主要饮用水源,在快速的城市化过程中,它得到了最严格的保护,从而有助于改善那些靠近淀山湖的村庄的生态功能。而 EFV 小于 0.580 6(平均值－1 倍标准差)的村庄有 31 个,约占所有村庄的 19.38%,主要分布在与中心城相连的带状区域,还有徐泾镇、华新镇、白河镇的部分村庄。

2) 农业生产功能

160 个村庄的 PFV 在 0.561 2～0.988 5 之间,平均值为 0.819 1。只有 2 个村庄的 PFV 超过 0.958 1,均位于连滩镇。有 52 个村庄(占总村庄的 32.50%)的 PFV 在 0.888 6～0.958 1 之间,主要分布在金泽镇和朱家角镇,以及白河镇和冲古镇。PFV 小于 0.680 2 的村庄有 10 个,占比为 6.25%,主要分布在徐泾镇、华新镇和朱家角镇。

3) 经济发展功能

大都市乡村经济的发展促进了农村经济的发展。然而,这种转变也显示出显著的空间差异。160 个村庄的 CFV 在 0.191 3～0.709 3 之间,平均值为 0.467 9,低于 EFV 和 PFV。CFV 超过 0.576 1 的村庄有 30 个,约占村庄总数的 18.75%,这些村庄大多位于青浦东北部,那里是距离上海中心城最近的地区(徐泾镇和华新镇)。CFV 小于 0.359 6 的村庄有 22 个,约占村庄总数的 13.75%,主要分布在距离中心城最远的地区(金泽镇和莲塘镇)。显然,从青浦区东北向西南,随着与中心城距离的增加,村庄的经济功能价值明显降低。CFV 的空间差异反映了上海中心城对促进农村经济发展的显著影响。

4) 生活保障功能

上海都市乡村是农民的主要居住空间,应该提供教育和医疗保健等基本社会保障服务。然而,来自其他地区的移民人数不断增加,给当地的居住功能带来了额外的压力。160 个村庄的 RFV 在 0.355 6～0.959 5 之间,平均值为 0.789 8,高于 EFV 和 CFV。RFV 大于 0.850 3(平均值＋0.5 倍标准差)的村庄有 62 个,占总村庄数的 38.75%;而 RFV 小于 0.729 2(平均值－0.5 倍标准差)的村庄则有 43 个,约占村庄总数的 26.88%。村庄的居住功能受到与城镇中心距离的影响。RFV 较高的村庄位于城镇中心附近,而 RFV 较低的村庄主要分布在距离城镇中心最远的金泽镇、李堂镇、朱家角镇和白河镇的边缘,尤其是淀山湖的西部。

5) 休闲文化功能

以大都市乡村的"周末游"和"家庭游"为代表,上海市民在 2010 年以后对休闲的需求大幅增长。大都市乡村的休闲功能是继其他四大功能之后产生和发展起来的。160 个村庄的 LFV 在 0.002 6~0.806 8 之间,平均值为 0.277 2,低于其他 4 个功能均值。LFV 超过 0.477 4 的村庄有 37 个,约占村庄总数的 23.13%。这些村庄分布在 2 个区域:一是青浦西,即淀山湖畔和金泽镇与莲塘镇交界地带;二是青浦东,即白河镇、华新镇北侧边缘。110 个村庄(约占村庄总数的 68.75%)的 LFV 小于 0.177 0(平均值—0.5 倍标准差),这表明只有少数村庄能够提供显著的休闲功能。

2.3.3　青浦区乡村不同功能之间的冲突

由于城市化压力、社会经济变化和发展机遇,城市地区需要更多的农村产品和服务,这是以多功能方式改造大都市乡村的驱动因素(Zasada, 2011)。本研究基于对 160 个村庄的定量评估,为大都市农村多功能发展提供了依据。结果表明,青浦区具有显著的生态功能和休闲功能,以及农业生产功能、经济功能和居住功能等区域多功能特征。与生产功能和居住功能相比,青浦区的生态功能、休闲功能和经济功能的空间差异更为显著。青浦东部的经济功能比青浦西部更发达,而青浦西部的生态休闲功能则强于青浦东部。

应该注意的是,不同村庄的多功能开发程度存在差异。例如,朱家角镇一个村庄的 5 个功能值分别为 0.805 1(EFV)、0.909 7(PFV)、0.581 0 (CFV)、0.861 2(RFV)和 0.667 4(LFV),这表明该村庄的五大功能相对发达和平衡。不同的是,莲塘镇一个村庄的 5 个功能值分别为 0.704 9 (EFV)、0.896 5(PFV)、0.394 5(CFV)、0.357 3(RFV)和 0.147 5(LFV)。在一个区域内,村庄的多功能性表现出显著的空间差异,特别是在村级的生态功能、休闲功能和经济功能方面。

在许多欧洲国家的理论研究或政策中,大都市乡村的多功能性被视为提供功能和价值以满足不同城市需求的有效解决方案。然而,Etxano 等人 (2018)指出,乡村空间提供的多功能使用产品往往相互冲突,从整体上实现众多功能并非易事。同样,我们的研究也表明,不同功能之间存在冲突,经济功能和生态功能存在明显的空间冲突。具体来说,经济功能价值高的村庄大多位于青浦东部,那里的村庄生态功能价值普遍较低。同时,生态功能价值较高的村庄大多位于青浦西部,其经济功能价值一般较低。同样,生产功能和经济功能之间也存在空间冲突,但其重要性不如经济功能和生态功能之间的冲突。

　　乡村空间的各种功能冲突的原因,特别是在大都市乡村地区,包括以下几点:第一,多功能性需求的分散可能导致某方面的产品或服务提供不足,例如生态领域。第二,农村土地资源有限。根据为其选择的发展模式,公共政策可能会在有利于某些功能执行的同时压制另外一些功能的运行。一项使用半定量评估对西班牙多功能土地进行的研究表明,由于缺乏同时达到每个功能高值的可行性,一个或两个功能通常会主导其他功能(Gómez-Sal et al.,2007)。2010年,上海市政府发布了《上海市基本生态网络规划》,将大都市乡村农业用地全部作为生态空间进行管理。同时,根据《上海市总体规划(2017—2035)》,大都市乡村强调生态、居住以及传统文化休闲功能,因此,这些功能可以定义为上海都市乡村的主导功能。

第 3 章

大都市居民对乡村多功能的认知调查

大都市居民是乡村提供的各种产品和服务的主要"消费者"。他们的需求驱动了乡村功能的分化丰富以及转型供给,他们由此成为乡村多功能转型的主要利益相关者。本章根据马斯洛需求理论与可持续发展的经济—社会—生态 3 个原则,建立了一个居民需求与乡村功能匹配的分类表,并据此设计大都市居民对乡村多功能认知调查问卷。基于来自宁波市的 913 份有效问卷,评估了宁波市居民对乡村多功能性的认知水平,分别从信息来源、乡村情感和过往经历 3 个方面,分析了影响居民对乡村多功能认知的可能因素,并提出了促进乡村多功能转型的对策建议。

3.1 居民需求与乡村功能的分类匹配

3.1.1 大都市居民的角色

从需求的角度来看,利益相关者在乡村多功能转型相关政策调整中发挥着至关重要的作用。大都市乡村多功能的主要利益相关者不仅包括乡村居民,也包括城市居民。特别是来自大都市的居民,他们是到乡村生活、休闲或娱乐的主要人群,也是乡村提供的各种产品和服务的主要"消费者",他们的需求和消费对乡村多功能的转型产生了重大影响。

从政策制定的角度来看,城市居民在乡村的消费行为和公众参与可能会影响乡村转型及土地利用的决策和规划过程。研究城市居民对乡村多功能的感知,了解他们对乡村不同产品和服务的看法,对于制定相关政策可以起到重要的参考作用。

3.1.2　居民需求与乡村功能的匹配分类

马斯洛需求层次理论是行为科学的理论之一,由美国心理学家亚伯拉罕·马斯洛于 1943 年在《人类激励理论》论文中提出。这一理论将人类需求从低到高分为 5 个层次,分别是:生理需求(physiological needs)、安全需求(safety needs)、爱和归属感(love and belonging)、尊重(esteem)和自我实现(self-actualization)。在自我实现需求之后,还有自我超越需求(self-transcendence needs),但通常不作为马斯洛需求层次理论中必要的层次,大多数会将自我超越合并至自我实现需求当中。

根据马斯洛需求层次理论,将城市居民对乡村的需求解构为 4 个维度:一是生理需求维度,乡村可以为城市居民提供充足且有机的食品,以及清洁的水和空气,维持居民最基本的生理健康。二是安全需求维度,乡村作为城市生态网络的一部分,可以在一定程度上抵御洪涝等灾害的负面影响,满足生态和环境安全需求。三是归属需求维度,城市居民可以享受乡村的优质环境和低廉房价,并通过从事研发、文创等非农业工作实现稳定就业,在乡村中找到归属感。四是尊重和自我实现需求维度,大城市居民享受休闲、追求精神满足的需求强烈,乡村的休闲空间和文化积淀与居民的这类需求相契合。

本书对城市居民的需求进行了分层,城市居民的需求与城市周边乡村多功能之间对应,并根据可持续发展的经济—社会—生态 3 个原则,将这些需求转化为乡村多功能的 3 个维度,最终建立了一个居民需求与乡村功能匹配的分类表,如表 3 - 1 所示。

表 3 - 1　居民需求与乡村功能的分类匹配

需求/功能	经济功能为主	社会功能为主	生态功能为主
生理需求	粮食生产	—	环境安全
安全需求	—	—	生态安全 避疫

续　表

需求/功能	经济功能为主	社会功能为主	生态功能为主
归属需求	产业发展 科创研发	公共服务 社区支持 居住 养老	—
尊重与自我 实现需求	乡村旅游	历史风貌 健康休憩 乡土文化	—

3.2　调查区域与数据收集

3.2.1　宁波市及乡村概况

浙江省宁波市位于东经 120°55′ 至 122°16′,北纬 28°51′ 至 30°33′,地处中国海岸线中段、长江三角洲南翼,属北亚热带季风气候,温和湿润,四季分明。全市陆域总面积 9 816 平方千米,辖海曙、江北、镇海、北仑、鄞州、奉化 6 个区,宁海、象山 2 个县,慈溪、余姚 2 个县级市,共有 73 个镇、10 个乡、73 个街道办事处、775 个居民委员会和 2 159 个村民委员会。宁波是中国东南沿海重要的港口型大都市、长江三角洲南翼经济中心、上海大都市圈重要城市、国务院批复确定的东南沿海重要的港口城市,其工信部公布的制造业单项冠军企业数量居全国首位,专精特新"小巨人"企业数量在所有城市中位居第四。2021 年末,宁波市常住人口为 954.4 万人,人口城镇化率达到 78.4%,地区生产总值(GDP)为 14 594.9 亿元,财政总收入 3 264.4 亿元,居民年人均可支配收入为 65 436 元,其中城镇居民年人均可支配收入为 73 869 元,农村居民年人均可支配收入为 42 946 元。近 10 年,宁波市乡村振兴工作全面开展,截至 2021 年,建成省级新时代美丽乡村示范县 1 个、示范乡镇(街道)67 个、特色精品村 193 个,以及历史文化村落保护利用重点村 29 个。

对于宁波这样一个工业强市来说,乡村的发展更是需要依赖不同产业,而非单一的第一产业。然而,不管是对于乡村更新、乡村转型还是乡村振兴来说,都应当意识到共同进步的重要性,尤其是第二产业和第三产业的发展要与城区在劳动力、资本、环境方面相互协调。对于宁波乡村来说,其所具有的特质和资源是乡村发展的基础。同时,宁波城区居民的需求也在乡村发展当中起到重要的作用。理解城区居民对乡村的看法,对于更加有针对性地进行乡村规划、保证相关政策对于城区居民的吸引力,起到至关重要的作用。

3.2.2　宁波市居民调查方法

为保证样本的多样性和代表性,笔者在问卷星完成问卷设计和前测后,通过宁波市规划设计研究院的帮助,在其官方微信公众号平台发放问卷链接,邀请宁波城区居民参与问卷的填写。问卷对填写人所在地为宁波进行了严格的限制,并提供了一定比例的红包奖励。2020年4月18日至5月1日,共有958位宁波城区居民填写问卷,最终收到了有效问卷913份,有效回收率为95.3%。

总体来说,从人口学分布来看,问卷有着一定的代表性,男女比例基本与实际人口平衡,年龄段、受教育程度、个人收入、职业等指标分散(见表3-2)。该问卷仅限成年居民填写,但是老年居民样本的数量不足,原因主要是问卷通过互联网发放,不易接触到老年群体。值得注意的是,填写问卷的城区居民当中,有近一半调查对象在宁波居住的时间为10年以下,可见该问卷不仅触达了宁波本地居民,更是接触到了大量来自外地的城区居民,且这些居民对于参与宁波市相关调查有着较高的积极性。

表3-2　人口学因素描述性分析

指　标	选　项	频　次	百分比/%
性别	男	528	57.8
	女	385	42.2
年龄	18～25岁	61	6.7
	26～30岁	202	22.1

续　表

指　　　标	选　项	频　次	百分比/%
年龄	31～35 岁	319	34.9
	36～40 岁	167	18.3
	41～50 岁	121	13.3
	51～60 岁	34	3.7
	60 岁及以上	9	1
在宁波居住的时间	少于 1 年	31	3.4
	1～3 年	87	9.5
	4～6 年	173	18.9
	7～9 年	112	12.3
	10～12 年	126	13.7
	13～15 年	56	6.1
	16 年以上	328	35.9
受教育程度	初中及以下	66	7.2
	职业高中、中专、技校	121	13.3
	普通高中	52	5.7
	大学专科	186	20.4
	大学本科	389	42.6
	研究生及以上	99	10.8
个人年收入	小于 5 万元	65	7.1
	5 万元～10 万元	235	25.7
	11 万元～15 万元	228	25

指　标	选　项	频　次	百分比/%
个人年收入	16万元~20万元	147	16.1
	21万元~25万元	100	11
	26万元~30万元	64	7
	31万元以上	74	8.1
职业	机关公务员	44	4.8
	事业单位	198	21.7
	大型企业	170	18.6
	中型企业	204	22.3
	小微企业	128	14
	社会组织	28	3.1
	自由职业	77	8.4
	学生	28	3.1
	退休、失业、无业、其他	36	3.9
婚姻状况	未婚	172	18.8
	同居	40	4.4
	已婚	671	73.5
	分居、离婚、丧偶	30	3.3
是否有孩子	是	656	71.9
	否	257	28.1
最常生活的地区	宁波	604	66.2
	非宁波	309	33.8
最常生活的地区属于	城市	438	48
	农村	475	52

透过对实证数据的分析,本研究试图回答以下几个问题:

（1）宁波城区居民对于宁波乡村有着什么样的期待？

（2）宁波城区居民一般通过哪种传播方式了解宁波乡村的情况？

（3）宁波城区居民对于宁波乡村存在怎样的情感？

（4）宁波城区居民对于未来前往宁波乡村居住、游览、工作和养老的意愿如何？

（5）宁波城区居民过往前往宁波乡村的经历是怎样的？

（6）宁波城区居民的性别、年龄、收入、受教育程度等人口学特征,以及他们过去前往宁波乡村旅游、工作和生活的经历,如何影响他们未来前往宁波乡村居住、游览、工作和养老的意图？

3.3　宁波城区居民对于乡村功能的认知①

3.3.1　基本形成统一认知的乡村功能

在问卷设计中,1 为非常不符合,7 为非常符合,因此平均值的范围为 1～7,平均值越高,则代表市民对这一方面越认可,越期待宁波乡村在此方面的发展。根据问卷结果,宁波城区居民对于宁波乡村的期待,在十个方面具有较为一致的认知(见表 3 - 3)。

表 3 - 3　宁波城区居民对于宁波乡村的认知

认　知　内　容	均值（mean）	标准差（SD）
① 宁波乡村应当发展研发产业	5.53	1.10
② 宁波乡村应当提供和城区相似的文娱、生活、教育及医疗设施	5.17	1.30
③ 宁波乡村适合周末去休闲、放松心情	5.99	0.89
④ 宁波乡村应当发展工业企业	5.21	1.27

---

① 本节内容来源于:谷晓坤,许德娅.宁波市乡村多功能调查研究报告[R].2020.

认　知　内　容	均值 （mean）	标准差 （SD）
⑤ 乡村的农耕文化有独特价值	5.88	0.94
⑥ 宁波乡村应当发展旅游民宿	5.73	0.97
⑦ 应当允许城区居民在乡村居住	5.71	1.04
⑧ 宁波乡村应为城区居民提供养老服务	5.79	1.03
⑨ 面对重大疫情，乡村比城区更安全	5.66	1.08
⑩ 宁波乡村应当发展文化创意产业	5.76	0.98

　　宁波城区居民对于宁波乡村最为认可的5个方面是：宁波乡村适合周末去休闲、放松心情（mean＝5.99）；乡村的农耕文化有独特价值（mean＝5.88）；宁波乡村应为城区居民提供养老服务（mean＝5.79）；宁波乡村应当发展旅游民宿（mean＝5.73）；宁波乡村应当发展文化创意产业（mean＝5.76）。

　　相反，宁波城区居民对于宁波乡村相对不认可的是以下5个方面：宁波乡村应当提供和城区相似的文娱、生活、教育及医疗设施（mean＝5.17）；宁波乡村应当发展工业企业（mean＝5.21）；宁波乡村应当发展研发产业（mean＝5.53）；面对重大疫情，乡村比城区更安全（mean＝5.66）；应当允许城区居民在乡村居住（mean＝5.71）。

　　其中，宁波城区居民对于以下2个方面的认知存在相对较大的差异：宁波乡村应当提供和城区相似的文娱、生活、教育及医疗设施（SD＝1.30）以及宁波乡村应当发展工业企业（SD＝1.27）。同时，宁波城区居民对于宁波乡村适合周末去休闲、放松心情（SD＝0.89）有着相当统一的认知。

　　第一，对于宁波是否应该发展研发产业，城区居民整体持保留态度，但居民中存在一定的差异（mean＝5.53，SD＝1.10）。针对宁波市鄞州区各行政村村长的调研问卷结果显示，65％的村长认为乡村未来将会发展研发产业，25％的村长认为本村未来也不会发展研发产业，10％的村长则表示本村已经开始发展研发产业了。而居民的态度与村长的态度存在一定的偏差。对于研发产业来说，吸引高端人才前来工作和生活是最重要的条件。如果宁波乡村想要发展研发产业,还要提升对于城区居民就业的吸引力。

第二,对于宁波乡村应当提供优质的生活相关服务和设施,城区居民的期待最低(mean＝5.17,SD＝1.30)。可见,城区居民并不认为乡村可以提供与城区相类似的文化娱乐设施、生活服务设施、教育资源及医疗设备。因此,宁波乡村如果目前没有发展房地产和养老行业的规划,可以不必试图提供与城区类似的基础设施,而是应该发挥自身已有的优势。如果未来宁波乡村希望吸引更多城区居民前来工作和生活,那么当务之急是要将乡村能够提供的生活服务设施进行提升,改变城区居民对这一方面的看法。

第三,对于宁波乡村是否适合城区居民周末前往休闲娱乐放松心情,城区居民最为期待,且城区居民的认知高度一致(mean＝5.99,SD＝0.89)。对于宁波乡村是否应该发展旅游民宿,城区居民也较为认可(mean＝5.73,SD＝0.97)。对于鄞州区的村长来说,57％的人认为本村未来将会发展民宿旅游,只有15％的人认为未来也不会发展民宿旅游,28％的村长表示本村已经开始发展民宿旅游。因此,可以说在此方面城区居民和村长们有着相同的认知,都希望宁波乡村能够更好地满足城区居民休闲娱乐的需求。但是,鄞州区的旅游资源和能够服务的人群相对有限,农业旅游还应一事一议,结合本村特点,决定是否需要发展。而宁波市也应当对旅游产业进行全面规划,避免所有村镇共同发展农业旅游,造成宁波市内的竞争。

第四,对于宁波乡村是否应当发展工业企业,相对于其他可能的发展方向来说,城区居民的态度相当不支持,但是该想法在居民当中产生了分歧,存在一定的差异性(mean＝5.21,SD＝1.27)。然而,鄞州区的村长对于工业企业的态度是较为支持的,26％的村长表示本村一直在发展工业企业,59％的村长认为村里下一步还是会发展工业企业,只有15％的村长认为本村不会发展工业企业。由于城区居民与村长的关注点和考量标准不同,城区居民更希望乡村只是为自己提供休闲度假的场所,能够一直保持其"绿水青山"的环境,从而满足城区居民的需求。同时,来自乡村发展和考核的压力,村长要把工业企业这种能及时带来收益且相对投入较低的产业作为发展重点。

第五,城区居民对于宁波乡村所具有的农耕文化价值相当认可,且认知较为统一(mean＝5.88,SD＝0.94)。在城区居民眼中,宁波的乡村仍然具有传统的农耕文化,而且这种农耕文化应当被重视。因此,对于想要发展农业旅游的乡村来说,可以通过农耕文化方面的活动吸引城区居民前来消费,不用局限于传统的采摘等项目,可以开发插秧、摸鱼等其他传统的农耕活动。

第六,宁波城区居民对于是否应该允许城区居民在乡村居住(mean＝5.71,SD＝1.04)以及乡村是否应该提供养老服务(mean＝5.79,SD＝1.03)的认知基本一致,均属于较为期待。也就是说,城区居民对于未来居住在乡村甚至在乡村养老,并不排斥。如果宁波乡村地区,尤其是邻近城市的乡村,能够提供良好的生活服务和养老服务,那么吸引城区居民前来居住是可行的。同时,对于鄞州区行政村的村长来说,在吸引城区居民前来居住和养老方面,认知也相当统一和积极,目前已有接近40％的村长表示本村已经开始吸引城区居民来到村里居住和养老,约有一半的村长则表示本村将积极吸引城市居民来村里居住和养老。未来,如果在宅基地和相关政策上可以有所放开,允许城区居民以某种方式合法购买或租用乡村住宅,对于提升乡村活力,实现乡村更新也将起到重要作用。

第七,城区居民基本上认可面对重大灾害或健康事件时,地广人稀的乡村能够提供更加充足的空间,比人口密集的城区更为安全(mean＝5.66,SD＝1.08)。而目前,鄞州区53％的村长认为本村已经开始为城区居民提供避难的空间,城区居民的需求与乡村的供给吻合;38％的村长则表示本村将会考虑提供避难空间,只有9％的村长明确表示不考虑这个功能。未来,由于风险社会的到来,自然和人为的灾害依旧频发,因此就更需要乡村提供充足的空间和条件,为所有城区居民提供可能的避难场所。

第八,宁波城区居民对于在宁波乡村发展文化创意产业有一定的期待(mean＝5.76,SD＝0.98)。宁波城区居民相对而言更希望乡村能发展对环境伤害更小、更适合城区居民前往工作生活和休闲的产业。目前,宁波已有部分高校或企事业单位在乡村建立工作室或文创空间,未来也可以通过低廉的房租和优美的环境,利用村集体土地吸引更多文化创意产业来到乡村。但文化创意产业的发展对于聚集效应依赖强,因此,可优先考虑与各类有需求的单位合作,而不是针对城区居民个体。通过单位统一租赁的方式,吸引一定规模的城区居民的到来。

3.3.2　存在较大认知差异的乡村功能

除了 10 个能够形成统一认知的方面外,对于其他 5 个方面,宁波城区居民尚未形成明确的认知,分别是:宁波乡村是否需要提供粮食、蔬菜、瓜果等产品;宁波乡村是否需要为城区提供生态安全保障;宁波乡村是否可以为城区提供良好的环境;宁波乡村是否存在传统的熟人文化;宁波的乡村是否存在悠久的历史和民俗文化。

第一,宁波城区居民对于乡村是否需要提供粮副产品的意见无法统一。其原因可能是宁波乡村地区盛产小海鲜等居民日常消费的产品,但是居民对于宁波乡村是否必须提供此功能存在不同意见。由于交通运输不断便利以及网购等购物途径的出现,城区居民认为宁波乡村需要承担一定的海鲜产品生产功能,而其他粮副产品则并不需要宁波乡村提供。然而,针对鄞州区村长的调查显示,66% 的村长都认为本村目前正在为城区粮副产品供应提供保障,另有 30% 的村长表示未来将会积极发展乡村粮副农产品的保障功能,体现出村长履行上级政策与城区居民期待存在的差异。

第二,宁波城区居民对于乡村是否应当通过森林、湖泊等生态资源为城区提供一定的生态安全保障存疑。对于宁波市来说,东钱湖区域目前的发展方向偏向于旅游和地产,宁波乡村地区虽然存在大量山林等生态资源,但宁波城区居民对这些资源的生态价值没有形成统一认知。同时,受访的 46% 的鄞州区村长认为乡村正在提供生态保障功能,41% 的村长明确表示乡村未来会为宁波市提供生态保障功能,只有 13% 的村长认为不存在这个功能。未来如果想要推动城区居民共同参与宁波市整体的生态资源保护,还需要加大宣传和引导力度。

第三,宁波城区居民对于乡村是否应当为城区提供空气、水源、绿色环境没有形成一致的认知。相比于其他一线城市,宁波乡村中的工业企业占据主导地位,并且诞生了一批具有全国知名度的企业。因此,城区居民对于乡村地区是应以绿色环境为优先,还是应当继续工业发展的道路,目前还没有定论。

第四,宁波城区居民对于乡村地区是否存在传统的熟人文化没有形成统一意见。根据鄞州区村镇的调研结果,相比于湖州市德清县对于乡贤制度的规范和推广,宁波市并未对熟人文化等进行广泛的宣传。鄞州区部分行政村设有"村民说事点",为村民提供了反映问题的途径,但村内的决策主要以村委会和党代会为主。因此,宁波市可根据未来的发展需要,酌情考虑是否需要引入乡贤等制度,并让城区居民也能有所了解。

第五,宁波城区居民对于宁波乡村是否具有悠久的历史以及特色的民俗文化存在不同意见。虽然宁波市具有丰富的历史旅游资源,但居民对此无法形成统一认知,这可能与参与填写问卷的人当中有一部分并非成长于宁波,因此对此方面认知不足。同时,几乎 2/3 的鄞州区村长,对于本村所具有的特色文化和历史建筑资源持认可态度,认为宁波已经在发展相关领域。30%的受访村长认为本村的特色文化和历史建筑资源还需要进一步发展,只有 8%的村长表示本村没有特色文化和历史建筑资源。相对而言,居民更倾向于把宁波乡村看作是偏向休闲旅游的地区。因此,双方认知上的不统一,体现出宁波城区居民对于本地历史和文化了解不深。

3.4 宁波城区居民对乡村多功能认知的影响因素①

3.4.1 信息来源于居民认知

目前,对于宁波城区居民来说,主要通过 5 种方式获得与宁波乡村有关的信息:有关宁波乡村的宣传片和广告;展现宁波乡村的电影、电视剧和其他节目;电视新闻、报纸新闻、新闻网站对于宁波乡村的报道;旅游和生活评论网站(如穷游、携程、大众点评)、社交媒体(如微博、微信公众号、朋友圈)、短视频平台(如抖音、快手)以及视频网站(如腾讯、爱奇艺、哔哩哔哩);人际传播,包括和家人交流、和朋友交流以及和陌生人交流(如通过社交媒体在线交流)。

如图 3-1 所示,宁波城区居民能够接触到最多宁波乡村信息的,仍然是通过传统的新闻媒介(mean=5.12,SD=1.31);其次是通过新媒体平台

---

① 本节内容来源于:谷晓坤,许德娅.宁波市乡村多功能调查研究报告[R].上海交通大学,2020.

（mean＝5.08，SD＝1.31）；再次是通过宣传片、广告（mean＝5.00，SD＝1.45）；接下来是通过人际传播（mean＝4.99，SD＝1.26）。而接触最不频繁的，则是通过电影、电视剧以及电视节目（mean＝4.71，SD＝1.56）。

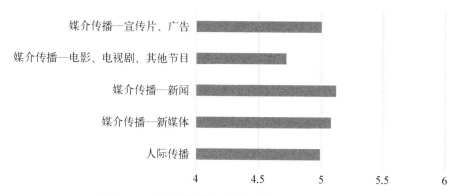

图 3‑1 宁波城区居民有关宁波乡村的信息来源

从调研结果来看，目前面向宁波城区居民宣传宁波乡村还有所不足，城区居民接触宁波乡村信息的最主要方式仍然是通过新闻，这就意味着：

（1）展现宁波乡村旅游资源的宣传片和广告制作、推广有待提升。通常对于一个城市内相关资源的宣传当中，广告和宣传片是最有效、最容易建立正面和全面印象的传播方式，但宁波并未加以利用。未来要想吸引更多城区居民前往乡村旅游休闲，那么宣传片和广告作为政府最容易掌握的途径，应该着力在城区居民当中进行推广。

（2）宁波市没有吸引足够多的影视剧组、节目制作组前往宁波取景拍摄。该方式在所有信息来源中排名最末位，可见宁波没有能够通过这些娱乐作品将乡村资源展示给大众。未来，宁波乡村应努力吸引更多影视剧和电视节目组前往宁波拍摄，更为全面和真实地展现宁波乡村风貌。

（3）传统新闻的传播效果有限，且随着新媒体的发展，新闻的影响力在不断衰退。由于媒体技术的发展和人们接收信息方式的改变，传统新闻媒体的作用越来越弱，仅依靠传统新闻展示宁波乡村风貌和案例的主要途径，其信息传播效果可能难以达到预期。

（4）目前宁波乡村对于新媒体的利用有限，没有实现通过新媒体打造宁波乡村形象的效果。抖音的流行催生出重庆与长沙这两个"网红城市"。

近年来,通过各类短视频平台,这两个城市被全方位地展示,吸引了众多游客前去打卡消费,对城市活力的提升有显著促进作用。对于宁波乡村来说,选择合适的新媒体平台,找到推广的抓手,是接下来发展农村旅游的重中之重。

(5) 对于宁波来说,本地居民较多,应当更多地利用城区与乡村居民的亲属和朋友关系吸引城区居民前往。对于城区居民来说,目前通过人际传播获取宁波乡村的信息来源相当有限。然而,不管是吸引城区居民在乡村工作置业还是旅游休闲,都离不开人际推荐。未来,可尽量鼓励乡村居民通过各种熟人关系向城区居民介绍乡村资源,从而为提升乡村活力作出贡献。

3.4.2 对乡村的情感与居民认知

总体来说,如图3-2所示,宁波城区居民对于宁波乡村有一定的情感归属(mean=5.65,SD=1.08)。具体来说,城区居民认为乡村对于他们来说还是非常重要的(mean=5.83,SD=1.17);其次,乡村是中国人的情感根基(mean=5.76,SD=1.21);再次,乡村可以在城区居民心中引起共鸣(mean=5.59,SD=1.24);最后,城区居民对于乡村的情感关联(mean=5.54,SD=1.27)和归属感(mean=5.54,SD=1.38)相对最低。

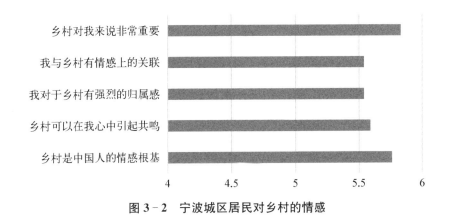

图3-2 宁波城区居民对乡村的情感

对于宁波乡村来说,由于城区居民大体上来说对乡村存在一定的情感,通过与城区居民的情感连接来吸引城区居民,提升乡村活力,促进乡村更

新,属于切实可行的途径。具体来说,虽然城区居民对于宁波乡村的情感关
联和归属感相对不强,但是根据调研结果,乡村本身对于城区居民仍然属于
重要的存在,可以引发他们的乡愁和情感。因此,想要吸引城区居民前往乡
村工作和生活,就要抓住城区居民对于乡村本身的感情,打动城区居民。例
如,虽然宁波城区居民缺乏对于宁波乡村的具体归属感,但是仍然可以通过
打造"乡村风情"而非"宁波文化"的方式,吸引城区居民。

3.4.3　过往乡村经历与居民认识

在913位成功完成问卷调查的城区居民中,只有93位没有去过宁波乡
村,约占10.19%。而曾经前往过宁波乡村旅游、工作或生活的人占到绝大
多数(820位,占比为89.81%)。

如图3-3所示,在这些曾经去过宁波乡村的居民中,每周最少一次的
有185位,约占22.56%;每月最少一次的最多,有329位,约占40.12%;每
季度最少一次的有178位,约占21.7%;每年最少一次的有101位,约占
12.32%;平均几年一次的最少,只有27位,约占到3.29%。

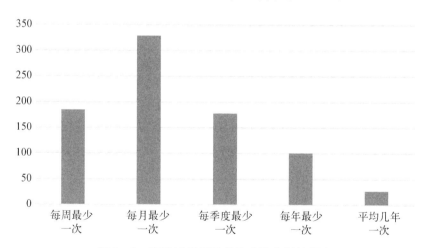

图 3-3　宁波城区居民前往宁波乡村的频率

在所有曾经前往宁波乡村的城区居民中,有638位曾经在宁波乡村居
住,约占77.80%(既包括因为旅游或工作的短时间居住,也包括生活和养老
的长时间居住);有784位曾经前往宁波乡村游览,约占95.61%;在宁波有
工作和养老经历的较少,分别有390位(占比为47.56%)和308位(占比为

37.56％）。因此，对于城区居民来说，目前宁波乡村的主要吸引力，还是体现在旅游资源方面。

3.4.4   居民对于到宁波周边乡村的意向

对于未来是否会前往宁波乡村，差异较大，具体来说：首先，宁波城区居民最愿意前往宁波乡村旅游（mean=5.84，SD=0.99），可见这种短期多次且低消费的方式是目前最适宜吸引城区居民的方式。其次，宁波城区居民愿意尝试前往宁波乡村养老（mean=5.47，SD=1.33），养老对于绝大多数受访者来说属于未来规划（只有 4.7％的受访者大于 50 岁）。因此，可以说城区居民对于未来宁波乡村可以提供良好的养老服务有所期待并愿意前往。宁波乡村有众多风景宜人、环境幽雅的地方，相比于拥挤昂贵的城区，乡村对于城区居民有一定的吸引力。最后，宁波城区居民会考虑前往宁波乡村居住（mean=5.33，SD=1.32），但是将该数据与宁波居民相对最不接受的前往宁波乡村工作（mean=4.85，SD=1.60）对照来看，可以发现，宁波城区居民更有可能的生活方式是居住在乡村（尤其是近郊地区），但是仍然愿意在城区就业。因此，宁波乡村如果想要吸引更多的城区居民前去工作，那么还是要首先吸引相关产业和企业，如果能够让部分宁波城区居民工作和生活都选择宁波乡村，那对于提升乡村地区房价、带动乡村经济发展将起到推动作用。

（1）影响宁波城区居民未来前往宁波乡村居住的因素包括：收入越高，未来越想要去宁波乡村居住；之前有过在宁波乡村居住经历的人，未来也更想去宁波乡村居住；通过电影、电视剧、其他节目观看宁波乡村越多的人，越想要去宁波乡村居住；认为宁波乡村应当发展研发产业、旅游休闲产业、养老服务产业以及认为政府应制定一些措施允许城区居民合法租购宁波乡村住宅的人，都更愿意去宁波乡村居住。

（2）影响宁波城区居民未来前往宁波乡村旅游的因素包括：之前去过宁波乡村旅游的人，更愿意未来再去宁波乡村旅游；通过电影、电视剧、其他节目观看宁波乡村越多的人，越不想要去宁波乡村旅游；在新闻中接收更多有关宁波乡村信息的人，更想要去宁波乡村旅游；认为宁波乡村应该发展研发产业以及认可农耕文化的城区居民，更愿意去宁波乡村旅游。然而，越是认为乡村应当提供优质的生活服务设施的,以及越是认为宁波乡村应当发展工业企业的城区居民,越不愿意去宁波乡村旅游。

(3)影响宁波城区居民未来前往宁波乡村工作的因素包括:受教育程度越高,越不想去宁波乡村工作;非国企和事业单位员工,更想去宁波乡村工作;外地人更想去宁波乡村工作;之前在宁波乡村有工作经历的人,未来也更想去宁波乡村工作;通过电影、电视剧、其他节目观看宁波乡村越多的人,越想要去宁波乡村工作;在新闻中接收更多有关宁波乡村信息的人,越不想要去宁波乡村工作;经常和家人朋友聊到宁波乡村的人,更想要去宁波乡村工作;期待宁波乡村发展研发产业、提供生活服务设施、认可农耕文化、认为乡村应该允许城市居民居住的人,更愿意去宁波乡村工作。相反,认为宁波乡村适合周末去娱乐的人,以及希望宁波乡村发展旅游民宿的人,更不愿意去宁波乡村工作。

(4)影响宁波城区居民未来前往宁波乡村养老的因素包括:之前在宁波居住时间越长的人,越愿意在宁波乡村养老;经常从家人朋友口中听到宁波乡村信息的人,更愿意去宁波乡村养老;认为宁波乡村应该发展研发产业、应该提供生活服务设施、应该发展养老产业提供养老服务的人,更愿意去宁波乡村养老。

3.5　促进乡村多功能转型的对策与建议[①]

3.5.1　规划与用地方面的建议

(1)如果土地指标可以在省内甚至更大范围内进行置换,可优先保证宁波乡村发展工业或其他产业。目前在宁波面临着全市用地紧张的情况,而为了保证永久基本农田和粮食生产,限制了很多地区第二和第三产业的发展,对宁波来说属于不利的处境。对于城区居民来说,对于宁波乡村是否要保证粮副产品供应没有形成统一认知,他们也可以接受从宁波市以外购

---

① 本节内容来源于:谷晓坤,许德娅.宁波市乡村多功能调查研究报告[R].上海交通大学,2020.

买粮副产品。虽然说乡村地区能保留绿水青山,从而供城区居民体验别样生活、享受优美环境,是广泛存在的刻板印象和城区居民所期待的,但是乡村如何发展还是应该依据乡村本身的历史、文化、发展路径、优劣势综合考虑。对于宁波这样一个工业重镇来说,如果为了绿水青山而放弃或者压制乡村的工业发展,既会对各村镇的收入产生影响,也违背了宁波乡村本身的发展机遇和特点。因此,还是应该在耕地保护政策上有所松动,最大限度地发挥宁波市土地的效用。

(2)目前宁波乡村对城区居民的就业吸引力不足,单纯居住在乡村以及在乡村养老更为可行。宁波城区居民更倾向于居住在乡村,但是仍然在城区就业。因此,宁波乡村如果想要吸引更多的城区居民前去居住,那么还是要在近郊地区通过房地产吸引城区居民,在用地指标上为近郊地区提供更为灵活的土地政策。未来,如果希望城区居民的就业向乡村转移,那么还是要首先完善宁波乡村的生活服务设施,进而将城区居民为主就业产业转移到乡村地区。

(3)宁波市需要为宁波乡村未来的发展定下整体基调,即确定是以服务城区居民的生活和休闲需求为主,还是以乡村自身产业发展为主。整体来说,城区居民对于宁波乡村的期待,是希望乡村成为以休闲娱乐、旅游民宿、居住养老为主导的服务性配套地区。但是,宁波乡村本身的发展主要依赖于工业企业的用地和税收,因此两者之间存在一定程度的不匹配。此外,城区居民并不认为宁波乡村可以提供与城区相类似的生活服务设施。如果未来宁波乡村不准备大规模发展房地产和养老行业,可以不必提供与城区类似的基础设施,而是应该发挥自身已有的优势。只有在大方向上首先进行把握,确定宁波乡村的发展方向是服务城区居民还是实现自身的产业腾飞,才能在未来的用地规划上有的放矢。

(4)宁波乡村虽然也习惯利用熟人文化机制来解决村内矛盾,但并未形成规范化的乡贤制度。根据问卷结果,宁波城区居民对于乡村地区是否存在传统的熟人文化没有形成统一意见。宁波市本身并未对熟人文化等进行广泛的宣传,村内的决策主要以村委会和党代会为主。因此,宁波市可根据未来的发展需要,酌情考虑是否需要引入乡贤等制度,从而更好地在乡村地区推进政策。

3.5.2　媒体与宣传相关的建议

（1）整体来说,面向宁波城区居民展现宁波乡村形象存在不足,亟待在全媒体平台增加对宁波乡村的宣传推广。首先,展现宁波乡村旅游资源的宣传片和广告制作和推广不足;其次,宁波也没有吸引足够多的影视剧组、节目制作组前往乡村取景拍摄;最后,宁波对于新媒体的利用有限,没有能够通过新媒体平台为城区居民提供有关乡村丰富的信息。其结果是,城区居民对于宁波乡村的历史和文化缺乏了解,对于宁波乡村的生态功能和环境功能也没有形成统一的认知,甚至造成城区居民在越多影视剧中看到与宁波乡村有关的信息,越不想去宁波乡村旅游。因此,如果想要打造宁波乡村的形象,不管是旅游、工业还是其他服务业,都要由市委宣传部牵头,文广旅游局等部门配合,尽快制定宁波乡村推广的整体方向,面向市内外居民进行投放。

（2）应当更多地利用城区与乡村居民的亲属和朋友关系,吸引城区居民到宁波乡村生活。根据调研结果,经常和家人、朋友聊到宁波乡村的城区居民,就会更想要去宁波乡村工作;而经常从家人、朋友口中听到宁波乡村信息的人,也更愿意去宁波乡村养老。因此,如果想要销售房产或是推广养老服务,就要从人际传播入手推动乡村发展。

（3）在宁波乡村旅游的定位和设计层面,可主推"乡村旅游"而非"宁波文化",从而吸引城区居民。从有关城区居民对于乡村情感联结的结果可以看出,宁波城区居民缺乏对于宁波乡村的具体归属感,而且整体来说城区居民对于宁波本身的历史文化接触不多,因此,现阶段想要吸引城区居民前往乡村工作和生活,就要抓住城区居民自身与乡村的关系,通过提供某种普遍的"乡村风情"打动城区居民。未来,如果希望更好地推出基于宁波本地文化的旅游与相关服务,就要通过全媒体策略,首先让城区居民了解宁波乡村和相应的历史文化背景,从而对宁波乡村产生更好的情感联结。

（4）对宁波城区居民加以区分,对不同的目标人群实行不同的宣传策略。在宣传策略上,要针对不同的目标群体进行区分,例如着重向有孩子的家庭和收入较高的城区居民推广乡村旅游和居住功能,同时吸引外地居民前往宁波乡村就业,通过这样有区隔的宣传,推广宁波乡村不同的优势特征,从而吸引更多的城区居民前往宁波乡村,带动乡村发展。

第 4 章

大都市居民对乡村多功能转型的响应

城乡融合发展加速了人员的广泛流动,数字技术重塑了广阔的虚拟城乡社会空间。人们穿梭于城乡之间,网红村、数字乡民涌现,居民从城市回归乡村,既构成了中国式城乡融合现代化的生动图卷,也是城市居民对乡村多功能转型的现实响应。本章基于对来自 21 个省、自治区和直辖市共计 142 个城市的 1 342 位已经回归乡村的居民的调查问卷结果,系统分析都市居民对乡村多功能转型的行动响应逻辑。基于 KAP(knowledge-attitude-practice,KAP,知识—态度—行为)模型优化建立了城市居民归乡行为意愿的 KAEP(knowledge-attitude-emotional connections-practice,KAEP,知识、态度和情感链接)模型,并以上海、武汉、成都 3 个代表性大都市的居民为例,深入分析这些大都市的居民对乡村多功能转型的行为响应机理。

4.1 全球趋势与政策背景

4.1.1 逆城市化下的归乡现象

"城市化"一词的出现距今已有 150 多年的历史。然而,由于城市化研究的多学科性和城市化过程本身具备的复杂性,对于该概念的界定,学术界一直众说纷纭:人口学把城市化定义为农村人口转化为城镇人口的过程;地理学把城市化看作是农村地区或者自然区域转变为城市地区的过程;经济学从经济模式和生产方式的角度来定义城市化;生态学认为城市化过程就是生态系统的演变过程；社会学家从社会关系与组织变迁的角度定义城市化。人口、土地、资本与知识、技术、文化等要素在城市结合，为人们提供了一种区别于乡土社会的生产生活方式和空间，是推动现代化发展的重要动力之一。

"逆城市化"则相反，是"城市化"发展过程中到达成熟阶段的产物，是人口从大城市和主要的大都市区，向小都市区、小城镇甚至乡村地区迁移的分散化过程。逆城市化出现的主要原因是城市居民对生活环境自然化倾向的追求、大城市工业向外寻找廉价的土地和劳动力需求以及交通和信息技术的发达。逆城市化是美国学者布莱恩·贝利率先提出的，用以指称 20 世纪 70 年代大都市地区人口增长不及非大都市地区、城市人口向郊区及农村迁移的社会现象。对于该现象的解释，有学者从人口因素出发予以解读，战后婴儿潮出生的人口到 20 世纪 70 年代已经达到上大学的年龄，因此位于非都市地区的那些州立大学和社区大学迅速扩张。而那些出生于 20 世纪头 10 年和 20 年代的人们也达到了退休的年龄，对乡村地区疗养功能的需求急剧增加，从而引发了城市人口"逆向"迁移的过程。

韩国在 20 世纪 60 年代至 70 年代进入了城镇化的加速发展阶段，其城镇化率从 1960 年的 28% 迅速提升到了 1970 年的 50%，在 1980 年左右达到了 70%（陈明珠，2016）。同时，韩国的农村人口在城市化进程中呈现出不断减少的趋势，到 2010 年农村人口比重降到最低点（18.1%）。城乡差距导致农村人口自 1975 年以后就不断流失，农村经济发展一度停摆。从 2008 年起，受金融危机的影响，韩国开始出现较为明显的归农归村潮（王爱玲、串丽敏，2022），也就是我们常说的"逆城市化"。同时，为解决人口老龄化和农村空心化的问题，韩国政府自 2009 年正式出台一系列返乡支持政策，以期改善农村人居环境，挽救农村空心凋敝的现状。最终，韩国出现了返乡人口不断增加的趋势。韩国统计厅数据显示，2005 年，仅有约 1 000 户家庭从城市回归乡村，2015 年则猛增至 33 万户，10 年激增了 329 倍。2015 年，韩国农村总人口达到 939.2 万人，随后持续增长，农村人口不断减少的趋势实现了逆转①。

---

① 陈銮. 塑造乡村的未来：韩国归农归村调查与行动［EB/OL］.（2021 - 04 - 07）［2024 - 07 - 01］. https://www.sohu.com/a/459336710_120051787.

4.1.2　中国政策对归乡的引导与鼓励

在《国务院办公厅关于支持农民工等人员返乡创业的意见》（国办发〔2015〕47 号）和《国务院办公厅关于推进农村一二三产业融合发展的指导意见》（国办发〔2015〕93 号）的基础上，2016 年，国务院办公厅又发布了《国务院办公厅关于支持返乡下乡人员创业创新促进农村一二三产业融合发展的意见》（国办发〔2016〕84 号），鼓励和引导农民工、中高等院校毕业生、退役士兵和科技人员等返乡下乡人员到农村创业创新，重点发展生产性服务业、生活性服务业以及其他新产业新业态新模式，并具体明确了简化市场准入、改善金融服务、加大财政支持力度、落实用地用电支持措施、强化信息技术支撑、创建创业园区（基地）等多项政策措施。

2018 年，中央一号文件《中共中央 国务院关于实施乡村振兴战略的意见》对实施乡村振兴战略进行了全面部署，明确提出鼓励社会各界投身乡村建设；建立有效激励机制，以乡情乡愁为纽带，吸引支持企业家、党政干部、专家学者、医生教师、规划师、建筑师、律师、技能人才等，通过下乡担任志愿者、投资兴业、包村包项目、行医办学、捐资捐物、提供法律服务等方式服务乡村振兴事业。

2019 年以来，每年的中央一号文件都对鼓励和支持社会人员返乡创业、参与乡村振兴提出了一系列政策措施，旨在优化创业环境、激发创业活力、提升创业能力。① 实施乡村振兴人才支持计划，组织引导教育、卫生、科技、文化、社会、精神文明建设等领域人才到基层一线服务，支持培养本土紧缺人才。这为社会人员返乡创业提供了人才支撑和智力支持。② 中央一号文件连续多年强调要提高培训实效，开展农村创业带头人培育行动。通过培训提升返乡创业人员的创业能力和经营管理水平，为乡村振兴注入新的活力。③ 完善城市专业技术人才定期服务乡村激励机制，对长期服务乡村的人才在职务晋升、职称评定方面予以适当倾斜。这一措施旨在吸引更多城市专业技术人才投身乡村振兴事业。④ 允许符合一定条件的返乡回乡下乡就业创业人员在原籍地或就业创业地落户，为他们提供更加稳定的生活环境和社会保障。⑤ 继续实施农村订单定向医学生免费培养项目，教师"优师计划""特岗计划""国培计划"，以及"大学生乡村医生"专项计划等,为社会人员返乡创业提供专业人才支持。

4.1.3　数字技术为人才归乡创造新的契机

数字技术是数字化时代实现社会生产方式、生活方式和治理方式颠覆性变革的关键性力量,具有鲜明的技术性、社会性和普惠性特征。在数字技术发展的背景下,移动互联网时代加速到来,城乡互联网普及率的差距持续缩小,城乡之间的信息壁垒日益缩小,这改变了乡村原有的社会资源配置方式与社会经济运行模式,形成了依托信息技术推动发展的新型发展格局。

(1)数字技术推动乡村实体经济发展,增强了归乡的吸引力。数字技术推动乡村振兴,对乡村经济发展、人才流入等方面产生影响,从产业发展、基础设施建设等多角度提升乡村生活满意度及幸福感,进而提高归乡地对于在外"游子"的吸引力。简而言之,受数字技术的中介作用,乡村自身的发展提升了其内在吸引力,促进了"归乡潮"的发展。

(2)数字技术促进网络消息流通,助力人才引进。在数字化时代,人与人的交互是以网络媒体为介质的,人们可以在任何地点与任何时间用任何设备获得所需要的信息。数字技术的进步,一方面,如上文所述推动了经济发展;另一方面也加速了城乡之间的信息流通,如通过新闻报道等方式加深了人们对回乡创业等相关政策的熟悉程度。数字技术发展的同时,让乡村的部分企业、个体可以以"展示自我"的方式"走出去",双维度实现"媒介化乡村振兴"。

(3)数字技术构建虚实乡村空间,创造更多创业就业机会。借助数字技术的发展,传统的物理乡村空间在推动治理现代化过程中构建了全新的虚实共生空间,移动网络成为农村网民满足物质与精神需求的主要载体,文化、环境、产业等实体分散的乡村元素在网络平台上虚拟聚集,构建出一个虚拟乡村空间(罗震东,2022)。虚拟乡村的出现改变了乡村资源的传统配置方式与产业经济运行模式,又反过来影响乡村实际空间的治理模式和经济发展,形成虚实乡村空间的二元有机互动。借助网络平台与传播媒介,增加产品输出与游客输入,打造淘宝村、网红村等新乡村发展范式,为归农归乡人创造更多的创业就业机会(罗震东,2019)。

总而言之,数字技术重塑的城乡虚实空间,搭建了一个二元互动的便捷平台,营造了更有吸引力的生活环境,创造了更多就业机会和可选生活方式,进而为更多人归乡创造了潜在的新契机。

4.2 城市居民归乡行为分析[①]

笔者在近年来的乡村调研中发现,归乡代表的逆城市化趋势正蓬勃兴起,且从零星偶发性现象逐渐呈现小规模多样化趋势。为了深入系统研究城市居民的居乡行为,笔者所在课题组于 2023 年 7—8 月开展了一次全国层面的归乡行为调查。通过网络招募了来自北京大学、中国人民大学、北京师范大学、上海交通大学、华东师范大学、浙江大学等全国 73 所高校的 112 名调查员,这些调查员几乎全部是来自乡村的大学生和研究生,他们利用暑期回家乡的机会开展问卷调查,总计收集调查问卷 1 680 份,有效问卷 1 342 份,被调查人员来自全国 21 个省、3 个自治区和 2 个直辖市,其中甘肃、山东、河南的被调查者居多,占比分别为 14.00%、12.81%和 10.80%。

4.2.1 调查样本的人口学特征

在性别方面,男性占比为 50.5%,女性占比为 49.5%,样本分布均匀,具有代表性。

在年龄方面,受访者年龄最小值为 18 岁,最大值为 70 岁,均值为 37.71 岁。按照 18~35 岁为青年、36~60 岁为中年、61~70 岁为老年的标准,将受访者划分为三大年龄群体,青年群体占比为 46.27%,中年群体占比为 50.75%,老年群体占比为 2.98%。

在学历方面,小学或以下学历占比为 5.3%,初中学历占比为 14.9%,中专、技校、职业高中学历占比为 10.2%,普通高中学历占比为 10.1%,大学专科学历占比为 18.3%,大学本科学历占比最高,为 38.1%,研究生及以上学历占比最少,仅为 3.2%。通过对学历进行受教育年限的一般性赋值,我们发现受访者受教育年限的均值为 13.51 年。

---

① 谷晓坤,谢泊明,徐凯基,等.2023 年度中国青年回归乡村新趋势调研报告:基于全国 1 033 位归乡青年调查研究报告[R].2024.

关于受访者归乡前的相关信息,我们在问卷后半部分针对性地分析其归乡之前的职业、年收入、年消费等信息。如表 4-1 所示,我们在问卷中将受访者归乡前的职业主要分为公务员、事业单位、企业人员和自由职业四大类别,其余职业类型归为"其他"。其中,自由职业,如程序员/开发人员、摄影师这类职业的受访者占比最多,高达 36.1%。

表 4-1　受访者归乡前主要从事职业

职　　业	频　　数	百分比/%
公务员	45	3.4
事业单位	235	17.5
企业人员	303	22.6
自由职业	485	36.1
其他	274	20.4
总计	1 342	100.0

受访者在归乡前年收入分布情况如表 4-2 所示,呈现年收入越高的受访者所占比例越大的明显趋势。其中,年收入在 9 万元以上的受访者占比最高,为 19.4%。受访者在城市的年消费分布情况如表 4-3 所示,整体上归乡前年消费水平都不高。其中,年消费为 2 万元到 5 万元的受访者人数最多,合计占所有受访人数的 46.4%。

表 4-2　归乡前年收入情况

收　　入	频　　数	百分比/%
1 万元以下	203	15.1
1 万元~2 万元	69	5.1
2 万元~3 万元	118	8.8
3 万元~5 万元	211	15.7

收　入	频　数	百分比/%
5 万元～7 万元	233	17.4
7 万元～9 万元	247	18.4
9 万元以上	261	19.4
总计	1 342	100.0

表 4-3　归乡前年消费情况

消费金额	频　数	百分比/%
1 万元以下	203	15.1
1 万元～2 万元	237	17.7
2 万元～3 万元	308	23.0
3 万元～5 万元	314	23.4
5 万元～7 万元	139	10.4
7 万元～9 万元	73	5.4
9 万元以上	68	5.1
总计	1 342	100.0

4.2.2　归乡人群类型划分

1）依据人口流动距离差异划分

依据人口流动距离差异划分,可分为短距离市内流动与长距离跨市流动两种类型。在已有的相关研究中,常常按照人口流动距离差异进行分类。本研究同样采用这一分类方式,将归乡人群划分为短距离市内流动与长距离跨市流动两大类型,以更好地理解和分析不同类型归乡人群的特点、需求和影响因素,为相关政策制定和社会管理提供参考依据。短距离市内流动可能是因为空间上距离较近,受访者便于在家乡附近的城镇中找到工作机会,在城镇生活、工作一段时间后又回到了同在一个市级行政区的农村家乡;长距离跨市流动可能是由于受访者选择离开本市级行政区到另一市级行政区,以谋求更好的发展机会,希望能够获得更好的收入等生活条件,由于个人工作、生活等因素最终又选择回到了跨市级行政区的农村家中。

空间统计结果显示,大多数受访者为短距离市内归乡流动,占受访者总数的 78%;长距离跨市流动的归乡者共 305 位,仅占受访者总数的 22%。在这 305 位受访者之中,有 109 位受访者先前居住的城市和返回的城市相同,主要为从河南省各城市返回至河南省郑州市,从山西省太原市返回至山西省晋城市,从甘肃省兰州市返回至甘肃省天水市,从青海省西宁市返回至青海省海东市等。

短距离市内流动,整体而言,各地理区域的归乡市内流动人口数量分布与调查问卷总数分布保持一致。值得注意的是,南方地区的受访者数量少于中原地区,但其市内归乡流动人口数量多于中原地区,可能与南方地区经济较为发达,归乡人员多从较近的县域或城市返回乡村有关。

长距离归乡跨市流动呈现明显的空间差异性。中原地区与西北地区长距离跨市流动的受访者较多,占区域内总归乡人口的比例同样较大;南方地区长距离跨市流动的受访者同样较多,但相较而言,其占区域内总归乡人口的比例较小,说明南方地区归农人口多为短距离市内流动。东北与珠三角的长距离跨市流动人口占区域内总归乡人口的比例同样较大,而胶东与京津冀跨市归农人口占区域内总归乡人口的比例较小。

2) 依据人口流动特征划分

本研究借鉴韩国农业、食品和农村事务部发布的《归农归村调查结果的公告》,依据人口流动区位特征将归乡人群分为城市出生回到乡村(C 型)、乡村出生又回到家乡(O 型),以及乡村出生又回到家乡以外的其他乡村(Q 型)三类。C 型人群由于属于外来人群,其人际关系、血缘亲情等熟人社会的资源支持相对较为薄弱,因此在重新嵌入乡村社会时往往面临较大困难,需要对其从事的创业等活动提供更多支持。O 型人群凭借着本地人这一身份,在回到乡村后可以天然享受各类社会资源带来的便利条件,也利于其在回归熟人社会后惬意地生活。Q 型人群由于成长于乡村,因此在适应乡村生活时天然具有便利性,但其在重新融入另一熟人社会进行创业时可能也会存在一定困难,因此同样需要一定的外在扶持。由此可见,C 型、O 型、Q型三类不同人群分属于三种不同的归乡路径,其回乡动机与社会资源支撑不同,返回乡村之后从事的工作也存在较大差异。未来,在政策制定时需要对此进行更精细的考虑。

如表 4-4 所示,在本次调查中,O 型人群最多,共 768 人,占比达57.23%;C 型人群次之,共 504 人,占比达 37.55%;Q 型人群最少,共 70人,占比达 5.22%。

表 4-4　归乡人群类型划分标准及所占比例

类型	划　分　标　准	数量	占比/%
C 型	城市出生回到乡村	504	37.55
O 型	乡村出生回到家乡	768	57.23
Q 型	乡村出生回到家乡以外的其他乡村	70	5.22

C 型归农人群在 107 个城市均有分布。山东省烟台市、甘肃省武威市的 C 型归农受访者均超过了 29 人,可能因为其调查问卷数量本就较多。

O 型归农人群在 98 个城市均有分布,相较于 C 型和 Q 型人群,其分布更加集中于中原地区与南方地区。甘肃省白银市、山东省烟台市、湖南省湘西土家族苗族自治州、河南省新乡市、福建省福州市、江西省赣州市的 O 型归农受访者均超过了 29 人。

Q 型归农人群数量最少,仅零散分布于 32 个城市。河南省郑州市的 Q型受访者超过了 28 人,可能与当地大力支持归乡创业有关;上海市的 Q 型受访者超过了 5 人,可能是外地人口来到了上海郊区的农村从事创业活动;青海省海东市的 Q 型受访者同样超过了 5 人。

3) 依据归乡后从事职业划分

依据归乡后从事的职业,可将受访者分为归乡型与归农型两类。归乡型是指归乡居民不以从事农业经营为目的而迁移到农村居住生活,且非农业收入占家庭收入的比重大;归农型则是指归乡居民以专职从事或兼营农业为目的,迁移到农村居住生活,且农业收入占家庭收入的比重大。在本次调查的受访者之中,归农型与归乡型受访者占比相近,归农型受访者占比为 49.55%,归乡型受访者占比为 50.45%,且多从事教师、医生、公务员、技术工作等职业。

4) 依据归乡时间划分

依据归乡年份与预期在乡居住时间,可分为长期归乡和短期归乡两类。多数受访者属于短期归乡。以 3 年为短期与长期的时间划分标准,短期归乡者占比为 53.3%,长期归乡者占比为 46.7%。以 5 年为短期与长期的时间划分依据,短期归乡者占比为 69.1%,长期归乡者占比为 30.9%。

从归乡年份来看(见图 4-1),受访者多在 2012 年及之后回到乡村,且归乡人数大致呈现出逐年增加的态势。在具体年份上,2017 年与 2022 年归乡人数相较于前一年均有较大增长,这可能与 2017 年党的十九大报告首次提出实施乡村振兴战略、2022 年党中央高度重视共同富裕等国家宏观战略有一定的关系。此外,归乡人数在 2022 年达到了顶峰,可能与疫情冲击有关。

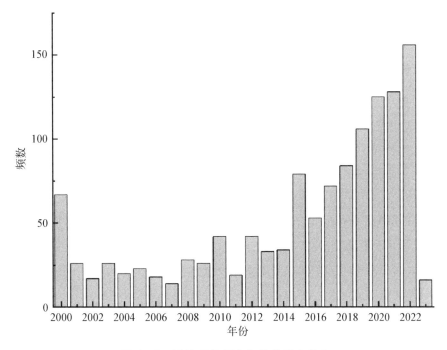

图 4-1 受访者的归乡年份的样本分布

从预期归乡时间来看(见图 4 - 2),预期在乡村居住 11 年以上的受访者最多,超过 550 人;其次是预期在乡村居住 3～5 年的受访者,超过 250 人;预期在乡居住 1 年以内的受访者最少。

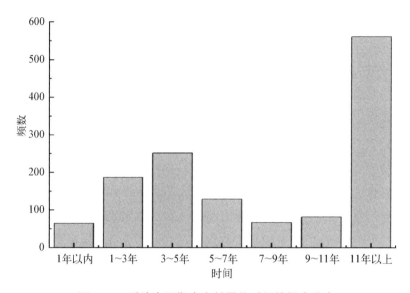

图 4 - 2   受访者预期在乡村居住时间的样本分布

4.2.3   归乡人群行为动机

根据马斯洛需求层次理论,人们的行为和决策通常是由一系列需求驱动的,这些需求按照生理、安全、归属和爱、尊重、自我实现等从基本到高级的层次结构排列。而归乡动机即受访者选择返回乡村的原因和动力,与马斯洛的需求层次理论相对应——个体可能因为工作、创业、生活、健康、养老、精神归属等不同层次的需求而选择回归乡村。这些需求又彼此相互作用,共同影响着个体归乡的内在动机。据此设计归乡行为动机的系列问题,将各问题的分值按照数字 1～7 进行设置,1 为非常不同意,7 为非常同意,对于同一问题设置了 3 种不同的询问方式以确保问题回答的可靠性。

1) 创业吸引

调查结果显示,受访者较为认同乡村创业对于其回归农村有着较大的吸引力,且普遍认同"乡村提供了自主创业的更好机会"这一问题,这一问题的平均分值为 4.82 分。由此可见,乡村为归农归乡者提供了广阔的创业舞台。回到乡村创业既可以改善农村居民的生活条件,保护和传承乡村文化,推动乡村经济的可持续发展,也反映了人们对传统农村经济模式认识的转变以及对乡村发展的积极态度。

研究发现,归乡对不同人群的创业吸引程度不同。对于"看好乡村事业发展的潜力"这一问题,C 型归乡人群的平均分值为 5.08 分;O 型归乡人群的平均分值最低,为 4.83 分;Q 型归乡人群的平均分值最高,为 5.40 分。对于"乡村可以获得比城市更大的收益回报"这一问题,C 型归乡人群的平均分值为 4.39 分;O 型归乡人群的平均分值最低,为 4.30 分;Q 型归乡人群的平均分值最高,为 4.53 分。对于这两类问题,C 型归乡人群与 Q 型归乡人群平均分值均较高,而 O 型归乡人群平均分值均较低,表明 C 型与 Q 型归乡人群可能更多从事创业活动,而 O 型归乡人群从事创业活动的意愿较低。

2）工作机会

调查发现,受访者较为认同"回乡可以到周边企业工作或者务农"(平均分值 4.50 分),且目前多"从事与乡村相关的工作"(平均分值为 4.21 分)。"在城市没有找到工作"与"原来在城市有工作但是失业了"的平均分值均小于 3 分,表明受访者回到乡村多数是一种相对主动而非被迫的选择。在工作灵活性方面,受访者"所从事工作具有很强的时间和空间的灵活性"的平均分值较高,为 4.98 分,这或许是受访者喜欢回到乡村工作的一项重要原因。

对于归农型和归乡型两类人群而言,归农型受访者在"农业发展潜力好"这一问题上的平均分值为 4.81 分,显著高于归乡型受访者的 3.73 分;归农型受访者在"自己喜欢从事农业工作""从事农业可以获得满意收入"这两个问题上的平均分值均超过 4.4 分,同样高于平均分值仅为 3.2 分的归乡型受访者。此外,归农型受访者在"回乡前所从事行业与乡村有比较紧密的关系"上的平均分值为 4.22 分,"在城市的经历有助于从事农业"的平均分值为 4.41 分,表明其回乡前所从事的行业多数与乡村有比较紧密的关系,在城市的经历也更有助于从事农业。

工作机会对不同人群的吸引程度同样不同。关于"回乡前所从事行业与乡村有比较紧密的关系"这一问题,C 型归乡人群的平均分值最高,为 4.02 分;O 型归乡人群次之,为 3.71 分;Q 型归乡人群最低,为 3.47 分。针对"城市的工作不如回乡工作理想"这一问题,C 型归乡人群的平均分值最低,为 3.82 分;O 型归乡人群的平均分值最高,为 4.02 分;Q 型归乡人群的平均分值为 4.00 分。

3) 生活吸引

整体上,受访者高度认同乡村的美好生活吸引了其归乡,但三类归乡人群的具体表现各有不同。

在生态环境方面,关于"乡村比城市的自然生态更适合生活"这一问题,三类人群的平均分值为 5.84 分,表明人们对于乡村清洁美丽的生态环境持有较高的评价。具体到三类归乡人群,C 型归乡人群的平均分值最低,为 5.67 分;O 型归乡人群的平均分值为 5.85 分;Q 型归乡人群的平均分值最高,为 6.00 分。

在生活成本方面,关于"乡村生活成本低"这一问题,三类人群的平均分值为 5.57 分,较低的生活成本是受访者选择归乡的一大重要原因。具体到三类归乡人群,C 型归乡人群的平均分值最低,为 5.31 分;O 型归乡人群的平均分值为 5.6 分;Q 型归乡人群的平均分值最高,为 5.79 分。

在家庭陪伴方面,关于"能更方便地照顾家人"这一问题,三类人群的平均分值为 5.84 分。乡村生活相对简单和安逸,工作压力较小,生活节奏较慢,人们可以更加专注地照顾家人,给予家人更多的家庭关爱,享受与家人共度的美好时光。具体到三类归乡人群,C 型归乡人群的平均分值最低,为 5.56 分;O 型归乡人群的平均分值最高,为 6.09 分;Q 型归乡人群的平均分值为 5.86 分。

在生活节奏方面,关于"乡村生活更加舒服放松"这一问题,三类人群的平均分值高达 6.00 分。城市生活紧张、节奏太快,相较而言乡村生活节奏较为悠闲自在。具体到三类归乡人群,C 型归乡人群的平均分值最低,为 5.71 分;O 型归乡人群的平均分值最高,为 6.00 分;Q 型归乡人群的平均分值为 6.30 分。

在农村与城市生活方式对比方面,关于"在城市生活久了觉得疲倦"这一问题,三类人群的平均分值为 5.19 分。具体到三类归乡人群,C 型归乡人群的平均分值为 5.14 分;O 型归乡人群的平均分值最低,为 4.98 分;Q 型归乡人群的平均分值为 5.44 分。

4) 健康需求

乡村通常没有城市的污染和压力,空气更加清新,自然景观也更美,有助于身心放松,减轻压力,促进身体健康。此外,在乡村种植蔬果、养殖家禽也为人们提供了锻炼身体的机会,增加了体力消耗,有益于保持身体健康。

因此,健康的生活方式是受访者选择归农归乡的一大重要原因。"乡村可以吃到新鲜安全的食物"与"乡村生活对身体健康有好处"的平均分值分别高达 5.79 分与 5.80 分。

对于不同年龄的群体而言,其健康需求存在着较大差异。按照 18～35 岁为青年、36～60 岁为中年、61～70 岁为老年的标准,将受访者划分为三大年龄群体。在"乡村生活对身体健康有好处"这一问题上,老年群体平均分值最高,为 6.10 分;中年群体平均分值次之,为 5.95 分;青年群体平均分值最低,为 5.63 分。就乡村食物干净卫生这一点而言,不同年龄群体回答的差异相对较小。

5）养老需求

在养老需求方面,"乡村适合老人家养老"这一问题的平均分值为 5.85 分,表明受访者对于乡村有良好养老环境的认同。相较于城市的喧嚣拥挤,乡村环境通常更加宜居和安静,老年人可以享受更加安静和舒适的生活。此外,乡村也具有更多的社交资源和社区支持网络,使老年人能够获得更多的关爱和帮助。

对于不同年龄群体而言,其养老需求同样存在着较大差异。在"乡村生活对身体健康有好处"这一问题上,老年群体的平均分值最高,为 6.25 分;中年群体的平均分值次之,为 5.95 分;青年群体的平均分值最低,为 5.72 分。

6）精神归属

在满足物质需求的基础之上,受访者回到乡村更是为了实现自我价值并帮助他人,追求更高层次的精神需求。"在乡村可以实现自我价值"与"在乡村可以帮助别人"的平均分值分别为 4.85 分与 5.01 分。将不同年龄群体进行细致划分,在"乡村建设需要我的加入"这一问题上,青年群体的平均分值最高,为 4.97 分;中年群体的平均分值次之,为 4.69 分;老年群体的平均分值最低,为 4.25 分。

受访者的归乡精神需求动机同样与其教育程度有关。对于"乡村建设需要我的加入""在乡村可以实现自我价值""在乡村可以帮助别人"三大问题的回答,最高学历为专科及以上的受访者的平均分值显著高于最高学历为高中及以下的受访者。

此外,受访者高度认同乡村的精神归属价值,"我对于乡村有强烈的归属感""乡村是中国人的情感根基"的平均分值分别高达 5.59 分与 5.83 分。

C型、O型、Q型三类归乡人群的具体表现各有不同,三类人群在"我与乡村有情感上的关联"这一问题上的平均分值分别为5.37分、5.74分与5.66分。

4.2.4　归乡人群对相关政策信息的认知

1) 对相关政策的熟悉程度

关于受访者对于乡村政策的了解程度,调查发现受访者最熟悉的与乡村相关的政策、法规、现象依次为:国家先后开展了"精准扶贫""乡村振兴""共同富裕"等重大国家战略(平均分值为5.43分),乡村实行严格的耕地保护政策(平均分值为5.15分),农业用地承包经营权及其流转情况(平均分值为4.85分)等。相较而言,受访者对于其他政策法规的了解程度较低。由于对有关政策了解得不够深入,受访者可能无法有效地利用相关政策以支持自身工作,进而限制其在乡村创业、回归农村等方面的发展机会。

归农型与归乡型两类人群对于乡村政策的了解程度存在显著差异,如表4-5所示。归农型人群对于宅基地"三权分置"改革、乡村实行严格的耕地保护政策、乡村农业技术和农业经营模式与特点、农业用地承包经营权及其流转情况等农业相关政策的了解程度均高于归乡型人群。相较而言,归乡型人群对于国家先后开展了"精准扶贫""乡村振兴""共同富裕"等重大国家战略,"网红村""网红民宿"等乡村旅游热点的了解程度高于归农型人群。

表 4-5　归农型和归乡型受访者对不同政策的熟悉程度

政　策　名　称	归农型受访者的分值	归乡型受访者的分值
国家先后开展了"精准扶贫""乡村振兴""共同富裕"等重大国家战略	5.33	5.53
"网红村""网红民宿"等乡村旅游热点	4.55	4.88
宅基地"三权分置"改革	4.80	4.45
乡村实行严格的耕地保护政策	5.20	5.09
乡村农业技术和农业经营模式与特点	4.91	4.53
农业用地承包经营权及其流转情况	5.06	4.65

不同人群对于乡村政策的了解程度同样存在显著差异。整体上,C 型受访者对于各类政策的了解程度均为最高,O 型受访者次之,Q 型受访者对于各类政策的了解程度最低。值得注意的是,Q 型受访者对于"网红村""网红民宿"等乡村旅游热点、乡村精英及"乡贤"人群这两类政策的了解程度均高于 O 型受访者。

受访者对于乡村政策的了解程度与其受教育程度同样相关。按照最高学历,将受访者划分为高中及以下与专科及以上两大类,调查发现最高学历为专科及以上的受访者对于各类乡村政策的了解程度均显著高于最高学历为高中及以下的受访者。

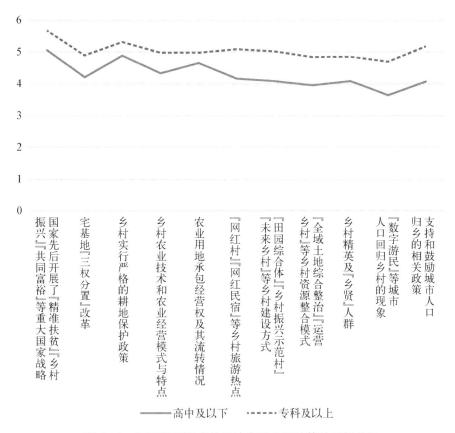

图 4-3　不同教育程度的受访者对乡村政策的了解差异

此外,回乡年限的长短同样影响受访者对于乡村政策的了解程度。以"乡村振兴"战略正式提出的 2017 年为分界线,调查发现 2017 年后,归乡受访者对于"网红村""网红民宿"等乡村旅游热点,"田园综合体""乡村振兴示范村""未来乡村"等乡村建设方式,"全域土地综合整治""运营乡村"等乡村资源整合模式,乡村精英及"乡贤"人群,"数字游民"等近年来提出的乡村政策了解程度明显更高。

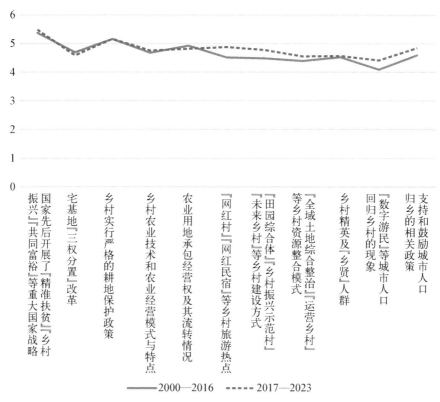

图 4-4　不同回乡时间的受访者对乡村政策的了解差异

2) 示范行为认知及传播方式

认知行为模式理论认为,认知、行为和情绪三者相互影响。认知对人的行为和情绪有重要影响,人的行为也能够影响人的思维方式和情绪。随着数字技术的进步与发展,城乡之间的信息流通障碍被进一步清除,归农归乡者的各类行为受到了示范行为的深入影响。大众传媒的广泛应用不仅加深了民众对回乡创业等相关政策的熟悉程度,更加强了民众对归乡创业典范行为的认知,影响了归农归乡者的预期与行为决策。

正如《中国数字乡村发展报告(2022 年)》所指出的,在《数字乡村发展战略纲要》《数字乡村发展行动计划(2022—2025 年)》《"十四五"全国农业农村信息化发展规划》《2022 年数字乡村发展工作要点》等宏观战略指引之下,数字乡村建设取得了许多新进展、新成效。随着数字化媒体的崛起,人们获得信息的途径变得更加多样化和便利化,归农归乡者对信息媒介的使用体现了乡村数字化建设成效。

问卷调研发现,在媒介使用上,微信、抖音、快手等 App 的使用频率最高;相较而言,广播新闻和报纸等传统大众传媒的使用频率最低。在数字化大背景下,归农归乡者对信息媒介的使用体现了乡村数字化建设成效,未来也需要关注不同群体的需求差异。微信作为一种即时通信工具,不仅提供了社交功能,更成为人们获取新闻、资讯、娱乐内容的重要渠道之一;抖音、快手等短视频平台则以简洁直观的形式吸引了用户,成为流行的视听娱乐平台。此外,购物平台(如淘宝、京东、拼多多等)和手机新闻 App 的使用也较为广泛。相较而言,受访者对广播新闻和报纸等传统大众传媒的使用频率最低,比起网络媒体的迅猛发展,传统媒体无法发挥网络交互性功能,对于归农归乡者的吸引力较弱。

4.2.5 城市居民归乡行为特征

1) 归乡式人口流动呈现"小规模、多样化"趋势

近年来,城市人口归乡代表的逆城市化趋势正蓬勃兴起,且从零星偶发性现象逐渐呈现小规模、多样化趋势。这可从 1 342 位受访者的年龄、空间分布、归乡时间等方面综合体现出来。在年龄上,绝大多数受访者为中青年群体,年龄均值为 37.71 岁;在空间上,受访者多分布于中东部地区,且甘肃、青海等西部省份也有分布,覆盖了全国 142 个城市;在归乡时间上,2012 年前归乡人数较少,2012 年之后归乡人数呈现逐年增加的态势。

2) 归乡人群受内在动机与外部环境的联合驱动

(1) 内在动机。在创业吸引与工作机会方面,返回乡村可能有更多合适的就业机会,并通过在乡村开展创业活动以实现个人的价值与目标,这满足了马斯洛的需求层次理论之中的物质需求。物质需求被认为是基本的生理需求之一,稳定的工作可以帮助个体获得稳定的经济来源,更有助于满足

个体其他更高级的需求。在生活吸引方面,乡村具有的乡土文化、社交和环境优势等都能满足个体的安全与归属和爱的需求。根据马斯洛的需求层次理论,人们需要与家人、朋友等建立亲密的关系以获得归属感和认同感,人们可能因为喜欢家乡的生活方式、文化氛围、自然环境等因素而选择回到家乡,以满足自身归属感和情感联系的需要。在健康需求与养老需求方面,调查发现,乡村良好的生态环境与生活环境可有效满足人们对生理健康的需求,同时,乡村的文化与生活环境,能提供更适合老年人生活的社区氛围和家庭支持。在精神归属方面,受访者不仅认同乡村的文化和价值观,更因怀有崇高的理想信念而回到乡村,以追求获得精神上的满足和归属感。这种需求属于马斯洛需求层次理论中的归属感和价值认同的需求,是一种较高层次的需求。

本研究调查发现,C 型、O 型以及 Q 型三大类人群回乡动机存在较大差异。在创业吸引上,C 型与 Q 型归乡人群可能多从事创业活动,而 O 型归乡人群从事创业活动的意愿较低;在工作机会上,C 型归乡人群在回乡前多从事与乡村有比较紧密联系的工作,且较不认同"城市的工作不如回乡工作理想",O 型与 Q 型归乡人群则与之相反;在生活吸引上,相较于 C 型归乡人群,O 型与 Q 型归乡人群更青睐乡村良好的生态环境,更喜爱成本低且舒服放松的乡村生活,能更方便地照顾家人;在精神归属上,O 型归乡人群与乡村在情感上的关联最为强烈,其次为 Q 型归乡人群与 C 型归乡人群。

此外,本研究发现,相较于 C 型、O 型、Q 型三类人群划分,归农归乡人群划分的动机差异较小。

(2) 外部环境。认知—情感—行为意愿(CAC)范式是一种心理学理论。它强调了公众的既有知识、情感反馈以及行为意愿三者之间的关系。认知即公众对特定主题或问题的理解和认识,这种认知可能基于他们的个人经验、教育背景、文化背景或其他因素;情感即公众在接触信息或产品时的情感反应,可能源于他们对某类主题或问题的个人看法、价值观、情感经验等;行为意愿即公众在接受或拒绝特定信息或产品时的行为倾向,这种行为倾向可能基于他们的既有认知和情感反应,以及其他外部因素,如社会压力、经济考虑等。

在 CAC 范式中,三个元素是相互关联的——人们的既有知识会影响他们的情感反应,而这种情感反应又会进一步影响他们的行为意愿,因此,可以通过国家战略的推动与数字技术的赋能,提升人们对于归乡政策、归乡人的生活现状等基本情况的认知,进而增强其归乡意愿。

调研发现,C 型、O 型和 Q 型归乡人群对归乡政策的基础认知存在显著差异。C 型受访者对于各类政策的了解程度均为最高,O 型受访者次之,Q 型受访者最低,但 Q 型受访者对于"网红村""网红民宿"等乡村旅游热点、乡村精英及"乡贤"人群这两类政策的了解程度相对较高。此外,归农人群与归乡人群对归乡政策的基础认知同样存在显著差异。归农型人群对于宅基地"三权分置"改革、乡村实行严格的耕地保护政策、乡村农业技术和农业经营模式与特点、农业用地承包经营权及其流转情况等农业相关政策的了解程度均高于归乡型人群。相较而言,归乡型人群对于国家先后开展了"精准扶贫""乡村振兴""共同富裕"等重大国家战略、"网红村""网红民宿"等乡村旅游热点的了解程度高于归农型人群。

总体上,国家的宏观政策对人们的归乡行为起到了助推作用。国家先后颁布了《关于支持农民工等人员返乡创业的意见(2015—2017 年)》《国务院办公厅关于支持返乡下乡人员创业创新,促进农村一二三产业融合发展的意见国办发〔2016〕84 号》《国务院关于印发"十四五"推进农业农村现代化规划的通知》等宏观政策,对归农工作进行了顶层设计,有力助推了归农工作的进行。研究发现,在 2012 年之后,归乡人数大致呈现逐年增加的态势。2017 年,党的十九大报告首次提出实施乡村振兴战略;2022 年,党中央高度重视共同富裕,而 2017 年与 2022 年归乡人数相较于前一年均有较大增长,这也间接反映了国家宏观战略有力助推了归乡行为的产生。

此外,数字化建设有力促进了归乡行为的产生。它不仅改变了人们的生活方式,使得人们可以更方便地了解和关注乡村的发展,同时也推动了乡村经济发展和市场拓展。未来,随着数字化技术的不断进步和发展,数字化建设将会为归乡提供更强大的支持和帮助。2019 年出台的《数字乡村发展战略纲要》提出,实施新型职业农民培育工程,为农民提供在线培训服务,培养造就一支爱农业、懂技术、善经营的新型职业农民队伍。各地政府也都在主动适应这一趋势,"请老乡、回故乡、建家乡"正逐渐成为共识。

在信息获取上,数字化建设使得人们更容易获取乡村的信息。通过网络,人们可以便利地了解到乡村的经济、文化、社会等多方面的最新动态;在生活方式上,数字化建设改变了人们的生活方式,通过视频通话、社交媒体、即时通信工具等,人们可以随时与家乡的亲朋好友保持联系,分享生活点滴,维系情感;在经济发展上,电子商务、在线营销、数字化服务等数字化建设手段帮助乡村的产品和服务走向更广阔的市场,助推乡村经济发展。互联网技术的更新换代促进了电商企业的蓬勃发展,尤其是近年来,国家大力推行的数字乡村战略为广大农村地区技术赋能,通过兴建电商孵化园、农业发展园、创业产业园等,提供了必需的物力、人力、财力和技术支撑。在当前创业的技术、市场壁垒不断被突破的背景下,互联网技术实现了流动人口在城市与乡村位置变化的无缝衔接,充分激发人们归乡的外在动力。

4.3 基于 KAP 模型的城市居民归乡行为意愿模拟[①]

4.3.1 城市居民对乡村多功能转型的响应机理

从居民视角看,大都市乡村多功能转型可以理解为乡村基于捕捉到的城市居民需求外溢趋势和多元特征,对供给侧进行调整,提供多种功能和服务以实现供需匹配和乡村价值显化的过程。

从需求侧看,一方面,在快速的城市化进程中,大城市呈现出人口、产业和建筑高度密集的空间格局特征,同时囿于城市开发边界的刚性限制,空间紧约束矛盾突出。与之相对的是,随着经济社会的发展,城市人口集聚、居民收入水平提高等因素引致消费需求的持续膨胀,当有限的城市空间难以承载居民日益增长的需求时,必然会出现城市需求向周边乡村外溢的趋势。另一方面,城市居民需求愈发呈现出多元化特征。

如图 4-5 所示,城市居民作为乡村转型的"局外人",他们对乡村多功能转型的响应是间接的。城市居民是乡村提供的各种产品和服务的主要

---

① 本节内容来源于:谷晓坤,李小天,许德娅,等.大城市居民对周边乡村多功能转型的响应:基于"知识—态度—行为"(KAP)模型的分析[J].地理研究,2023,42(6):1598-1612.

"消费者"，通过需求和供给的双向信息传导影响有关乡村转型的政策制定和规划编制及实施过程。通过市场供需信息传导和政策规划传导，城市居民的意愿和诉求被乡村转型的"局内人"感知，这些"局内人"包括以村集体和村民为代表的乡村土地的所有权人和使用权人，以及部分长期在乡村开展生产经营活动的乡村土地新使用权人。当他们捕捉到城市居民多元化的外溢需求时，开始供给具有生产、生活、生态等多种功能的产品和服务，进而推动乡村多功能转型。

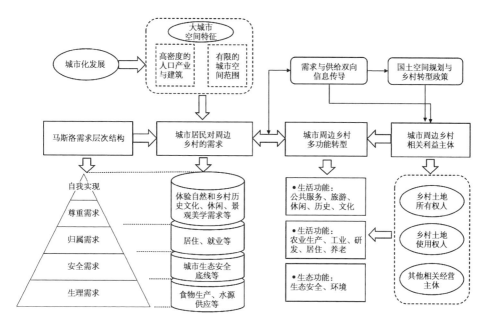

图 4-5　大都市居民对周边乡村多功能转型的响应机理

资料来源：谷晓坤，李小天，许德娅，等，大城市居民对周边乡村多功能转型的响应：基于"知识—态度—行为"(KAP)模型的分析[J]. 地理研究，2023，42(6)：1598-1612.

4.3.2　居民响应的 KAP 模型及假设

大城市居民作为周边乡村多种功能的消费者，他们的消费行为是乡村功能价值得以显化的关键环节。当试图从城市居民的微观视角理解乡村多功能转型时，起源于学习理论和创新扩散理论的"知识—态度—行为模型（knowledge-attitude-practice，KAP 模型）"为解释、量化和分析城市居民乡村功能消费行为提供了一个理论框架。该模型被广泛应用于公共卫生、教育、体育等社会研究领域,其在识别认知差异、态度障碍和个人行为等方面的适用性得到了充分检验。

KAP 模型源于学习理论和创新扩散理论,其中知识、态度和行为被定义为解释、量化和分析与特定问题相关的人类认知和行为。知识是对信息的认识或理解(Liao et al.,2022)。态度即对某一目标的积极或消极看法。行为是指行为者面对不同问题时经常开展的活动,这些活动受到共同文化和信仰的影响。知识和态度共同决定了社区组织或个人的行为(Babaei et al.,2015)。Xu 和 Zhang(2021)指出,KAP 模型可以理解为一个持续的过程:受访者通过获取更多知识改变了态度,而态度的改变又影响了他们的行为。因此,KAP 模型有助于识别知识差异、态度障碍和个人行为以及它们之间的关系。

本研究采用 KAP 模型考查居民对大城市乡村多功能转型的知识、态度和行为。在大城市乡村多功能转型过程中,城市居民的知识(K)和态度(A)和行为(P)之间也应当具有内在的联系。

知识(K)是指城市居民了解的关于乡村功能的知识和信息。我们采用居民自身长期积淀的内源性知识和短期内从外部获取的即时性信息(外源性知识)两个方面来衡量。其中,居民的内源性知识主要包括他们的受教育程度、出生和成长过程中积累的对乡村功能的观念看法(是否出生在乡村、是否在当地长大、在当地的生活时间)以及个人的一些关于乡村的经历;外源性知识则主要考虑媒体和人际传播两个渠道对城市居民获取乡村信息的影响。

态度(A)指的是居民对乡村多功能的态度,即城市居民认为乡村应该具备哪些功能以满足他们的需求。尽管已有大量关于乡村多功能分类的研究,但是目前并没有一致的分类标准。本书采用 Gu 等(2022)提出的城市居民对乡村多功能认知的 11 个不同因素,用于衡量态度(A),分别是产业研发、公共服务供给、休闲放松、农产品供应、乡村工业发展、农耕文化保护、旅游消费、生活居住、防疫隔离、返乡养老、文创。

行为(P)指的是居民对乡村多功能的消费行为。需要说明的是,由于使用问卷研究方法难以准确收集居民实际的消费行为数据,因此,本研究使用城市居民前往乡村的行为意图替代,分为工作、旅游、居住和养老 4 类进行测量。

为了检验乡村多功能转型过程中,城市居民的知识、态度和行为之间的关系,我们提出了以下假设:

H1:居民的内源性知识(K1)和外源性知识(K2)与他们对乡村多功能的态度(A)之间存在显著相关关系。

H2:居民的内源性知识(K1)和外源性知识(K2)与他们前往乡村的行为(P)之间存在显著相关关系。

H3:居民对乡村多功能的态度(A)与他们前往乡村的行为(P)之间存在显著相关关系。

4.3.3　问卷设计与数据收集

1) 问卷设计

基于大城市居民对乡村多功能的"知识—态度—行为"模型及研究假设设计问卷,问卷共包括 5 个部分。

第一部分测量居民对乡村多功能的态度(A),我们请受访者描述他们如何看待宁波周边乡村的功能。具体而言,我们询问受访者"以下描述是否符合您对城区周边乡村的认知",共针对 11 个乡村功能,即产业研发、公共服务供给、休闲放松、农产品供应、乡村工业发展、农耕文化保护、旅游消费、生活居住、防疫隔离、返乡养老、文创。这一部分的重点是调查宁波居民期望周边乡村有哪些功能,而不是他们如何看待周边乡村实际上提供的功能。我们将 11 个因素视为同级变量,在第四部分呈现因素分析的结果。问卷采用 7 点李克特量表(1=非常不同意,7=非常同意),并就每个功能设置 3~4 个条目,以确保每个测量变量的信度和效度。

第二部分测量居民对乡村多功能的内源性知识(K1),我们请受访者回答他们自身长期积淀的与宁波乡村相关的信息。一方面,调查受访者的成长与生活经历,包括他们成长于乡村或城市、是否在宁波成长、在宁波的生活时间,这些因素会影响受访者对于宁波乡村的态度。另一方面,调查受访者是否有去宁波周边乡村居住、游览、工作、养老的直接经历,如果回答为"是",会提出另外一个问题"一般来说,您去宁波周边乡村居住/游览/工作/养老的频率是?"。

第三部分测量居民对乡村多功能的外源性知识(K2),调查受访者从外部获取的有关宁波乡村功能的即时性信息。问卷分别询问受访者通过媒体和人际传播两个途径看到宁波乡村功能内容的频率,采用1(从不)至7(一直)的7点李克特量表。① 媒体传播渠道测量了四类媒体:第一,来自政府及其下属机构的传播,包括宣传视频和广告,一般是吸引游客的有效手段;第二,独立的传播,通常来自第三方,包括电影、电视剧和其他电视节目,一般不属于推广性的内容;第三,新闻机构作为信息发布和获取平台,包括传统渠道和数字平台的新闻,如电视新闻、报纸新闻、新闻网站或新闻应用;第四,自然传播,如通过本地搜索和发现服务、社交媒体、短视频和在线视频平台获取的信息,这些平台的信息可以发挥口碑传播的作用。② 人际传播渠道,受访者被问及"有多经常通过以下方式获得与宁波城区周边的乡村有关的信息?",包括与家人交流、与朋友交流两种具体方式。

第四部分测量居民对乡村多功能的行为响应(P),关注宁波居民未来计划去乡村居住、旅游、工作、养老的意愿。采用7点李克特量表(1=非常不同意,7=非常同意),分别询问他们"将来是否愿意去/再去宁波周边的乡村居住/游览/工作/养老"以及"未来是否可能去/再去宁波周边的乡村居住/游览/工作/养老"。

第五部分收集了受访者的人口统计信息,具体而言包括年龄、性别、教育程度、收入水平、婚姻情况、子女情况、工作单位。

2) 数据收集

数据收集包括小样本预调查和正式调查两个阶段。首先,在投放问卷前应对问卷的质量进行检验,采取小样本数据进行分析。预调查采用滚雪球抽样法,于2020年2月14日通过问卷星平台回收有效问卷105份。通过SPSS 22.0软件对数据进行信度和效度检验,删除了个别信度较低以及因子选项在0.5以下的题项,形成了正式的问卷,共包括11个测量因素,共计35个问题条目。

为保证样本的多样性和代表性,2020年4月18日至5月1日,本研究的正式问卷通过"宁波市规划设计研究院"微信公众号进行推送,共回收913份有效问卷,另有无效答卷45份,问卷有效回收率为95.3%。为保证问卷仅为宁波本地的成年居民填写,我们对于受访者的IP地址和年龄进行了限制。

　　由于本研究通过微信推送问卷,因而属于志愿者抽样(volunteer sampling)。受访者出于对研究问题强烈的感受,主动参与研究。也就是说,我们的受访者偏向于对乡村多功能问题有强烈意见的互联网用户。这么选取样本的原因是本研究关注对于乡村有一定消费意愿的群体,且该群体对乡村具有较为充分的看法。在样本中,男性比例偏高,且老年人样本有所缺乏,但年龄、受教育程度、收入水平等指标分散。因此,从人口变量的分析来看,问卷虽不能从整体上预测宁波居民的反馈,但具有一定的代表性。通过 SPSS 22.0 软件对问卷进行描述性分析及回归分析,从而验证研究假设。回归分析作为预测性的建模技术,可以确认因变量和自变量之间的因果关系,因此适合作为本研究的统计方法。

4.3.4　宁波居民归乡行为意愿的分析结果

1) 宁波居民对乡村多功能的态度(A)

　　因素分析(factor analysis)是从大量的相关变量中抽取出基本维度并加以分析的有效途径。尤其是当自变量可能存在一定相关性时,通过因素分析可以保证量表不存在较高(大于 0.4)的交叉负荷量(cross loading),也就是每个条目只包含一个因素。本研究对 11 个因素共 35 个条目进行主成分因素分析(principle components analysis),采用正交旋转法(varimax rotation),根据特征值(eigenvalue)大于 1 的标准,共得出 11 个因素,共同解释了原变量中 77.02％的变异量。通过因素分析可知,我们所采用的量表切实包含 11 个有独立解释能力的维度,具有建构效度。

　　分析结果如表 4-6 所示,参与调查的宁波居民对 11 个乡村功能的认知态度均显著,对不同乡村功能的期望呈现一定的差异。其中,受访者对乡村休闲放松功能、乡村文化传承功能和养老功能的态度最为认可,均值(mean)分别是 5.99,5.88 和 5.79,反映出大城市居民对乡村这三个功能的需求最迫切。与之相比,受访者对乡村的农产品供应功能、发展乡村工业功能以及公共服务提供功能的认可度最低,均值分别是 5.31,5.21 和 5.18。这些功能属于宁波周边乡村所具有的传统功能,并非居民对乡村的迫切需求。此外,城市居民也较为认可在周边乡村发展文创产业,均值达到 5.76。

表 4 - 6　宁波居民对乡村多功能的态度分析结果

因　素	特征值 (eigenvalue)	解释方差/%	Cronbach's α	均值(mean)	标准差(SD)
产业研发	3.40	9.71	0.90	5.54	1.10
公共服务供给	3.31	9.45	0.90	5.18	1.30
休闲放松	3.12	8.93	0.85	5.99	0.89
农产品供应	2.55	7.28	0.88	5.31	1.29
工业发展	2.50	7.15	0.86	5.21	1.27
文化传承	2.45	6.99	0.82	5.88	0.94
旅游	2.30	6.45	0.83	5.73	0.97
居住	2.10	6.32	0.82	5.71	1.04
养老	1.99	5.69	0.86	5.79	1.03
疫情隔离	1.93	5.52	0.75	5.66	1.08
文创	1.20	3.44	0.86	5.76	0.98

　　资料来源：谷晓坤,李小天,许德娅,等.大城市居民对周边乡村多功能转型的响应：基于"知识—态度—行为"(KAP)模型的分析[J].地理研究,2023,42(6)：1598 - 1612.

2) 宁波居民的乡村相关知识(K)对乡村多功能认知态度(A)的影响

本书采用多阶层回归方法,依次将人口变量、受访者积累知识和信息的影响因素、受访者个人的直接经历、媒介使用和人际传播作为控制变量,建立多阶层回归模型,将公众对乡村多功能的认知态度作为因变量进行分析,结果如表 4 - 7 所示。① 内源性知识(K1)对受访者关于乡村多功能态度的影响。受访者的受教育程度对其关于乡村居住功能态度的影响最显著,且受教育程度越高,越认可乡村居住功能。年龄、收入水平对受访者关于乡村工业发展功能的态度有显著影响。居民的个人成长经历中,只有出生地会对其关于乡村休闲功能认知产生显著影响,并且出生在乡村的城市居民,会对乡村的休闲功能有更强烈的积极态度。另外,居民个人直接的乡村经历几乎对其乡村多功能的认知态度不产生影响。② 外源性知识(K2)对受访者关于乡村多功能态度的影响。首先,媒体使用会对宁波居民关于乡村

表4-7　对乡村土地多功能利用的认知的多阶层回归分析（标准化）

自变量	产业研发	公共服务供给	休闲放松	农产品供应	工业发展	文化传承	旅游	居住	养老	疫情隔离	文创
	标准化系数β值										
第一层：人口变量											
年龄	-0.05	-0.08*	0.00	-0.06	-0.12**	-0.04	-0.06	-0.01	-0.04	-0.07	-0.01
性别	-0.01	-0.06*	-0.01	0.03	-0.01	-0.05	-0.01	-0.01	-0.01	0.00	0.01
教育程度	0.02	0.02	0.04	0.00	-0.06	0.05	0.00	0.14***	0.3	0.01	0.03
收入水平	-0.03	-0.01	0.02	0.01	-0.10**	-0.04	-0.04	0.03	0.01	-0.04	-0.03
婚姻情况	0.04	0.06	0.01	0.00	0.10**	0.08	0.02	0.01	0.07	0.01	0.00
子女情况	0.01	-0.06	-0.04	-0.07	-0.06	-0.03	0.00	0.04	-0.05	0.03	0.01
工作单位	-0.02	-0.02	0.06	0.04	0.01	0.06	0.06	0.02	0.01	0.01	-0.01
是否在宁波长大	0.03	-0.03	0.03	0.00	0.06*	0.05	0.05	0.02	0.00	-0.03	-0.02
成长于城市或乡村（0为乡村,1为城市）	-0.02	0.04	0.13***	-0.02	0.05	-0.07	-0.03	-0.05	-0.06	0.02	-0.06
在宁波生活的时间	0.01	0.01	0.01	-0.01	-0.02	-0.04	0.03	0.01	-0.02	0.01	0.04
调整后的R²增量	0.018	0.042	0.033	0.001	0.086	0.017	0.008	0.025	0.001	0.012	0.005
第二层：个人经历											
是否去过周边乡村	0.05	-0.02	0.14*	0.12	-0.04	0.08	0.02	0.10	0.04	0.12	0.08

续　表

自变量	产业研发	公共服务供给	休闲放松	农产品供应	工业发展	文化传承	旅游	居住	养老	疫情隔离	文创
频率	−0.05	0.00	0.00	−0.05	−0.01	−0.03	−0.02	−0.01	−0.05	−0.14**	−0.06
调整后的 R² 增量	0.047	0.063	0.059	0.033	0.058	0.048	0.039	0.041	0.057	0.055	0.048
第三层：媒介使用											
宣传片和广告	0.06	0.08	0.03	0.07	0.07	−0.03	0.01	0.15**	0.19***	0.18**	0.02
电视剧、电影、电视节目	0.16**	0.12*	−0.10	0.05	0.17**	−0.05	0.08	0.00	−0.02	0.044	0.05
新闻	0.12	0.16**	0.14*	0.16*	0.12*	0.14*	0.15*	0.09	0.08	0.00	0.11
互联网	0.02	0.04	0.18**	−0.03	−0.01	0.18**	0.13*	0.01	0.13*	0.02	0.13*
调整后的 R² 增量	0.127	0.013	0.064	0.066	0.148	0.064	0.096	0.071	0.117	0.068	0.099
第四层：人际传播											
人际传播	0.14**	0.16**	0.07	0.11*	0.20***	0.06	0.03	0.13*	0.09	0.13**	0.13*
调整后的 R² 增量	0.006	0.009	0.001	0.004	0.014	0.001	0.001	0.005	0.002	0.006	0.005
R²	0.218	0.288	0.178	0.126	0.324	0.138	0.164	0.164	0.198	0.163	0.178
调整后的全部 R²	0.198	0.270	0.157	0.104	0.306	0.116	0.142	0.142	0.177	0.141	0.157
F 值	10.80***	15.66***	8.38***	5.59***	18.51***	6.18***	7.57***	7.59***	9.56***	7.52***	8.38***

多功能的态度产生显著影响。其中,宣传片和广告显著影响了居民对乡村居住功能、养老功能和疫情隔离功能的认知态度,电视剧、电影、电视节目则明显促成了城市居民对乡村产业研发和工业发展的积极态度,新闻报道主要影响居民对乡村公共服务功能的态度,互联网传播则会提升居民对乡村休闲放松和乡村文化的认知态度。其次,人际传播对宁波居民关于乡村多功能的态度也有显著的正向影响,显著提升了宁波居民对乡村的产业研发、公共服务提供、工业发展功能的认知,对宁波居民关于乡村农产品供应、居住、文创的态度也起到比较显著的促进作用。总之,居民的内源性知识(K1)对乡村多功能认知态度的影响有限,而由媒体和人际传播产生的外源性知识(K2)则对其关于乡村多功能的认知态度有非常显著的影响,研究假设 H1 部分成立,即居民的外源性知识与他们对乡村多功能的态度之间存在显著正相关关系。

3) 宁波居民的知识(K)和对乡村多功能的态度(A)对其乡村消费行为(P)的影响

本书通过构建多阶层回归模型,验证假设 H2 和假设 H3,分别将居民内源性知识(K1)、外源性知识(K2)和居民对乡村多功能的认知态度(A)作为自变量,将他们前往乡村的 4 种行为意愿(P)作为因变量,预测其影响关系,具体结果如表 4 - 7 所示,4 种行为意愿因变量对应的 F 值都是显著的。

(1) 宁波居民的知识(K)对其乡村消费行为(P)的影响。

宁波居民的内源性知识(K)对他们前往乡村居住、工作和养老的意愿具有显著负面影响,对其前往乡村旅游的意愿影响不显著。其中,性别、教育程度、工作单位性质以及是否在宁波长大等因素主要影响居民前往乡村工作的意愿。个人是否去过周边乡村的经历则是对其再次前往乡村居住、工作、养老的行为意愿均产生非常显著的负向影响。也就是说,此前个人越有真实的乡村经历,那么他们未来到乡村居住、工作和养老的行为意愿就越低。

与居民的内源性知识(K1)对其行为意愿的显著负面影响不同,媒介使用和人际传播反应的外源知识(K2)获取对居民的行为意愿则具有显著的正面影响。其中,人际传播对居民前往乡村居住、旅游、工作、养老的 4 种行为意愿都有显著正面影响,说明受访者周围的亲戚、朋友对乡村的描述或体验大多数是正向和积极的,从而增强了受访者前往乡村的意愿。电视剧、电影、电视节目的传播可以显著增强居民前往乡村工作的意愿,对其居住行为也有积极影响,但是对其旅游意愿会产生消极影响。新闻的传播效果却相反,主要显著增强居民前往乡村旅游的意愿,却对其前往乡村工作产生消极影响。

总之,可以认为研究假设 H2 成立,居民的内源性知识和外源性知识(K)与他们前往乡村的行为(P)之间存在显著相关关系。其中,内源性知识(K1)对他们前往乡村居住、工作和养老的意愿具有显著负面影响,外源知识(K2)获取对居民的行为意愿则具有显著的正面影响。

(2) 宁波居民关于乡村多功能的态度(A)对其乡村消费行为(P)的影响。

如表 4-8 所示,居民对乡村多功能的态度(A)显著影响他们的行为意愿(P),但是不同的行为意愿受到的影响存在内部差异。具体来说,居民前往乡村居住的意愿受他们对乡村是否具有产业研发、文化传承、养老以及旅游和居住功能的影响,对乡村养老功能的认知态度越明确,到乡村居住的意愿就越强烈。居民前往乡村旅游的意愿则主要受到他们对乡村是否具有休闲放松和文化传承功能的态度的正向影响,同时对他们关于乡村公共服务功能的认知会产生负向影响,反映出乡村公共服务功能短板是影响居民旅游意愿的最主要因素。居民到乡村工作的意愿主要受他们对乡村产业研发功能认知和文化传承功能认知的积极影响,同时居民对乡村旅游功能的认知会对他们去乡村工作的意愿产生负面影响。最后,居民到乡村养老的行为与他们对乡村的养老功能认知和产业研发功能认知都是正相关的。

表 4-8　预测居民前往周边乡村的行为意图(标准化)

自　变　量	行为意图			
	居住	旅游	工作	养老
第一层: 人口学变量	标准化系数 β 值			
年龄	0.06	0.05	0.01	0.06
性别	0.04	−0.01	0.06**	0.05*
教育程度	−0.04	0.04	−0.06*	−0.01
收入水平	0.05	0.01	0.00	0.00

续　表

自　变　量	行为意图			
	居住	旅游	工作	养老
婚姻情况	0.03	0.02	0.00	−0.01
子女情况	0.02	−0.03	0.05	−0.03
工作单位	−0.02	0.03	−0.07**	−0.04
是否在宁波长大	−0.01	−0.00	−0.06*	−0.02
成长于城市或乡村(0 为乡村,1 为城市)	0.01	0.04	0.01	0.04
在宁波生活的时间	−0.03	0.02	0.03	0.03
调整后的 R^2 增量	0.073	0.022	0.014	0.036
第二层：个人经历				
是否去过周边乡村	0.06	−0.03	0.05	0.13*
频率	−0.14***	−0.03	−0.07***	−0.18***
调整后的 R^2 增量	0.165	0.089	0.207	0.147
第三层：媒介使用				
宣传片和广告	0.03	0.02	0.07	−0.04
电视剧、电影、电视节目	0.11*	−0.16**	0.19***	0.08
新闻	−0.06	0.18***	−0.09*	−0.07
互联网	0.06	0.03	0.11*	0.09
调整后的 R^2 增量	0.111	0.090	0.156	0.100
第四层：人际传播				
人际传播	0.17***	0.11**	0.16***	0.14***
调整后的 R^2 增量	0.019	0.006	0.015	0.014

续　表

自变量	行为意图			
	居住	旅游	工作	养老
第五层：对乡村多功能利用的态度				
产业研发	0.09*	0.08*	0.19***	0.13**
公共服务供给	0.01	−0.12***	0.07*	0.05
休闲放松	0.04	0.38***	−0.03	0.00
农产品供应	−0.05	−0.02	−0.04	−0.03
工业发展	0.01	−0.07	−0.03	−0.01
文化传承	0.10**	0.15***	0.10**	0.04
旅游	−0.08*	0.02	−0.11**	−0.03
居住	0.07*	0.02	0.06*	0.04
养老	0.20***	0.08*	0.05	0.36***
疫情隔离	0.08*	0.04	0.05	0.02
文创	−0.02	0.04	−0.07	−0.01
调整后的 R^2 增量	0.119	0.322	0.050	0.186
R^2	0.506	0.547	0.584	0.502
调整后的全部 R^2	0.487	0.529	0.568	0.483
F 值	26.45***	36.16***	36.32***	26.08***

资料来源：谷晓坤,李小天,许德娅,等.大城市居民对周边乡村多功能转型的响应：基于"知识—态度—行为"(KAP)模型的分析[J].地理研究,2023,42(6)：1598 - 1612.

　　总之,在所有的居民对乡村多功能态度的测量因素中,除了农产品供应功能、工业发展功能和文创功能以外,其他 8 个测量因素都以不同的方式影响居民前往乡村居住、旅游、工作和养老的意愿,可以认为研究假设 H3 成立,即居民对乡村多功能的态度(A)与他们前往乡村的行为(P)之间存在显著相关关系。

4.4　城市居民归乡行为意愿的 KAEP 模型及验证[①]

先前的研究已经确定了知识、态度和行为之间的三组关系。第一，在知识与行为的关系方面，Hungerford 和 Volk(1990)发现行为的改变需要对问题涉及的知识和技能有一定的掌握。第二，在态度—行为关系方面，Ajzen(1991)提出，拥有积极态度的个体更有动力去解决问题。第三，关于居民人口结构与行为的关系，Luo 等(2012)发现，性别、年龄、教育程度和收入直接影响人们对土地利用的态度和行为。

然而，一些研究表明，态度并不总是直接预测行为(Seitz et al.，2006)。因此，本研究将情感链接纳入 KAP 模型，并开发了一个 KAEP 模型(knowledge-attitude-emotional connections-practice，KAEP)来解释知识、态度和情感链接如何影响大都市乡村居民的行为。

4.4.1　一个新的 KAEP 模型及假设

该模型可以概括为三个步骤(见图 4 - 6)：① 城市居民的知识，包括从以往经验和媒体中获得的信息，直接影响他们的态度；② 城市居民的态度影响其对大都市乡村土地利用的行为意向；③ 城市居民对农村的情感链接在其态度和行为之间起中介作用。此外，城市居民的人口结构也会显著影响其 KAEP。

我们将居民的知识、态度、情感链接和行为置于大都市乡村多功能背景下进行分析。知识是 KAEP 模型的起点，也是行为实施的核心因素。在大都市乡村多功能语境中，知识是指城市居民获取的大都市乡村多功能相关信息。居民获得的信息越多，参与土地利用活动的意愿就越强。大都市乡村居民获取乡村多功能信息的途径有两种：间接沟通和直接体验。因此，我们将城市居民的知识分为两类：从媒介获得的知识和从个人经验获得的

---

① 本节内容来源于 XU D，GU X，XU M，et al. How can land-use practices be modeled? Understanding the influence of knowledge，attitudes and emotional connections on urban residents' behavioral intentions regarding peri-urban areas from an MLU perspective [J]. Habitat International，2024，145：103038.

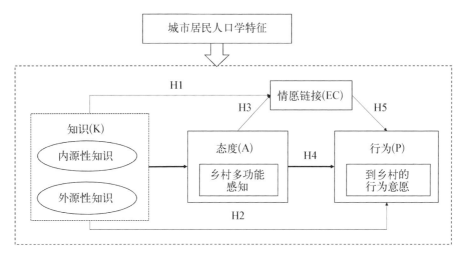

图 4 - 6　大都市乡村多功能改进的 KAEP 模型框架

资料来源：XU D，GU X，XU M，et al. How can land-use practices be modeled? Understanding the influence of knowledge，attitudes and emotional connections on urban residents' behavioral intentions regarding peri-urban areas from an MLU perspective[J]. Habitat International，2024，145：103038.

知识。这两种类型的知识都可以提升城市居民对哪些大都市乡村地区适合居住、工作、旅行等的认识。因此，本研究检验了以下假设：

H1：个体从 a) 个人经历和 b) 媒体获得的乡村多功能知识与他们对乡村的情感链接呈显著正相关关系。

H2：个体从 a) 个人经历和 b) 媒体中获得的乡村多功能知识与他们到乡村地区的行为意愿呈显著正相关关系。

态度是指城市居民对大都市乡村地区土地利用功能的积极或消极看法，是影响城市居民行为的主要因素。根据第 3 章居民感知的乡村多功能类型，以及前文城市居民对乡村多功能转型的响应机理，我们将态度定义为居民对食品、环境、生态、防疫、工业、研发、设施、社会、居住、退休、旅游、休闲、历史、文化等 14 种土地利用功能的态度，并提出以下假设：

H3：个体对乡村多功能的感知与其对乡村地区的情感链接呈显著正相关关系。

H4：个体对乡村多功能的感知与他们到乡村地区的行为意愿呈显著正相关关系。

在可测量的层面上，行为是指城市居民到大都市乡村地区的行为意愿。个体的行为是由其态度和情感链接驱动的。随着人口的增长和需求的增加,城市无法满足居民的多样化需求,他们转向大都市乡村地区以满足自己的需求。因此,城市居民成为大都市乡村空间中产品和服务的主要"消费者",如旅游和休闲、居住、工作和养老。在旅游休闲方面,城市居民在大都市乡村仍然扮演着外部消费者的角色。其他行为包括居住、工作和养老,表明城市居民也可以作为大都市乡村土地利用的内部利益相关者。

情感链接是指对乡村生活的心理渴望与想象中的乡村土地形象的结合。在城市化浪潮中,乡村地区发生了前所未有的变化,数以亿计的人口从乡村流向城市。"乡愁"成为这一过程中的居民与乡村情感链接的集中表达。我们在调研中发现,与乡村的情感链接可能是城市居民回到农村居住、生活的主要驱动因素。居民与乡村的情感链接越强,产生归乡行为的可能性越大。因此,我们提出最后一个研究假设:

H5:个体对乡村地区的情感联系与他们对到大都市乡村的行为意向呈显著正相关关系。

4.4.2　研究区域与数据处理

1) 研究区域

本研究选择了上海、武汉和成都作为中国东部、中部和西部大城市的代表,其基本信息如表 4-9 所示。

表 4-9　2021 年上海、武汉和成都的人口、土地和 GDP 概况

城市	区位	人口/ 百万人	人均国内生产 总值/元	总面积 /km²	中心城区规模 /km²
上海	东部	24.28	157 300	6 340	1 426
武汉	中部	11.21	145 500	8 569	812
成都	西部	16.58	94 800	14 335	950

资料来源:《2021 年成都市国民经济和社会发展统计公报》《2021 年上海市国民经济和社会发展统计公报》《2021 年武汉市国民经济和社会发展统计公报》。

2) 数据收集与处理

我们通过问卷星（www.sojump.com）——中国最常用的在线研究平台——招募调查对象并收集问卷数据。在进行正式的问卷调查之前，我们于 2020 年 2 月 14 日进行了预调查，使用了问卷星的样本服务，对象是上海的城市居民。预调查收到了 105 份有效问卷。根据预调查数据，我们修改或删除了信度有问题的条目，以确保问卷的可靠性。

在 2020 年 2 月 16 日至 3 月 1 日使用问卷星期间，我们向样本池中的受访者发送了调查问卷，共有 680 人参与了此次调查，最终收到了 625 份有效问卷。本研究采用系统抽样技术，以确保所选择的受访者具有人口统计学代表性。

表 4-10 受访者的社会人口特征

特　　征		频数	占比/%
性别	男	337	53.9
	女	288	46.1
学历	义务教育	35	5.6
	高中	206	33
	大学	337	53.9
	研究生	47	7.5
收入	<50 000 元	195	31.2
	50 000 元～100 000 元	154	24.6
	100 000 元～200 000 元	193	30.9
	200 000 元～300 000 元	58	9.3
	300 000 元～400 000 元	13	2.1
	＞400 000 元	12	1.9
年龄	18～19 岁	94	15
	20～29 岁	167	26.7

续　表

特　征		频数	占比/%
年龄	30～39 岁	166	26.6
	40～49 岁	119	19
	＞ 50 岁	79	12.6
婚姻	已婚/未婚同居	363	58
	其他	262	42
子女	有一个/多个孩子	339	54.2
	其他	286	45.8
出生地区	城市	430	68.8
	城郊/乡村	195	31.2
居住地	上海	212	33.9
	武汉	203	32.5
	成都	210	33.6

资料来源：XU D，GU X，XU M，et al. How can land-use practices be modeled? Understanding the influence of knowledge，attitudes and emotional connections on urban residents' behavioral intentions regarding peri-urban areas from an MLU perspective［J］. Habitat International，2024，145：103038.

4.4.3　三个大都市居民对乡村多功能的行为意愿分析

1）描述性分析

采用李克特 7 分量表(1＝非常不同意，7＝非常同意；1＝从不，7＝总是)测量了受访者的知识、态度、情感和行为。问卷共分为 7 个部分：① 受访者对其现居住地周边乡村多功能性的认知，涵盖乡村功能的 14 个维度，即防疫、设施、食品、生态、工业、旅游、文化、居住、环境、社会、退休、研发、历史、休闲；② 受访者对大都市乡村信息传播媒体的接触情况；③ 受访者从家人和朋友那里获得乡村信息的频率;④ 受访者与乡村的情感联系;⑤ 受访者到大都市周边乡村的行为意愿;⑥ 受访者以前的乡村相关生活工作经历;⑦ 人口统计信息,包括年龄、性别、学历、收入、婚姻、子女、出生地(农村或城市)、居住地(上海、武汉、成都)。

关于媒介使用,一般有几个不同渠道。第一个渠道是官方机构的传播,包括宣传片和广告。事实证明,这类媒体投放对提高城市旅游收入是有效的。第二个渠道是自主获取,包括电影、电视剧和其他经常描绘大都市乡村的电视节目。这种类型的内容也可能来自官方宣传,例如,当一个真人秀节目在某个特定的城市拍摄时,会向观众推介这个城市。第三个渠道是新闻,新闻是城市居民重要的信息来源。第四个渠道是有机传播。这是一种曝光媒介,通过本地搜索和发现服务、社交媒体、短视频分享应用和在线视频平台获得相关信息。这些渠道呈现的大都市乡村地区的形象是用户创造的,因此会更加多样化。

采用以下公式衡量媒介诱导传播的曝光度:(宣传片+广告)/2,其中 $\alpha=0.84$,$M=3.98$,$SD=1.42$。自主传播媒介曝光度测量公式为:(电影+电视剧+其他电视节目)/3,其中 $\alpha=0.85$,$M=3.60$,$SD=1.56$。采用以下公式衡量媒体对新闻的接触:(电视新闻+报纸新闻+新闻网站/应用)/3,其中 $\alpha=0.83$,$M=4.25$,$SD=1.39$。最后,使用以下公式来衡量媒体对有机传播的曝光:(本地搜索和发现服务+社交媒体+短视频分享应用+在线视频平台)/4,其中 $\alpha=0.83$,$M=4.24$,$SD=1.39$。

我们要求受访者使用7分李克特量表(1—从不;7—总是)指出他们从家人和朋友那里收到有关大都市乡村地区信息的频率。人际交往的测量公式为:(来自家人的信息+来自朋友的信息)/2,其中 $\alpha=0.74$,$M=4.97$,$SD=1.23$。

我们测量了城市居民与乡村地区的情感联系,要求受访者回答 5 个问题,李克特量表分为 7 级,从 1(非常不同意)到 7(非常同意)。测量与大都市乡村地区的情感链接使用如下公式:("大都市乡村地区对我来说非常重要"+"我与大都市乡村地区有情感链接"+"我对大都市乡村地区有强烈的归属感"+"大都市乡村地区能在我心中产生共鸣"+"大都市乡村地区可以看作是我的情感根源")/5,$\alpha=0.90$,$M=5.11$,$SD=1.24$。

最后,我们探讨了受访者到大都市乡村地区的意愿。个体在大都市乡

村地区生活、旅游、工作和养老的意愿分别使用 3 个项目进行测量
(Merrilees et al.，2009)。以居住在大都市乡村地区的意愿为例,用以下公
式来衡量这种意愿:("我将来很可能住在大都市乡村地区"+"我愿意住在
大都市乡村地区"+"我觉得住在大都市乡村地区很有吸引力")/3,其中
$\alpha = 0.88$,M=4.84,SD=1.35。所有项目都采用 7 分李克特量表进行测量,
范围从 1(非常不同意)到 7(非常同意)。通过将与每个问题相关的 3 个项
目相加并取平均值,得出居民前往大都市乡村生活、旅游、工作和养老的意
愿的测量结果($\alpha = 0.81$,M=5.64,SD=0.98;$\alpha = 0.91$,M=3.80,SD=
1.55;$\alpha = 0.91$,M=5.14,SD=1.33)。

2) 分层回归分析

分层回归处理的是如何将独立变量分步骤地输入模型中。它是指从回归
模型中逐步添加自变量的过程。进入模型的顺序取决于理论框架、自变量的重
要性以及因果和顺序关系。我们进行了 5 次分层回归来检验假设,人口变量
首先作为部分 1 进入模型,然后根据 KAEP 模型的顺序,将以往经历、媒介接
触、人际交流、城市居民对大都市乡村地区的感知等因素依次输入回归模型。

表 4‑11　预测城市居民对大都市乡村地区的
情感链接和行为意愿的层次回归

独立变量	情感链接	行为意愿			
		住宅	旅游	工作	退休
	β	β	β	β	β
部分 1:人口统计					
年龄	−1.65	3.11**	1.41	1.90	0.95
性别	1.88	−0.32	−0.08	2.08*	−0.51
教育	0.75	−1.97	0.18	−0.19	−0.21
收入	0.67	1.07	1.12	−0.91	0.59
婚姻	0.38	0.29	−0.71	0.71	−0.20
子女	1.30	0.67	0.91	−0.01	0.34

续　表

独立变量	情感链接	行为意愿			
		住宅	旅游	工作	退休
	β	β	β	β	β
出生地	5.50***	0.21	−0.48	1.60	0.57
居住地：（参考地：武汉）上海	−0.56	0.82	1.88	1.04	1.41
成都	−0.08	−0.56	0.47	−0.15	0.40
ΔR^2	0.109	0.103	0.073	0.073	0.047
部分2：之前的访问					
以往经历	−2.48*	−1.20	1.77	−2.79**	−1.10
持续	5.11***	1.83	−0.11	2.83**	1.56
ΔR^2	0.076	0.059	0.036	0.054	0.043
部分3：媒体接触					
宣传片和广告	2.09*	2.56*	−1.90	1.12	−0.88
电影和电视节目	0.41	0.03	−0.18	1.50	−0.87
新闻	0.07	−2.64**	0.64	−0.26	0.29
网络	−0.84	2.88**	1.72	3.57***	1.97*
ΔR^2	0.048	0.084	0.026	0.119	0.036
部分4：人际交流					
家人和朋友	6.24***	0.73	1.09	−0.52	1.42
ΔR^2	0.084	0.45	0.040	0.012	0.052
部分5：观念					
传染病防治	3.75***	0.53	1.14	−1.64	−0.09
设施	2.62**	0.42	−0.22	5.11***	0.58
食物	0.42	−1.14	−1.87	−1.70	−0.73

续　表

独立变量	情感链接	行为意愿			
		住宅	旅游	工作	退休
	β	β	β	β	β
生态	−0.75	−0.26	1.47	−2.38*	−0.94
产业	−0.44	0.22	−1.86	0.52	−0.05
旅游	−2.39*	2.32*	1.64	−1.14	2.13*
文化	3.72***	−0.76	1.04	2.72**	0.80
居住	−1.68	1.07	3.28**	0.64	1.02
环境	0.92	0.32	1.86	0.05	1.33
社会	3.80***	−0.77	0.71	0.03	−0.36
养老	2.34*	4.70***	−1.05	2.20*	5.66***
研究与试验发展	1.80	0.47	−1.14	3.09**	0.24
历史	0.27	0.58	1.27	−0.66	0.17
休闲	0.60	−0.29	3.76***	−2.12*	−0.17
ΔR^2	0.140	0.115	0.213	0.121	0.160
部分 6：情感链接		13.37***	7.43***	7.86***	9.11***
ΔR^2		0.147	0.055	0.063	0.087
R^2	0.457	0.552	0.442	0.442	0.426
Adjusted R^2	0.427	0.527	0.410	0.410	0.393
F 值	15.35***	21.74***	13.96***	13.93***	13.06***

资料来源：XU D，GU X，XU M，et al. How can land-use practices be modeled? Understanding the influence of knowledge，attitudes and emotional connections on urban residents' behavioral intentions regarding peri-urban areas from an MLU perspective[J]. Habitat International，2024，145：103038.

注：β 权重来自模型中包含的所有变量块的最终回归方程。性别被重新编码为虚拟变量：女性＝0，男性＝1。婚姻被重新编码为一个虚拟变量：单身/分居/离婚/丧偶＝0，已婚/同居＝1。子女被重新编码为虚拟变量：无子女＝0，有一个/多个子女＝1。童年居住地重新编码为虚拟变量：城市地区＝0，郊区/农村地区＝1。居住地编码为 2 个虚拟变量：其他＝0，上海＝1。居住地：其他＝0，成都＝1。以前的经验被重新编码为一个虚拟变量：从未去过大都市乡村＝0，以前去过郊区＝1。* $p<0.05$，** $p<0.01$，*** $p<0.001$。N＝625。

如表 4-11 所示,5 个回归模型均显著。结果表明,以往的经历与情感链接($\beta=-2.48$,$p<0.05$)和在大都市乡村地区工作的意愿($\beta=2.79$,$p<0.01$)显著负相关。有趣的是,访问时间与情感链接($\beta=5.11$,$p<0.001$)和在大都市乡村地区工作的意愿($\beta=2.83$,$p<0.01$)正相关。

宣传片和广告与情感联系($\beta=2.09$,$p<0.05$)和在大都市乡村居住意愿($\beta=2.56$,$p<0.05$)显著正相关。新闻接触对在大都市乡村居住意愿有负向影响($\beta=-2.64$,$p<0.01$),而社交媒体接触对居住意愿($\beta=2.88$,$p<0.01$)、工作意愿($\beta=3.57$,$p<0.01$)、养老意愿($\beta=1.97$,$p<0.05$)有显著正向影响。此外,人际沟通是情感链接的显著预测因子($\beta=6.24$,$p<0.01$)。

城市居民对防疫因素的感知与他们对大都市乡村地区的情感联系($\beta=3.75$,$p<0.001$)以及对设施($\beta=2.62$,$p<0.01$)、文化($\beta=3.72$,$p<0.001$)、社会($\beta=3.80$,$p<0.001$)和养老($\beta=2.34$,$p<0.05$)的感知具有显著相关性。然而,城市居民对旅游的感知与他们的情感联系呈负相关关系($\beta=-2.39$,$p<0.05$),而与他们在乡村地区的居住意愿呈正相关关系($\beta=2.32$,$p<0.05$)。对退休的感知也是受访者居住在大都市乡村地区意愿的重要影响因素($\beta=4.70$,$p<0.001$)。居住感知($\beta=3.28$,$p<0.01$)和休闲感知($\beta=3.76$,$p<0.001$)与受访者前往大都市乡村地区的意愿显著相关。

同时,城市居民对设施($\beta=5.11$,$p<0.001$)、文化($\beta=2.72$,$p<0.01$)、养老($\beta=2.20$,$p<0.05$)和研发($\beta=3.09$,$p<0.01$)的看法与他们在大都市乡村地区工作的意愿正相关。然而,他们对乡村生态功能($\beta=-2.38$,$p<0.05$)和放松功能($\beta=-2.12$,$p<0.05$)的感知都是他们在大都市乡村地区工作意愿的负面影响因素。对旅游功能的感知($\beta=2.13$,$p<0.05$)和对养老功能的感知($\beta=5.66$,$p<0.001$)都是大都市居民在乡村地区养老的显著影响因子。此外,情感链接与大都市居民在乡村地区居住($\beta-13.37$,$p<0.001$)、旅行($\beta=7.43$,$p<0.001$)、工作($\beta=7.86$,$p<0.001$)、养老($\beta=9.11$,$p<0.001$)等行为意愿均显著相关。

年龄较大的受访者有更强的意愿在大都市乡村地区生活($\beta=3.11$,$p<0.01$),而男性受访者比女性受访者有更强的意愿在大都市乡村地区工作($\beta=2.08$,$p<0.05$)。此外,在郊区或农村地区长大的受访者比在城市地区长大的受访者与大都市乡村地区的情感链接更紧密($\beta=5.50$,$p<0.001$)。

4.4.4　三个大都市居民归乡行业意愿的影响机制

1）关键变量之间的关系

许多研究从经济和社会环境、乡村特征、国家和区域土地政策等多个角度讨论了影响城市土地利用的因素(Gomes et al.，2019)。以需求为重点的乡村多功能研究大多是以农民为研究对象，对城市居民需求的研究较少。城市居民作为农村土地的消费者，其行为是城市土地利用中的一个关键影响因素。本研究采用 Gu 等(2022)的理论框架，解释了城市居民为什么需要获得农村土地。城市居民的多样化需求也延伸到农村地区，乡村行为体对农村供给侧进行调整，提供城市居民所需的多种功能和服务，最终实现供需匹配和农村价值呈现。

基于这一理论框架，我们依托 KAEP 模型提出假设。我们收集并分析了上海、武汉和成都居民的问卷数据，以确定城市居民行为的影响机制。问卷调研结果表明，城市居民对大都市乡村知识的获取途径不同。而这些知识影响了他们对乡村多功能的态度，并随之影响了他们在大都市乡村地区的行为意愿。

本研究的结果与以往使用 KAP 模型的土地利用研究结果相似。例如，Xu 和 Zhang(2021)指出，在中国农村工业用地改造过程中，农民的行为受到其知识和态度的影响。在制定产业用地调整政策时考虑农民的知识水平，可以提高农民对产业用地调整政策的接受度。Gu 等人(2022)利用来自宁波的调查数据，采用 KAP 模型来研究宁波城区居民如何理解大都市周边乡村的功能。他们证实了知识和态度对宁波市民下乡的具体行为意向产生的影响。本书的一个重要贡献是在经典 KAP 模型的基础上，增加了情感链接这一变量，建立了一个新的可以用来分析城市居民对周边乡村多功能认知和行为意愿的 KAEP 模型。

我们的研究结果证实，情感链接强烈影响城市居民在大都市乡村地区居住、旅游、工作和养老的意愿。我们认为，情感链接在模型中扮演如此重要的角色可能有两个原因。第一，情感链接作为态度与行为之间的中介变量，不仅自身具有影响作用，而且还受态度的影响。第二，情感链接是城市居民下乡意愿的决定因素，而知识和态度只能帮助他们形成一定程度的情感链接。与居住地相比,出生地显著影响居民与大都市乡村地区的情感链接。同时,城市居民在大都市乡村地区生活的时间越长,他们与该地区的情感链接就越强。然而,受访者的短期农村生活经历对他们与大都市乡村地区的情感链接产生了负面影响。

态度、情感链接和行为之间的联系可以从中国农村城市化的快速进程中得到解释。自1978年中国改革开放以来,数亿在农村长大的人涌入城市,其中大多数人成为新的城市居民。作为城市人,他们在物质、文化和人际关系方面仍然与家乡有联系(Xie,2014),这些经历强化了他们的农村情结。然而,中国部分农村的公共基础设施仍然不完善,因此,城市居民在大都市乡村地区的体验满意度仍然不高。

2) 影响不同行为意图的因素

首先,影响城市居民到乡村地区工作意愿的因素是复杂的,这与人们倾向于谨慎选择工作场所的事实是一致的。我们的研究结果表明,过去的农村生活经验可能会导致城市居民质疑农村地区是否适合工作。有趣的是,只有在互联网上接触到有关大都市乡村地区的信息,才能增强城市居民到这些地区工作的意愿,这种偏好可能与流行的短视频移动应用程序以及视频分享平台有关。当城市居民认为大都市乡村地区具有研发、文化传承和养老等功能,并拥有良好的基础设施时,他们更有可能去这些地区工作。相反,当他们认为大都市乡村地区是放松的地方时,他们对到这些地区工作的意愿就低了。

其次,城市居民到大都市乡村居住的意愿主要受到从媒体获取知识的影响。具体来说,在诱导传播(宣传视频和广告)和有机传播(互联网信息)中接触到大都市乡村地区可以增强个人在这些地区生活的意愿。上述关系表明,官方对农村地区的宣传和社交媒体上对农村生活方式的描绘成功地吸引了人们对大都市乡村地区的关注。此外,当城市居民意识到大都市乡村地区具有旅游和养老功能时,他们更有可能在这些地区定居。

乡村旅游在世界范围内有着悠久的发展历史。许多国家将乡村旅游视为解决乡村问题、促进乡村发展的重要工具。只有当城市居民觉得乡村能给他们提供舒适的生活方式,让他们放松的时候,他们才会愿意去乡村旅游。因此,媒体传播在乡村旅游中的重要性怎么强调都不为过。

本研究也受到一些限制。例如，我们没有具体衡量受访者对大都市乡村地区的看法是积极的还是消极的，而这会影响个体的行为意图，未来的研究可以采用实验方法来更好地解决这个问题。

3）政策建议

在本研究中，我们用上海、武汉和成都的数据验证了 KAEP 框架。研究结果表明，城市居民的行为意向受其对大都市乡村的认知、态度和情感链接的影响。因此，在制定促进大都市乡村土地利用多功能消费行为的政策时需要考虑 3 个方面：信息传播、态度建构和情感链接的建立。

首先，因为知识是 KAEP 模型的出发点，所以政府应该以促进城市居民对乡村多功能知识的获取为目标，并使用不同类型的媒体来提高信息传播的有效性。逃离城市压力，回归农村生活已经成为世界各地城市居民的共同愿望（Randelli et al.，2014）。与官方媒体发布的新闻相比，社交媒体在向城市居民传播乡村多功能和农村生活的积极知识方面更有效。越来越多的"网红"在网络平台上分享他们在农村的生活。这类群体在构建乡村形象方面的重要性已经得到认可（Whyke et al.，2022）。在未来的政策设计中，理想乡村生活方式的描绘不仅应该是向国际观众宣传中国特定形象的一种方式，也应该是向国内公众宣传乡村振兴的一种方式。

其次，居民对乡村的需求是多样化的。农村规划和政策应根据城市居民的态度和大都市乡村地区的资源禀赋采取差异化策略，避免同质化竞争。研究结果表明，城市居民对大都市乡村的粮食生产、景观、生物多样性保护、就业机会创造和其他去商品化价值等功能有一定的认识。他们的态度和行为表现出明显的多样化趋势。然而，中国大部分的乡村规划和政策过于重视休闲和旅游功能。因此，农业与旅游的结合似乎是指导大都市乡村土地功能转变的唯一目标，这导致了乡村休闲旅游功能的过度建设和同质化竞争等问题。因此，我们建议政策制定者考虑城市居民的需求，优化农村的制度条件和营商环境，从而有效促进城乡之间产业、资源和人口的双向流动和融合。

最后，改善农村的自然环境可以成为增强城市居民与农村情感联系的基础。20 世纪末，英国和北美的一些中产阶层移居到大都市乡村地区（Ghose，2004）。此后，退休移民、季节性移民、休闲消费移民、二居移民等城市人口在世界范围内进行了一系列乡村振兴和旅游开发实践(Gosnell and Abrams,2011)。通过对农村物质环境的改造,可以逐步缩小城市居民的田园幻想与乡村现实之间的差距,有助于在城市居民与农村之间建立起强烈的情感联系。乡村的美化也在中国的实践中得到了验证。近年来,在精准扶贫政策和乡村振兴战略的指导下,中国继续实施农村人居环境建设、土地整体综合整治等专项工程,有效提升了农村基础设施和公共服务水平。与此同时,政府开始持续投入进行农村民俗文化的保护和开发。通过这些努力,城市居民的农村情结得到了维系,农村地区逐渐出现了人口回流现象。

第 5 章

"三块地"政策创新与大都市乡村多功能转型

　　土地是乡村多功能转型的空间载体,围绕"三块地"(农用地、村集体经营性建设用地和宅基地)的政策创新,通过激发乡村活力、盘活乡村土地资源、提升乡村空间价值,最终实现乡村多功能转型发展的目标。本章聚焦大都市周边乡村"三块地"涉及的政策创新实践视角,系统分析其与乡村多功能转型的逻辑关联。首先,本章系统总结了上海市低效集体工业用地减量化政策特征,建立了"情境—结构—行为—结果"分析的治理模型,并评估了其对乡村多功能转型的影响。其次,以上海市奉贤区青村镇吴房村、松江区泖港镇黄桥村和浙江省德清县仙潭村 3 个村为案例,对比分析了不同乡村宅基地激活的治理机制。最后,以上海市金山区廊下镇为例,总结梳理了农用地标准地政策的落地场景、主要成效、存在的问题及优化建议。

5.1　低效工业用地减量化与乡村多功能转型①

5.1.1　低效工业用地及其减量化政策

　　低效工业用地减量化政策作为一种政策工具,对于乡村转型发展具有

　　①　谷晓坤,周小平,刘博研,等.基于"情境—结构—行为—结果"分析的上海市低效工业用地减量化治理[J].自然资源学报,2022,37(6):1413-1424.

重要的意义。

1）政策背景

自 20 世纪 90 年代以来，借助全球大规模产业转移的机遇，中国进入了快速工业化发展轨道。土地是工业发展的空间承载，在工业生产快速增长的同时，工业用地规模也持续快速增长。中国城市统计年鉴的数据显示，2019 年，中国工业用地总量达到 11 478.80 平方千米，比 2010 年增长了 3 252.85 平方千米。在这一过程中，由于地方政府以低地价招商引资谋发展，以及土地市场不完善、规划与产业政策及环境保护政策的变化，再加上企业的生命周期有限，且缺少用地退出机制，导致工业用地占比高、利用粗放、闲置浪费等一系列问题。截至 2018 年，全国工业用地面积占城市建设用地面积的 20% 左右，其中大约有 5 000 平方千米工业用地处于低效利用状态①。

2010 年以来，长三角城市群开展了低效建设用地减量化治理的实践探索，以期通过主动干预解决低效工业用地利用问题，盘活城市土地资源，兼顾耕地保护和城市转型发展空间需求（贾宏俊等，2010）。2013 年，上海“十二五”土地整治规划首次正式提出低效工业用地减量化治理的概念。2014 年，原国土资源部正式提出“实施建设用地总量控制和减量化战略”。2015 年，国家“十三五”规划将建设用地减量化上升为国家战略，北京、广州以及长三角城市群其他城市也开始了工业用地减量化治理的实践探索。

为推进城市高质量转型发展，2014 年，上海市第六次规划土地工作会议明确规划建设用地总规模将锁定在 3 200 平方千米。至此，上海低效建设用地减量化工作正式拉开帷幕。10 年间，上海开展了两轮减量化行动计划。第一轮是 2015—2017 年，减量对象主要针对不符合规划且社会、经济和生态效益较差的城市开发边界外现状低效工矿仓储用地（“198”区域），计划完成减量化任务 20 平方千米，平均每年“198”工业用地减量不少于 7 平方千米；第二轮是 2018—2020 年，在第一轮的基础上，本轮进一步加大了推进力度，拓展了减量对象的范围，提出全市低效建设用地减量不低于 36 平方千米，原则上平均每年低效建设用地减量不低于 15 平方千米。在工作组

---

① 胡存智. 5 000 平方公里城镇工矿用地利用低效[EB/OL]. (2014-03-22)[2024-06-25]. http://finance.sina.com.cn/hy/20140322/150818584673.shtml.

织上,建立市级联席会议制度,各区、镇相应建立专门推进机构,制订年度计划并层层分解,规划资源、发展改革、财政、经信、生态环境、农业农村等各相关部门协同推进。在政策设计上,形成了以新增建设用地计划和减量化关联机制为核心,与市级专项资金补贴制度、新增建设用地指标交易、建设用地指标周转、农民和集体经济组织长效增收、计划考核为一体的总体减量化推进政策框架。

截至 2020 年底,全市级完成低效建设用地减量化 73.74 平方千米,新增耕地面积 66.07 平方千米,远超计划目标。从两轮减量化工作结果来看,减量化已在全市达成共识,并取得显著成效,对切实转变土地利用方式、促进土地资源节约集约利用、改善区域生态环境等方面都起到了重要作用。

2) 低效工业用地减量化的内涵与特点

除了明确处于闲置利用状态的以外,"低效"基本上是一个相对的概念,不同发展水平的城市和地区对低效利用的界定标准不同,并且随着城市和产业发展阶段的变化而不断变化。我国低效工业用地减量化概念自提出后,工业用地再开发、土地整治等领域即开展了对其内涵的研究,一般认为是指利用政策措施和工程技术手段,对农村地区低效工业用地减量并复垦为耕地或生态用地,并将激活的存量工业用地指标转移到城镇使用,从而在控制工业用地总量的前提下减少低效工业用地,增加生态用地,以优化城乡用地布局结构。低效工业用地减量化主要有 3 个特点:① 规划限制性。位于城镇开发边界内的低效工业用地,可通过"退二进三""腾笼换鸟"等方式再开发后仍作为建设用地使用,并且获得高额的土地增值收益。然而,位于规划为农地或生态用地范围内的低效工业用地,再开发要求以复垦成为农用地或生态用地为主,大多数情况下并不能直接产生土地增值或溢价。② 公共利益性。我国土地产权制度实质上是土地使用权和土地发展权剥离的设计,并将土地发展权交由地方政府,以保障地方政府对土地使用方式的持续监管。减量化实质上是地方政府作为土地发展权人,收回了工业用地的发展权,并将之转化为提供耕地和生态空间等公共产品的过程。由于减量化的公共利益性,不能直接产生土地增值收益,而大量分散的土地使用权收回又需要承担高额的交易成本,难以形成自发的市场化动力,往往需要政府力量的介入。③ 乡村嵌入性。工业用地再开发只涉及城市建设空间范围,而低效工业用地减量化同时涉及城市与乡村两个空间的建设用地空间格局的变化;乡村低效工业用地的减量与耕地和生态用地空间的增加,内嵌于乡村空间格局的转型和多功能的变化过程,又对乡村人居环境、农民收入以及乡村治理方式产生影响。

5.1.2 低效工业用地减量化治理系统

1) 低效工业用地减量化治理系统

低效工业用地减量化治理的实质是一个涉及空间和产权的多主体、多要素综合作用的复杂系统,呈现出"内核—外缘"式的系统结构(何鹤鸣、张京祥,2017),如图5-1所示。不同区域的外部环境、工业用地利用效益与减量化主体角色等外缘系统的复杂性,使减量化治理这一内核系统处于动

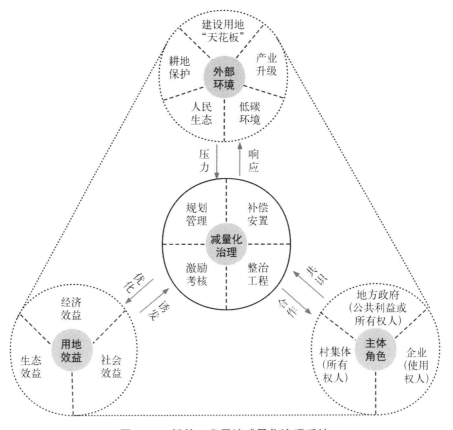

图5-1 低效工业用地减量化治理系统

资料来源:谷晓坤,周小平,刘博研,等.基于"情境—结构—行为—结果"分析的上海市低效工业用地减量化治理[J].自然资源学报,2022,37(6):1413-1424.

态变化和建构之中,外缘系统的影响因素、内核系统的构成要素以及内、外系统之间的交互响应,就构成了低效工业用地减量化治理复杂适应系统的基本特征。

低效工业用地减量化的外缘系统反映了影响内核系统运转的外部性因素和内部性因素。如图 5-1 所示,外部性因素来源于外缘系统的外部环境,主要包括城市建设用地总量"天花板"限制、耕地保护的压力、城市产业升级、低碳转型要求、城市建设绿色生态的人居环境以及实现乡村振兴目标等;内部性因素包括外缘系统的用地效益与主体角色,其中用地效益指工业用地利用在经济效益、社会就业与生态环境 3 个维度的水平,一旦经过评估确定为低效工业用地,就形成了减量化治理内核系统的诱发因素,目标是通过减量化治理优化用地效益。

主体角色是指与减量相关的权利主体在互动中形成的角色定位,是内核系统的主体治理结构因素,也是治理过程的行为主体。地方政府作为公共利益代表和发展权主体,是减量化的主导角色。其中,镇政府作为末级地方政府参与治理,同时兼当低效工业用地的所有权人,是减量化治理的重要角色;村集体是低效工业用地的所有权人;企业是获得有限权利的使用权人,是减量化的主要参与角色。

内核系统是低效工业用地减量化治理的实践过程,是针对外缘系统中外部环境差异、用地效益和主体行为而形成的政策响应,通常包括规划管理、补偿安置、激励考核、整治工程等内容。其中,规划管理是开展减量化的法定依据,由代表公共利益的地方政府制定并实施,具有政府主导的一般治理特征。补偿安置一般指地方政府作为公共利益代表对土地所有权主体和使用权主体的损失进行补偿,这是不同权利人利益博弈的关键。激励考核主要针对不同层级的地方政府,通过财政资金、任务考核以及置换指标激励等不同方式推动地方政府开展减量化工作。整治工程则指将低效工业用地从工业利用状态复垦为耕地或生态用地状态的具体工程措施。

2) 上海市低效建设用地减量化治理的模型提炼

以上海市作为研究案例,笔者前后进行 3 次实地调研,时间分别是2020 年 6—8 月和 10—11 月,以及 2021 年 6—8 月。采用问卷调查与半结构化访谈相结合的方式,笔者完成了对 4 个市级管理部门(含 1 个主管部门),5个区级主管部门,8个典型镇及下辖8个行政村,12家参与减量化企业的数据与信息的获取。除此以外,笔者还收集了大量二手资料和档案资料,主要包括2013—2020年市、区、镇政府发布的低效工业用地减量化政策文件和研究报告,经筛选后保留了约16份资料。

扎根理论研究方法(grounded theory methodology)是一种直接从实际经验资料中获取理论成果的定性研究方法,适用于涉及公共资源管理的议题研究,主要步骤包括开放式编码、主轴式编码、选择性编码。利用NVivo软件,将本案例原始资料文本进行开放式编码,得到了410个参考点,即原始资料中抽取的概念。对于410个参考点进行归纳后,得到36个初级范畴(见表5-1);进一步通过主轴编码,挖掘初级范畴之间的逻辑关系,分析36个初级范畴的相似条件、脉络与行动的策略,进而归纳出"外部环境""用地效益""部门联合""企业协商""刚性政策""激励政策""支持政策""空间格局优化""经济转型升级""社会效益重组""治理压力增大"11个主范畴(见表5-2)。

表5-1　开放式编码:标签化—概念化—范畴化

标　签　化	概　念　化	范畴化(初级范畴)
a311 做到资料规范可查	A56 资料规范	AA17 建立全流程规范
a312 梳理减量化流程并成文		
a313 梳理每一阶段评估报告		
a314 提前开展土地复垦验收	A57 成果评估	
a315 实施减量规范评估		
a316 强化安全问题	A58 重视安全	
a317 明确减量化后续用途	A59 准入规范	
a318 根据企业类型决定是走是留	A60 类型评估	
a319 提前进行资金预算	A61 资金使用	
a320 严管资金使用渠道		

续 表

标 签 化	概 念 化	范畴化(初级范畴)
……	……	……
a410 谈判成本逐渐升高	A93 谈判困难	AA36 基层政府压力增大

资料来源:谷晓坤,周小平,刘博研,等.基于"情境—结构—行为—结果"分析的上海市低效工业用地减量化治理[J].自然资源学报,2022,37(6):1413-1424.

表 5-2 主轴编码:初级范畴—主范畴

主维度	主范畴	初级范畴	概 念 内 涵
情境	外部环境	AA1 建设用地"天花板"	上海现状建设用地总量高度逼近规划建设用地总量
		AA2 耕地保护压力	18 亿亩红线严格耕地占补平衡,减量复垦耕地质量要求达标
		AA3 产业升级	上海面临产业结构调整,产业布局结构、产业类型有待提升
		AA4 生态、环境	城市公共绿地面积、森林覆盖率等较低,污染企业加重环境负担
		AA5 乡村振兴	乡村转型升级、提升乡村经济活力成为重要趋势
	用地效益	AA6 经济效益低	上海建设用地产出效率与国际大都市有明显差距
		AA7 环境能耗高	上海低效工业用地以牺牲环境换取经济发展
		AA8 社会效益差	上海人均居住面积、交通、绿地等指标反映城市宜居程度的用地数量严重偏少
结构	部门联合	AA9 发展权配置	市、区、镇统筹开展发展权配置
		AA10 层层动员机制	市—区—镇—村形成四级联动机制,以行政联系推动减量化落实
		AA11 形成减量共识	各级部门在减量化过程中形成节约用地意识

续　表

主维度	主范畴	初 级 范 畴	概 念 内 涵
结构	企业协商	AA12 镇政府牵线	镇政府联系转入地工业园区为企业寻找新址
		AA13 村委会搭桥	村委会带领镇政府与土地使用权人协商谈判、助推减量
行为	刚性政策	AA14 政府绩效考核	将减量化完成情况作为政府行政考核的重要方面,借助行政手段推进
		AA15 产业准入	形成全流程规范化、节约成本、严格监督复核的土地整治机制
		AA16 环境政策	强化环境要求,严格把关新进入企业和原有企业环境影响
		AA17 产业空间(减量化)规划	市土地集约利用通知、区减量化实施方案
		AA18 指标分配	增减挂钩、以减定增等政策限定区域的发展权
		AA19 建立全流程规范	从被减量企业确定到复垦验收全流程规范成文、降低成本
		AA20 评估分类	市土地集约利用通知、区减量化实施方案
	激励政策	AA21 补偿安置标准与资金保障	市、区、镇开展工业用地减量化分类补偿
		AA22 长效化乡村"造血"机制	"异地置业"、示范村建设、减税、农民再就业等促进乡村振兴的长效措施
		AA23 镇—村—企协商谈判	镇政府和村集体联合与被减量企业开展协商谈判,提升减量化公平性
		AA24 资金＋指标组合任务奖励	区—镇政府、村集体根据减量化完成情况获得资金或指标等多种方式组合奖励
		AA25 置换指标区域分配	根据区域发展的未来方向进行适当的指标调配
	支持政策	AA26 部门协作	纵向部门之间协作,横向跨部门联合开展减量化评估调查推动
		AA27 跨区域合作	双方政府为被减量企业提供新的发展空间和发展机遇

续　表

主维度	主范畴	初 级 范 畴	概 念 内 涵
结果	空间格局优化	AA28 低效工业用地减少	"198"区域环境污染型、产业低效型企业被拆迁
		AA29 耕地与生态用地增加	"198"区域低效工业用地复垦为耕地、生态用地等
	经济转型升级	AA30 产业结构改变	严格的企业准入标准引入高经济效益、低污染企业
		AA31 集体经济职能削弱	被减量企业所在的建设用地复垦后,村集体经济组织获得的土地使用权收益减少
		AA32 企业退出或转移	搬新址、购设备、招募员工等费用高昂、被减量企业经历长时间停产甚至退出
	社会效益重组	AA33 环境改善	减量化区域生态用地增加、环境污染风险降低带来人居条件的改善
		AA34 就业减少	本地或外来人员就业机会减少
		AA35 意识增强	从政府到企业的节约集约利用土地的意识增强
	治理压力增大	AA36 基层政府压力增大	随着减量化的持续推进,区、镇基层政府意愿下降、成本增加

资料来源：谷晓坤,周小平,刘博研,等.基于"情境—结构—行为—结果"分析的上海市低效工业用地减量化治理[J].自然资源学报,2022,37(6)：1413-1424.

　　最后采用选择性编码,按照"情境—结构—行为—结果"分析框架的4个维度将11个主范畴归类(见表5-2),进而凝练出低效工业用地减量化治理的核心范畴,构建出治理的理论模型,如图5-2所示,在外部情境层面,低效工业用地减量化面临宏观、微观两种情境,宏观层面的限制性与转型愿景、微观层面的用地效益下降共同诱发了工业用地减量化治理。在治理结构层面,市—区—镇政府多级主体联合行使发展权分配职能,基于利益均衡与村和被减量企业形成互动关系网络,达到合作治理促成减量化的目的。在行为路径层面,利用刚性政策、激励政策和支持政策等政策工具箱协同治理。最后在结果层面出现了空间格局优化、经济转型发展、社会效益重组及治理压力增大等多重影响。

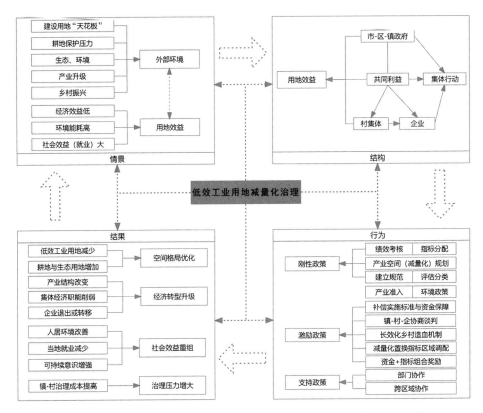

图 5-2　低效工业用地减量化的"情境—结构—行为—结果"分析理论模型

资料来源：谷晓坤,周小平,刘博研,等.基于"情境—结构—行为—结果"分析的上海市低效工业用地减量化治理[J].自然资源学报,2022,37(6)：1413-1424.

3）上海市低效建设用地减量化治理的模型解释

（1）外部情境：宏观外部环境与微观用地效益。上海作为一个超大城市,人口、产业高度集中,土地资源供需矛盾突出。在过去30年快速城市化过程中,上海建设用地规模不断扩张,建设用地总量接近"天花板",不仅使耕地保护矛盾愈加尖锐,而且导致生态空间持续收紧、空间结构破碎化。为了实现产业结构升级,率先实现三、二、一产业融合发展,上海面临着产业用地结构不合理的制约。同时,为落实乡村振兴战略,需要促进农民增收,改善乡村人居环境。上海低效工业用地利用的产业类型以中低端为主,经济效益低、环境风险高、就业带动有限。减量化正是基于这一多元化"情境"，由宏观的国家战略、城市规划聚焦于如何稳步落实土地的节约集约利用和工业用地效能提升。宏观背景与微观现状相结合为上海市开展工业用地减量化提供了行动背景。

（2）治理结构：内源性主体与外源性主体共同生产的集体行动。镇是乡村地区的基层行政单位和空间治理单元，城市化快速发展过程伴随着乡村人口、资源的持续流出，导致镇政府和村集体的治理能力不断衰退，不具备独立开展有效空间治理的能力。在这一长期面临工业用地利用低效的治理困境中，上海市逐步探索形成了以镇政府、村集体和企业为组成部分的乡村内源性主体和以市政府与区政府为组成部分的外源性主体，由此构成了外源性治理主体和内源性治理主体共同参与低效工业用地减量治理的集体行动过程和治理结构（见图 5 - 3）。

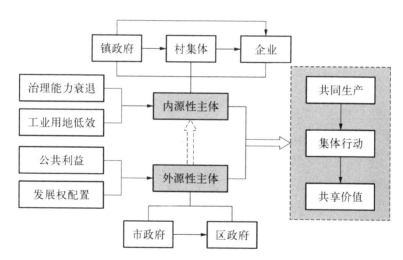

图 5 - 3 低效工业用地减量化的治理结构

资料来源：谷晓坤,周小平,刘博研,等.基于"情境—结构—行为—结果"分析的上海市低效工业用地减量化治理[J].自然资源学报,2022,37(6)：1413 - 1424.

在这一多元主体结构中，市政府与区政府由于承担了耕地保护和生态空间维护的公共利益责任，并在规划保障下享有对土地发展权的管理和配置权力，成为重要的外源性主体，主动参与减量化治理过程中。其中，市政府是减量化的政策发起方、规则制定方和财政支持方，更加关注全市国土空间格局的整体优化与城市发展转型战略的实现；区政府和镇政府是减量化的实施方,在市级政策的框架下具有一定的政策灵活性以适应不同区镇的地方性特色,兼顾落实上级任务指标与保障本区域经济发展的内在需求;镇政府同时还是内源性主体之一,即部分情况下是低效工业用地的所有权人或使用权人,通过发展权统筹配置、层层考核机制在市—区 镇三级之间形成共识和动员,达成行政力量引导下的减量化行动。村集体是主要的内源性主体,作为工业用地的所有权人和法定使用权人,在地方政府直接的补偿激励和间接的长期激励(如乡村振兴示范村、土地综合整治项目)下参与减量化;进而通过让渡土地发展权给地方政府,获得外部助力解决乡村低效工业用地治理困境,基于土地空间转型实现乡村人居环境优化、乡村多功能转型等价值。另一个内源性主体是减量化企业,它们拥有一定年限的土地使用权,镇政府和村集体通过谈判、协商等方式与企业达成经济补偿协议并收回土地使用权,也有一些企业在减量化以后转移到其他地区。至此,市—区政府主导下镇政府和村集体、企业多主体共同开展减量化的集体行动,共同分享经济、环境、资源、乡村等多维价值收益。

(3) 行动路径:刚性政策、激励政策和支持政策工具箱协同治理。Rosenow 等(2010)的研究表明,多层次、多视角的政策组合成为环境治理、公共治理、创新治理的必要方式。上海工业用地减量化使用了多种政策工具,形成了市—区—镇—村多级的刚性政策、激励政策、支持政策的组合工具箱。刚性政策强化低效工业用地减量目标确定、项目实施、验收考核过程中的"底线"思维和"规则"意识,主要涉及政府绩效考核、产业空间规划、指标分配、建立全流程规范、评估分类和环境政策等方面,旨在通过利害相关的刚性约束来保证减量化的有力落实。激励政策则通过对地方政府、被减量企业、村集体、由于企业搬迁而失业的村民等进行指标奖励、补偿、安置,体现了"以人为本"的治理思维,通过激励实现利益均衡与共享,保障集体行动的达成。支持政策以跨区域合作和部门协作为核心,形成了"上下联动""区域协调""协商谈判"的减量化辅助体系,以行政机构的集体行动作为减量化的有力支持。如图 5-4 所示,刚性政策和支持政策聚焦于区—镇人民政府对于减量化治理的规范化政策要求,保障减量化过程中公共利益目标的实现。刚性政策和激励政策则是通过与被减量企业进行协商谈判,在落实环境政策、确保减量总量的前提下,合理保障土地使用权人的权益。激励政策和支持政策旨在培育村经济集体的自发造血能力,满足失业人员再就业的社会需求。减量化政策工具箱中的刚性政策、激励政策和支持政策形成了"三元互补"的政策逻辑,保障了政策的顺利实施。

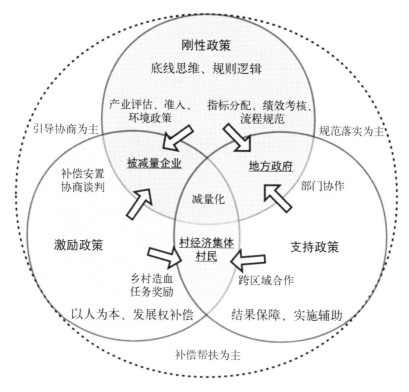

图 5-4　低效工业用地减量化的行动路径

资料来源:谷晓坤,周小平,刘博研,等.基于"情境—结构—行为—结果"分析的上海市低效工业用地减量化治理[J].自然资源学报,2022,37(6):1413-1424.

　　(4)结果呈现:城市高质量发展与资源再配置互相协调的逻辑再现。低效工业用地减量化的结果是将城市高质量发展与资源再配置互相协调,表现为低效工业用地的减少、耕地与生态用地的增加和产业结构的改变,实现了空间格局的优化、经济转型发展和社会效益重组,回应了减量化的政策目的。但同时也可能出现就业减少、集体经济职能削弱、企业退出或转移、镇村政府治理压力增大等负面结果。这是因为空间格局的优化是通过关停或转移撤销工业企业,将原有工业用地复垦或绿化实现的,在提高生态效益的同时损失了原有工业企业对于村经济集体的收入和村民就业等经济贡献。此外,随着减量化的推进,由于财政资金短缺、指标考核过于刚性、可减量资源减少等因素的影响,减量化难度上升,镇—村政府的治理压力不断增大。需要注意的是,减量化的这一两面性结果根据不同效益的持续性应当占据不同的权重:经济收益损失、就业下滑和治理压力增大等负面影响是减量化政策推行的短期结果,在政府的激励政策与支持政策的组合推动下能够获得改善、恢复平衡;而空间格局优化、生态环境改善、可持续发展意识的建立等,则是促进乡村转型发展以及上海实现追求卓越的全球城市目标的必要过程。

5.1.3　低效工业用地减量化对乡村多功能转型的影响①

由于大都市上海数千村庄的内部情况难以全面获取,因此,笔者依次通过经济差异、区位差异以及地方经验等指标,筛选上海市减量化研究的典型村庄样点,选取浦东新区、金山区和青浦区作为典型区,分别代表发达经济区、近郊高级工业化区和远郊中级工业化区。在三类地区中,分别选取一个镇作为典型案例。一手资料的获得主要通过 2020 年 10—11 月的实地调研,调研的形式包括工作汇报会、座谈会、半结构化访谈、减量化现场考察。笔者对 8 位村民、8 位村干部、3 位企业主、3 位市级政府工作人员、3 位区级政府工作人员和 9 位镇级政府工作人员进行了半结构化访谈。除一手资料外,笔者还收集了大量的二手资料,主要包括以下三类:① 政策法规类资料,包括上海市减量化的政策、规划文件;② 媒体报道,通过政府部门官网、搜索引擎等方式搜集有关上海市减量化报道;③ 部门内部资料,收集案例区的内部政府资料,包括工作汇报、减量化绩效评价、减量化指标使用等。综合一手资料、二手资料建立研究资料库,形成可供开放式编码的案例素材。

采用扎根理论的质性研究方法,经过三级编码过程,提炼总结减量化对乡村转型发展的影响,主要有资源配置、社会治理、产业发展、民生保障、文化传承和生态保护 6 个方面,进一步分为积极影响和消极影响两种类型。

---

① 本节内容来源于:徐梦瑶,张正峰,谷晓坤,等.低效建设用地减量化对乡村转型发展的影响研究:基于上海市的扎根理论分析[J].中国土地科学,2021,35(6):65 - 73.

1）资源配置

资源配置是减量化对乡村转型发展的核心影响，主要体现在空间布局、空间结构、城乡统筹和设施配置 4 个方面。减量化通过解决散而乱的低效建设用地问题，推动了乡村空间的更新，为乡村的发展增加了新的空间，如新增耕地；通过减量化政策将部分乡村企业集中迁至工业园区，有利于土地的集约利用，优化了乡村空间布局和空间结构；减量化产生的部分建设指标用于乡村地区公共服务设施的建设，提高了乡村生活的便捷度。

减量化在资源配置方面对乡村转型发展也有消极影响。减量化补偿政策规定了减量化地块仅可用于耕种，而由于减量化的土地长期受到化学物的污染，在复垦为耕地后短时间难以恢复到可用于耕种的水平，因此导致了大量减量化土地的废弃与闲置。同时，减量化指标大多用于区级项目建设，乡村发展难以受益，减量化的实施进一步拉大了城乡差距。

2）社会治理

社会治理是减量化对乡村转型发展的间接影响，主要体现在法规修编、基层治理、政策执行、治理结构和治理态度等方面。在法规修编方面，减量化的实施与规划的修编和实施是相辅相成的。减量化不仅可用于验证郊野单元规划中减量空间划定的科学性，减量化新增耕地以及产生的可用于农田设施建设的指标，还为高标准基本农田规划的实施奠定了基础。在基层治理方面，减量化拆除存在安全风险的企业厂房，有利于村集体对本村企业进行安全生产管理，减轻了基层环境治理压力。在政策执行方面，减量化淘汰落后产业符合上海市高质量发展的理念和需求，通过复垦减量化土地也符合粮食安全战略的实施导向。在治理结构方面，减量化政策对乡村治理有效的影响意义在于多元治理，全面发挥了政府、企业、村集体、村民的作用，实现多元共治。在治理态度方面，减量化与目前国家倡导的集体经营性建设用地入市存在矛盾，减量化的建设用地复垦为耕地后，土地收益不再属于村集体，造成村集体经济资产受损，村集体呈现消极的治理态度；减量化涉及的部分企业主雇佣律师进行行政诉讼、失业村民上访事件频发，都为基层维稳治理工作增加了难度。减量化多元主体对乡村转型发展影响的关注点也有所差异。负责顶层规划设计的市级政府重点关注减量化在创造建设用地指标以及推动生态文明战略实施方面的作用；区级政府重点关注减量化在形成工业园区、加快产业转型和升级方面的作用;镇级政府重点考虑减量化在提升区域经济环境和推动法规修编方面的作用;村干部关注减量化实施对基层治理和民生保障的影响;企业主倾向关注减量化造成的民生利益损失和文化观念形成的影响;村民感知的减量化影响多集中于生态保护方面和资源配置中的空间布局调整。

3)产业发展

产业发展是减量化对乡村转型发展的直接影响,主要体现在产业转型和经济环境两方面。通过减量化对乡村地区锻造、染色等低端污染企业的拆除,调整了乡村地区的产业结构;减量化的实施有效归并了细碎耕地,改善了农业生产条件,乡村地区得以广泛种植兼具经济效益和观赏价值的作物;乡村地区依托减量化的实施对宅基地进行改造,大力发展多元产业,如种植采摘、农家乐经营等,形成多元产业融合发展。同时,被减量化的企业大多转移到上海市周边的江浙地区,推动了长三角地区的企业梯度转移,带动了周边省市的乡村转型发展,有利于实现产业兴旺。然而,减量化对乡村企业的大量拆除,严重打击了当地人的营商热情,也为引进外来资本增加了难度。除此之外,减量化实施后,乡村企业所剩无几,乡村转型发展失去了产业支撑,发展缓慢。

4)民生保障

民生保障是减量化对乡村转型发展的间接影响,主要体现在基层利益、村民利益和社会稳定3个方面。减量化的实施在民生保障方面多是消极影响。减量化的实施导致村集体收入来源和金额减少。实地调研的结果显示,在减量化实施之前,村集体依靠乡镇企业平均每年拥有150万元的税收,而减量化的实施使村集体丧失了这笔关键收入,这不仅增加了开展村级事务的财政压力,还影响了村集体为村民发放节日福利。除此之外,由于减量化的实施,大量村民失去就业机会和收入来源,不得不到距离居所较远的企业打工,增加了居民的交通费等生活成本。尽管减量化的民生保障影响多为消极的,但村集体依托减量化政策拆除了有安全隐患的厂房,不仅节约了动迁成本,还保障了就业村民的人身安全。

5)文化传承

文化传承是减量化对乡村转型发展的间接影响,主要体现在农户的认知上。在乡村振兴战略中,最重要、最核心、最直接的利益相关群体就是农户。农户是乡村文化的创造主体和传承纽带,农户认知的提升有利于发挥农户的文化认同感,推动乡风文明目标的实现。在减量化的实施前期,村集体通过公告栏、宣传册等多种渠道宣传减量化的实施意义,尤其是在节地方面的作用,使村民们形成了节地意识,进而对减量化持支持态度;在减量化实施后期,村民直观感受到了减量化对乡村生态环境的积极影响,意识到减量化实施前乡村地区环境污染问题的严重性,因此减量化的实施也提高了村民对环境污染问题的关注度。

6) 生态保护

生态保护是减量化对乡村转型发展的直接影响,主要体现在生态效益、生活环境、土地质量和景观变化 4 个方面。减量化的实施在生态保护方面多是积极影响。减量化通过淘汰高污染高能耗企业,提高了乡村地区的空气、水源、土壤质量,降低了能源消耗;通过在化学污染无法用于耕作的地块种树,提高了乡村地区的森林覆盖率,提升了乡村地区的景观美学功能;减量化实施后,乡村地区通过发展种植等特色生态产业,盘活了既有资源,激发了转型活力,推动了乡村生态宜居目标的实现。

5.2　宅基地激活与乡村多功能转型[①]

在乡村振兴和共同富裕的背景下,有效盘活利用闲置宅基地成为解决"三农"问题、实现乡村振兴的有效途径(谷晓坤等,2022)。据全国政协经济委员会统计,目前全国农村空置宅基地规模已达 3 000 万亩左右[②],几乎与农村集体经营性建设用地规模相当,空房率最高达七成(中国社会科学院农村发展研究所和国家统计局农村社会经济调查司,2019)。同时,城市

---

①　本节内容来源于:周小平,刘博研,谷晓坤,等.城市周边闲置宅基地盘活利用影响机制及治理对策:基于长三角城市群三个典型乡村的案例分析[J].中国土地科学,2022,26(10):109-118.

②　建了没人住 7 000 万套闲置农房如何盘活[N/OL].人民日报,2018-07-08[2024-06-25].https://baijiahao.baidu.com/s?id=1605375436994340829&wfr=spider&for=pc.

经济外溢效应对乡村空间提出新的需求,但宅基地闲置、散乱分布的现状阻碍了乡村产业落地、环境美化的用地需要,"供需不匹配"问题突出。针对闲置宅基地盘活利用这一乡村振兴的重点和难点问题,2019 年新修订的《中华人民共和国土地管理法》正式提出"允许进城落户的农村村民依法自愿有偿退出宅基地,鼓励农村集体经济组织及其成员盘活利用闲置宅基地和闲置住宅"的规定。同年发布的《农业农村部关于积极稳妥开展农村闲置宅基地和闲置住宅盘活利用工作的通知》界定了宅基地盘活利用的多种方式。2020 年 6 月 30 日,中央全面深化改革委员会第十四次会议审议通过的《深化农村宅基地制度改革试点方案》指导各地积极稳妥开展农村闲置宅基地盘活利用试点工作。这一系列制度设计为宅基地盘活利用提供了政策支撑。

5.2.1　三个典型案例

本书选择了上海市奉贤区青村镇吴房村、松江区泖港镇黄桥村和浙江省德清县仙潭村这 3 个村落作为研究案例。3 个村具有如下特征:第一,在区位条件上,均位于大城市郊区,在产业发展、资源禀赋等方面有突出的城郊经济特点,符合研究设定;第二,在实践效果上,均有宅基地盘活利用的成功经验,可表现为相对客观的新闻报道、媒体评述等;第三,在类型划分上,基本覆盖《农业农村部关于积极稳妥开展农村闲置宅基地和闲置住宅盘活利用工作的通知》中提出的闲置宅基地盘活利用的主要模式,为研究提供更好的外部效度。

其中,吴房村位于青村镇西部,总人口为 1 392 人[①],村域面积达 2.99平方千米,主要发展黄桃产业,依托青港工业园区发展集聚经济,盘活利用闲置宅基地为产业发展提供空间,成为上海市乡村振兴示范村。黄桥村位于黄浦江的源头,总人口为 2 081 人[②],村域面积达 3.2 平方千米,是市级乡村振兴示范村和农民宅基改革"双试点"村,以整村平移的方式将空置的宅基地复垦为耕地,完成上海市减量化任务,获得集中连片耕地,进行现代化

[①]　吴房村的人口数为 2019 年的数据。
[②]　黄桥村的人口数为 2012 年的数据。

大规模家庭农场建设。仙潭村地处莫干山镇的西北部,是莫干山民宿发展的模范村落,总人口为 1 916 人[①],村域面积达 11.8 平方千米,以民宿业和旅游业为核心业态,其经济发展依靠宅基地资源。

案例调查时间为 2021 年 7—8 月,采用问卷和半结构化访谈相结合的方式。调查对象包括青村镇政府、泖港镇政府、莫干山镇政府、3 个村的村民委员会委员以及村民,访谈资料共计 70 份,涉及 67 人次。除此之外,笔者还收集了大量的新闻报道、政策文件资料,以及奉贤区、松江区和德清县自然资源管理部门的会议访谈资料,时间跨度为 2005—2022 年。

5.2.2 访谈资料编码

利用 NVivo12 对 3 个村的相关访谈材料进行编码。首先进行开放式编码,将原始语句归纳得到 632 个"概念化"参考点,凝练后得到了 40 个初级范畴(见表 5-3)。根据周小平等(2022)提出的"自下而上"与"自上而下"相结合的研究方法,将资料逐步聚合于分析框架的 5 个维度中,以"人才—文化制度子系统—资源产业子系统"模型中的人才、文化、制度、资源、产业为主维度指导主轴编码,通过挖掘初级范畴之间的逻辑关联、相似条件,得到 15 个主范畴:资源维度包括"经济资源""生态资源""劳动力资源",产业维度包括"产业兴旺发达";文化维度包括"恋乡情结""历史遗产""爱党文化";制度维度包括"国家政策法规要求""省市政策要求""政策执行机制";人才维度包括"有作为的村干部""有能力的外来市场力量""有担当的本地村民""尽力支持的地方政府""返乡青年人才"(见表 5-4)。

表 5-3　开放式编码：标签化—概念化—范畴化

标　签　化	概念化	范畴化(初级范畴)
a168 有些宣传啊都是通过一些党员,还有一些村民代表去做村民的思想工作,然后他们大多是配合的	A22 党员配合开展宅基地盘活	AA6 党员的引领作用

---

① 仙潭村的人口数为 2020 年的数据。

续　表

标　签　化	概念化	范畴化 （初级范畴）
a511 一方面他申请这种农业项目，企业可能多半的也要申请农业项目，这个项目有国家级的，或者说市级、区级的一些奖补性资金，这个是有的	A56 企业申请农业资金补助	AA32 政府资金补助
a512 德清县财政旅游发展专项资金支出中，乡村旅游经费全年支出自 2015 年起稳步增加	A57 德清县旅游资金补助	
a513 我们叠加了乡村振兴，有两笔专项资金，就是市区有两笔	A58 泖港镇减量化专项补助	
a514 农发行推动农民集中居住的实施计划，我们用运营的资本去覆盖这个投入	A59 用运营成本覆盖投入	AA33 银行信贷支持
a515 当时农发行要找这样的项目，我就大概设计了一个经济模型讲了讲	A60 招标经济平衡模型	
……	……	……
a630 我们现在有黄桃的那个田心农场市集，里面我们都以黄桃产业为特色的，黄桃的 IP 我们都在研发，所以呢产业兴旺是最关键	A61 特别的黄桃产业	AA40 产业兴旺发达
a631 我们村现在有 150 家民宿，要进行特色旅游村落的创建	A59 特色民宿村落创建	
a632 像京禾天润会在我们这里进行一个展示园区的设置	A60 展示园区创建	

资料来源：周小平，刘博研，谷晓坤，等.城市周边闲置宅基地盘活利用影响机制及治理对策：基于长三角城市群三个典型乡村的案例分析[J].中国土地科学，2022，26(10)：109－118.

表 5－4　主轴编码：范畴—主范畴

主维度	主范畴	副范畴	概　念　内　涵
文化	恋乡情结	乡土之情	部分村民因不愿意离乡而不参与宅基地盘活利用

续　表

主维度	主范畴	副范畴	概　念　内　涵
文化	恋乡情结	自豪之情	部分村民出于对乡村建设的自豪更愿意集中居住
	历史遗产	文化遗产	一些村落借助文化古迹吸引游客带动当地民宿和餐饮的发展
		精神遗产	一些村落传承了诚信、友善等精神遗产,拥有良好氛围
	爱党文化	党的治理能力	在宅基地盘活过程中党的治理是农民最强大的支撑
		党员的引领作用	在推进宅基地盘活利用时党员发挥了引领作用
制度	国家政策法规要求	乡村振兴战略	国家乡村振兴战略是郊野乡村宅基地盘活利用的指挥棒
		新土地管理法	经过多轮试点,鼓励农村盘活利用闲置宅基地
		宅基地政策体系	中央—省—市—县政策体系成为宅基地盘活利用的指导
	省市政策要求	生态面积刚需	林、水、林等生态用地面积刚需压缩产业空间
		乡村规划限制	郊野单元规划和镇总规是宅基地盘活利用的蓝图和底线
		减量化政策	宅基地减量化是上海郊区宅基地盘活的重要动力
		"五违四必"区域环境综合整治	"五违四必"拆除超标占地的建筑,明确了宅基地的占地区域
		乡村振兴示范村政策窗口	国家为了推行乡村振兴政策需要进行政策试点
	政策执行机制	官员绩效需求	村干部需要落实镇政府的任务要求,完成试点村创建工作
		部门任务抓手	住建部、农委、规资等部门通过乡村空间改造完成乡村振兴的部门任务,分别管理不同的项目

续　表

主维度	主范畴	副范畴	概　念　内　涵
人才	有作为的村干部	牵线搭桥	村干部成为外来市场力量与本地村民沟通的桥梁
		获取资源	村干部向地方政府为本村争取更多的资源和项目
		敢想敢干	在试点建设过程中,村干部大胆设想、小心规划、努力改造
	有能力的外来市场力量	市场主体的多元化	看中乡村发展机遇的外来投资者、有明确规划和雄厚资金的国有企业和反哺乡村的乡绅都是重要的外来市场力量
		提供资金、方案、项目、规划	外来市场主体为乡村宅基地建设提供资金支持、方案制定、项目招商和规划设计等服务,全方位进行乡村空间重构
	有担当的本地村民	响应政策号召	很多本地村民响应政策主动参与集中居住与宅基地盘活
		主动提出建议	村民会根据自己对乡村发展的期待向村委会提出建议和诉求
		积极发展生产	村民将宅基地资源盘活利用后用于发展生产
	尽力支持的地方政府	资源支持	市—区—镇三级政府为乡村宅基地盘活利用提供资金、政策、指标、优先审批渠道等资源支持
		注意分配	领导将有限的注意资源向宅基地试点村落倾斜
	返乡青年人才	携带资源和技术等返乡	年轻人引资、引技回乡借助自家宅基地空间创业
		带动乡村建设氛围	年轻人返乡带来规划、利用乡村宅基地发展空间的新思路
资源	经济资源	经济集聚效应	通过建设总部经济和农业科技类展示经济来形成经济集聚效应
		社会资本注入	国盛集团建立长三角乡村振兴基金,吸引外来投资者入驻

续　表

主维度	主范畴	副范畴	概　念　内　涵
资源	经济资源	政府资金补贴	政府对于参与宅基地盘活利用的农民给予节地补贴,对入驻的乡村振兴类社会资本给予税收优惠
		银行信贷支持	银行提供大额乡村振兴企业项目贷款或小型民宿的个人贷款
	生态资源	自然生物资源	自然资源提供宅基地盘活利用的生态基础
		特色旅游资源	旅游发展带动民宿、基础设施类资源盘活
		耕地资源	耕地资源带来了乡村学农旅游的发展机遇和农田集中连片发展需求
	劳动力资源	村民劳动力	很多村民在宅基地盘活利用后为当地的企业打工赚钱
		外来劳动力	外来劳动力入村务工带动了闲置宅基地盘活的需求
产业	产业兴旺发达	打造特色产业	各具特色的产业为宅基地盘活提供条件
		兴办产业平台	功能耦合的乡村产业平台促进产业的引进、发展和兴旺
		对接产业园区	部分地区为产业园区总部提供发展空间

资料来源:周小平,刘博研,谷晓坤,等.城市周边闲置宅基地盘活利用影响机制及治理对策:基于长三角城市群三个典型乡村的案例分析[J].中国土地科学,2022,26(10):109-118.

5.2.3 宅基地激活的治理机制

1) 人才因素:多元主体共治机制

人才因素通过构建乡村社会网络,达成宅基地盘活利用的集体行动,形成了多元主体的共治路径。① 有作为的村干部多方协调、入户宣传、平衡各方利益,充当起企业对接农民租赁宅基地使用权的桥梁,向地方政府寻求资源和政策方面的有效支持。例如仙潭村村长沈蒋荣作为仙潭村民宿发展的领头人,把握仙潭村的发展方向,积极推动"未来社区"、大仙潭"联合体"落地实施。② 有能力的外来市场力量包括肩负社会责任、拥有乡村情怀的国企和民企,承担起寻找资金渠道、吸引投资入驻、规划项目落地等责任,以资金和方案成为宅基地盘活利用的"补给流",例如国盛集团、祥生集团和桃源里城镇建设有限公司积极参与吴房村发展建设。③ 有担当的本地村民是乡村建设的"源头",积极参与村委会关于集中居住的意见征集、配合村委班子的规划、参与市场主体的乡村运营,主动开展公共服务提供。④ 地方政府重视宅基地盘活利用项目的政策供给。比如分别补偿村集体和本地居民"节地奖励"5 万元,镇补足剩余资金并严格监督项目的实施情况。三级政府成为乡村土地整治的"指挥棒"。⑤ 返乡青年人才优化了乡村治理的人才结构,运用新媒体、借助新政策为乡村争取资源,拓展乡村创业新基地,成为乡村建设的"活水"。综上,多元主体围绕宅基地盘活利用形成了多中心治理结构,参与土地整治的集体行动中,实现对乡村公共空间改造的共同生产活动(见图 5 - 5)。

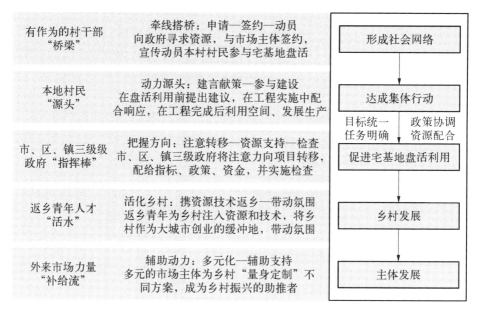

图 5 - 5　人才因素促进宅基地盘活利用的多元主体共治机制

资料来源:周小平,刘博研,谷晓坤,等.城市周边闲置宅基地盘活利用影响机制及治理对策:基于长三角城市群三个典型乡村的案例分析[J].中国土地科学,2022,26(10): 109 - 118.

2)文化因素:核心文化驱动机制

文化积淀外显为乡村发展机遇,内化为村民参与动力,历史遗产、恋乡情结和爱党文化遵循文化保护、文化推动和文化建设的逻辑。① 历史遗产为发展民宿产业提供了重要的旅游资源,成为驱动宅基地盘活利用的先天优势,以民宿、餐饮、配套基础设施等用地需求带动对于宅基地盘活利用的需要。例如,仙潭村民宿联盟牵头的"百岁宴""舞龙表演""旗袍节"等风情活动成为游客入驻民宿的"看点"。② 恋乡情结表现在村民主动报名宅基地盘活利用项目等行动中,作为乡村空间更新的内源动力和价值导向,避免乡村陷入"空心"窘境。但也存在村民对于乡村原貌原址的怀念而希望保留旧居的情况。③ 党建引领要求党员争当表率、解决难题。宅基地盘活利用因具有原始生存空间改造的困难性,有威望的个人带头开展有利于带动普通村民积极参与。例如吴房村以宅基地盘活利用方式建设的第一栋民宿"半山艺"是党员干部发挥先锋带头作用劝说亲属实现的。保护历史文化遗产,建设党建引领文化,最终形成内生的文化推动力,达成乡村空间改造集体行动的共识。

3)制度因素:制度规范与激励机制

制度因素为城市周边宅基地盘活利用提供规范与激励。中央提出的乡村振兴战略成为指导乡村宅基地盘活利用的纲领性文件,农业农村部发布的《关于积极稳妥开展农村闲置宅基地和闲置住宅盘活利用工作的通知》(2019 年)、《关于积极持续整治利用农村废弃宅基地和废弃房屋的报告》(2022 年),2019 年《中华人民共和国土地管理法》的修订都为宅基地盘活利用提供了纲领性的指导。为落实中央政策要求,住房和城乡建设委员会的"五违四必"区域环境综合整治工作和"生态村组·和美宅基"创建工作都创造了产权清晰、面积规整的宅基地盘活利用基础条件;规划和自然资源局推动的建设用地减量化工作成为宅基地盘活利用的重要动力,郊野单元规划、镇总规和乡村风貌类政策为农民集中居住项目提供了规划蓝图和底线约束;农业农村委员会的乡村振兴示范村、"未来乡村"等项目需要宅基地盘活利用来提供乡村整体发展空间;建设和交通委员会监督和管理村民建房活动。"条"和"块"的政策执行以顶层设计为蓝本,以官员绩效考核和部门任务为抓手,形成了规范和激励双向互动的宅基地盘活利用政策逻辑。

4)资源因素:多维资源保障机制

资源因素包含了生态资源、劳动力资源、经济资源等,是宅基地盘活利用的先天优势、基础条件和坚实保障。首先,这三个村落都具备良好的生态资源禀赋,并挖掘了休闲旅游功能以吸引外来资本参与旅游项目的建设,最终促成了宅基地的盘活利用。例如仙潭村以莫干山度假区为依托,发展学农旅游多功能利用耕地资源,既满足了大都市居民休憩旅居的需求,又保障了民宿产业的"卖点"。其次,劳动力资源成为乡村建设不可或缺的生产要素,是实施盘活并避免乡村空心化而失去发展机会的基础条件。最后,多元化的经济来源为3个村宅基地盘活利用提供了坚实的资金保障:社会资本投资运营长三角城市周边乡村并建立长三角乡村振兴基金;银行对宅基地盘活利用类项目给予支持,例如莫干山镇的"民宿乐"短期贷款和农发行建设吴房村的长期贷款;市、区政府通过"节地奖励"等形式补贴农民集中居住项目;国有企业以入股乡村运营公司等方式提供资金支持。这3个村落都围绕某个主题形成了经济集聚效应,进一步促进了资源的流动和聚集:吴房村建设了多种业态的创意工作室,仙潭村以民宿经营为发展重心,黄桥村形成了家庭农场特色。城市周边乡村的宅基地盘活利用以优越的自然条件为基础,以充足的劳动力资源为动能,以多元的经济资源为保障,实现资源整合、优化配置和流动(见图5-6)。

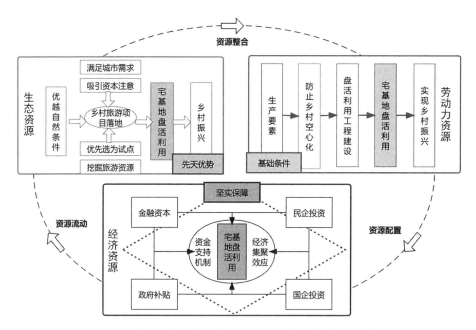

图5-6　资源因素促进宅基地盘活利用的多维资源保障机制

资料来源:周小平,刘博研,谷晓坤,等.城市周边闲置宅基地盘活利用影响机制及治理对策:基于长三角城市群三个典型乡村的案例分析[J].中国土地科学,2022,26(10):109-118.

5）产业因素：产业集聚创新机制

产业兴旺发达是宅基地盘活利用的直接推动力，发展特色产业、搭建产业平台、对接产业园区是 3 条重要途径。① 发展特色产业聚焦于产业的创新性。结合乡村自然、经济、人文条件找到最适合落地发展的特色产业，对乡村空间提出刚性需求，带动宅基地盘活利用。吴房村以黄桃为核心元素的特色产业，围绕"吴房有桃"打造系列产品，二产、三产提出用地需求；仙潭村以民宿产业为核心业态，饭店、超市为辅助业态带动全村宅基地盘活利用。② 搭建产业平台着重于模式的创新性。政企校多方联动，国有资本、社会资本、金融资本协同投入为乡村产业赋能，形成了以"设计—施工—运营"为主线，以全流程企业为载体的产业平台。例如青村镇多元企业按功能分工搭建乡村振兴产业平台以对接不同种类、不同需求的业态，其中吴房村的"百村公司"桃源里城镇建设有限公司负责资金配置、思尔腾科技集团有限公司进行乡村建设和运营等。产业平台使宅基地盘活利用模式可以被复制推广。③ 对接产业园区强调运营方式的创新性，将产业园区与宅基地盘活利用绑定，由乡村承接其经济集聚的外溢需求，实现较大规模的宅基地盘活利用。例如吴房村的农民集中居住项目与青港工业园区绑定，以产业园区用地申请农发行贷款，以收益平衡盘活利用资金；在青港工业园区入驻的企业将总部设在吴房村，带动乡村宅基地盘活利用形成"总部经济"。

5.3 农业标准地与乡村多功能转型[①]

5.3.1 农业标准地的政策背景

土地是农民安身立命之本，也是实施乡村振兴战略的重要资源基础。随着社会经济的不断发展，居民需求结构的调整促使乡村功能及其结构不断发生变化。在全面实施乡村振兴的背景下，乡村发展用地需求日益增长，复合化用地方式逐渐兴起，乡村发展用地类型及其利用方式也表现出一些

---

① 本节内容部分来源于：谷晓坤，申端帅，周小平.金山区廊下镇标准地调研报告[R].2021.

新的特征和问题。尤其是当前随着农村一、二、三产业融合发展呈现出多种新产业、新用地形态,设施农业建设的前后端生产、附属配套设施用地需求增加,建立和完善乡村发展用地利用和管理政策体系势在必行。

为贯彻落实中央关于深入推进农业供给侧结构性改革的重大决策部署,有效促进农村一、二、三产业融合发展,原国土资源部和国家发展改革委于 2017 年联合印发《关于深入推进农业供给侧结构性改革做好农村产业融合发展用地保障工作的通知》(国土资规〔2017〕12 号),文件从规划安排、计划指标、设施农用地、土地复合利用、基础工作等方面明确了保障农村产业融合发展用地和增进农村可持续发展能力等事项。2019 年,自然资源部办公厅印发《关于加强村庄规划促进乡村振兴的通知》(自然资办发〔2019〕35 号),提出允许在不改变县级国土空间规划主要控制指标的情况下,优先调整村庄各类用地布局,允许各地在乡村国土空间规划和村庄规划中预留不超过 5% 的建设用地机动指标,支持零星分散的乡村文旅设施及农村新产业用地。2019 年,国务院印发的《关于促进乡村产业振兴的指导意见》提出,鼓励各地探索针对乡村产业的省市县联动"点供"用地,支持乡村休闲旅游和产业融合发展。同时,完善配套制度,开展农村集体经营性建设用地入市改革,增加乡村产业用地供给。2020 年,中央一号文件提出,要破解乡村发展用地难题,完善乡村产业发展用地政策体系,明确用地类型和供地方式,实行分类管理,新编县乡级国土空间规划应安排不少于 10% 的建设用地指标,重点保障乡村产业发展用地。2020 年 11 月,自然资源部办公厅印发的《国土空间调查、规划、用途管制用地用海分类指南(试行)》[①]要求,涉及乡村发展用地方面:一是将农业设施建设用地列为一级地类,与耕地、园地、林地、草地等原农用地地类进行并列,进一步完善了对耕地特别是永久基本农田的特殊保护;二是将农业设施建设用地纳入建设用地类型管理,体现了发展现代农业产业、实现农业结构优化调整的资源利用导向,与当前农

---

① 《国土空间调查、规划、用途管制用地用海分类指南(试行)》将三调分类中的"1202 设施农用地"归并入新的一级类"06 农业设施建设用地",界定为"对地表耕作层造成破坏的,为农业生产、农村生活服务的乡村道路用地以及种植设施、畜禽养殖设施、水产养殖设施建设用地"。对二级地类"0602 种植设施建设用地""0603 畜禽养殖设施建设用地""0604 水产养殖设施建设用地"的界定,较国家政策中的"设施农业用地"定义更加细化。

村一、二、三产业融合发展用地政策,设施农业用地管理政策有机结合,将更有利于实行分类管理,推动现代农业产业发展。整体来看,建立多元化的乡村产业用地供应方式已经成为推动乡村产业振兴的关键路径。

2021 年,自然资源部、国家发展改革委、农业农村委联合发布《关于保障和规范农村一二三产业融合发展用地的通知》(自然资发〔2021〕16 号),明确提出要科学编制国土空间规划,因地制宜地合理安排建设用地规模、结构和布局及配套公共服务设施、基础设施,有效保障农村产业融合发展用地需要。2021 年,中央一号文件提出要深入推进农村改革,积极探索实施农村集体经营性建设用地入市制度,完善盘活农村存量建设用地政策,实行负面清单管理,优先保障乡村产业发展、乡村建设用地,要根据乡村休闲观光等产业分散布局的实际需要,探索灵活多样的供地新方式。综上可以看出,党中央高度重视推进农业供给侧结构性改革,支持农村产业融合发展。当前,为农村产业融合发展提供量身定做的用地保障政策,在一些地方已经有了实质性探索。

农业"标准地"的概念发源于浙江省近年力推的工业"标准地",已经成为营造良好营商环境、深化资源要素配置市场化改革、提高土地供应效率、减轻企业负担的有效举措。在工业"标准地"的经验基础之上,浙江省又率先推出了农业"标准地"改革,旨在通过加强制度建设和政策供给,保障农村一、二、三产业融合发展的合理用地需求。例如浙江省金华市为贯彻落实《浙江省人民政府关于推进乡村产业高质量发展的若干意见》(浙政发〔2020〕21 号)精神,积极探索农业农村发展新模式,打造浙江省农业"标准地"改革先行区,制定出台《金华市深化农业"标准地"改革实施方案》,要求抓好农业"标准地"招商,将农业"标准地"打造成"功能布局科学、基础设施完善、资源要素集聚、设施装备精良、农艺技术先进、田园整洁优美、产品优质安全"的农业高质量发展示范区。浙江省湖州市制定出台《关于保障农业产业融合项目建设"标准地"促进乡村产业振兴的通知》(湖政办便函〔2019〕22 号),明确农业"标准地"是指以农业特色优势产业为基础的休闲产业、农业科技服务、农产品营销服务等一、二、三产融合发展项目建设用地。该文件还就农业"标准地"的准入要求、用地额度、使用要求、规划空间保障、指标保障、用地监管等方面做了部署与要求。

综上来看,农业"标准地"改革旨在探索建立农业农村发展用地保障机制,具体通过建立准入要求来实现实施主体筛选,强调规范用地管理与创新支持用地政策的相互融合,注重建设用地指标灵活多元供给,实现用好增量和盘活存量的有机结合,以满足农业农村的多元化发展需求,增强农村可持续发展动力。

5.3.2　金山区廊下镇的农业标准地探索

1) 上海金山廊下镇概况

从 20 世纪 90 年代开始,浦东新区开发开放和上海国际型大都市的崛起,上海市的城乡结构发生了深刻的变化。为了准确反映农业发展的新趋势,建立与国际大都市相配套、具有时代特征、上海特点的农业,1994 年上海市委、市政府提出上海农业由城郊型农业向都市型农业转变。金山区作为上海市都市现代农业发展的典型代表,近年来金山区高举"三个百里"旗帜,聚焦"两区一堡"战略定位,以"三园"建设为抓手,深入实施乡村振兴战略,先后被评为国家农产品质量安全县、国家现代农业产业园,被纳入首批国家农业产业融合发展试点示范、国家有机产品认证示范创建区、国家新型职业农民激励计划试点区、国家设施蔬菜有机肥替代化肥试点区建设,正朝着"成为实施乡村振兴战略的先行区"的目标不断迈进。

廊下镇是金山现代农业园区的所在地,园区面积达 51 平方千米,是目前上海市 12 个农业园区中最大的。整个园区实行镇区合一管理,按照"世外桃源、诗情画意、国内领先、国际一流"的建设理念,规划成园区管理中心、国际农业展示区、现代农业示范区、农业科技孵化区、生态农业休闲区、农产品加工区、绿化环带等"一心、五区、一环"。旺盛的农业发展需求,成熟的现代农业支撑体系,使得廊下镇在探索农业"标准地"改革方面具备了明显的先发优势和独特的地方特征。廊下镇被定位为上海市市级现代农业园区,也是国家现代农业产业园和上海市蔬菜保护镇,实行镇与园区合一管理体制。其绿色蔬菜产业已形成标准生产、净菜配送、中央厨房、精深加工等"龙头企业＋基地"的独具金山特色的农产品产销体系,并形成了"一菜一菇一茄"的主体产业布局。

廊下镇目前已经建立了较为完善的集建区外国土空间规划——《上海市金山区廊下镇郊野单元(村庄)规划(2017—2035 年)》,由于郊野单元规划具有"多规合一"特征和优势,使得各个委办局的专项规划都能够在廊下镇的郊野单元规划内落地,加上廊下镇设施农用地指标富余等优势,推动优质农业项目加速落地廊下,目前已经汇集了一批农业生产、加工、休闲农业的龙头企业,一、二、三产融合发展的态势强劲。廊下镇为适应乡村地区产业特色,协调保护和发展的矛盾,提高用地和项目审批的效率,廊下镇创新性提出"标准地模块",预留了一定的未落图指标采用"设施农用地+建设用地+永久基本农田+林地+一般耕地"五地联动的组合模式进行供地。

2)农业"标准地"与叮咚买菜

叮咚买菜是中国生鲜新零售的标杆企业之一。本着"让美好的食材像自来水一样,唾手可得,普惠万众"的追求,叮咚买菜开创了生鲜电商前置仓新模式,使平台"离用户更近、配送更快、渗透率更高"。目前叮咚买菜的服务范围覆盖上海、北京、深圳、杭州、苏州、宁波等 10 余座城市。叮咚买菜一直在浙江省、上海市两地调研,希望能够寻找合适的场地以建立自己的蔬菜供应基地和生产园区。叮咚买菜在辗转多地后,最后确定在上海市金山区廊下镇建设叮咚买菜的生产园区。2020 年 9 月 7 日,叮咚买菜智慧农业示范园区项目在廊下镇正式签约,廊下镇成为叮咚买菜第一个自营蔬菜种植基地。该基地建成后,叮咚买菜将从"帮别人卖菜"变成"卖自己的放心菜"。

叮咚买菜试验蔬菜基地占地面积 200 亩,基地已实现温室内自动灌溉设施、环控设施、空气温湿度监控设施覆盖,接通互联网后,可实现手机远程控制,农作物的生长全年流程都可追溯、可监测。与传统营销方式不同的是,这些蔬菜并没有被运往菜场,而是被运往叮咚买菜位于金山的分拣中心,进行分拣、包装。

这片试验蔬菜基地是叮咚买菜建立的集标准生产、农产品加工、冷链配送、线上售卖为一体的智慧农业全产业链体系的一环。后期,叮咚买菜还将在廊下镇建立叮咚买菜智慧农业示范园、构建丰收联盟和打造人才学院,建成科教培训中心,培育更多菜农,同时带动廊下镇其他农产品种植和管理更新升级,构建叮咚丰收联盟。叮咚买菜目前已经与廊下镇的浩丰、联中等合作社长期合作,等园区项目完全落成后,将在现代农业领域打通一条新的合作渠道,为企业与当地合作社、基地及食品加工企业提供更多创新合作的"可能性",不断提升双方的知名度与美誉度。

综合来看,叮咚买菜选择廊下镇作为自己的生产园区主要有 3 个方面的原因:① 前瞻规划,用地保障。廊下镇郊野单元规划早早锁定蔬菜保护区的用地,并对蔬菜采后处理、冷链配送及初加工用地给予保障。② 优质管理,保驾护航。廊下镇的土壤水质检测符合标准,绿色农产品认证比例高,农业安全生产管理规范。③ 配套政策,筑巢引凤。廊下镇作为金山区中部生态圈的核心镇,是田园五镇之一,廊下镇的现代农业发展始终追求品种、品质、品相和品牌,与叮咚买菜的企业发展理念是一致的。廊下镇为全镇 1.2 万亩蔬菜基地配套了产业到位的扶持政策,目前在金土地招商引资平台的带动下,已经形成了安商亲商的浓厚氛围。

3) 农业"标准地"与生态养猪场

上海已进入工厂化养殖阶段,楼房生态养猪项目需要探索养殖设施和周边种植田地共同发展,打造规模化种养结合、农牧资源循环利用的生态农场模式,同时基于养殖可拓展教育体验业态。2019 年,廊下镇承担了 8 万头工厂化生猪养殖项目。该项目在落地前的主要用地需求是:需要设施农用地 97 亩,并配套万亩种植用地,方能解决生猪保供和资源循环利用两大任务。廊下镇人民政府结合郊野单元规划,通过灵活调配设施农用地 102 亩,并采取就近配置耕地等举措满足项目落地需求。

2021 年,廊下镇的重点项目之一是上海松林楼房规模化生态养猪场建设。目前该养猪场已经全部完工并开始运行使用,可年出栏优质商品猪 8 万头。该养猪场分为饲料加工区、猪舍、环保处理区、有机肥区等区域。其中,猪舍的打造是项目的亮点。走进猪舍,一个个干净整齐的猪栏映入眼帘,每栏可饲养 20～22 头猪,每层共 240 个栏。另外,猪粪猪尿可变成沼气、沼渣、沼液,可供 1 万亩蔬菜作肥料。有了养猪场就相当于有了免费的肥料厂,种菜成本会降低,处理废弃物的成本也会降低,还有农药化肥用量也会减少,农产品的品质、土壤的品质都会提升。廊下镇通过将楼房养猪和万亩菜田两个产业融合,打造规模化种养结合、农牧资源循环利用的生态农场。

5.3.3　农业标准地试点主要内容

1) 多类型农业用地供地组合,提升土地要素市场化配置效率

农用地的基本功能是生产,同时兼具气体调节、水源涵养等生态功能和

景观文化功能。随着传统农业发展不断升级转型,农用地的景观文化功能逐渐被市场重视。另外,社会资本开始通过承包经营、流转的方式,利用农用地从事与旅游相关的种植业、林业、畜牧业等生产活动,使得当前乡村农用地的利用形态较以往单一的生产功能变得更具复合性。多功能的利用方式激活了农用地的价值。廊下镇的农村产业已不局限于传统农业,逐步形成泛农业产业体系,比如南陆村等村庄以发展规模化农业生产为重点,并向农产品加工延伸,拓展产业链;南塘村和中华村等村庄则依托乡村优势特色资源,发展消费型、休闲型、特色型产业。整体来看,廊下镇农业发展已经进入复合型阶段,传统单一的供地模式已经无法支撑农业企业的多元化发展和多场景开拓。借助农业"标准地"改革,完善多类型农业产业用地供地组合模式,提升耕地与建设用地等地类组团利用的市场效率,满足多元化农业应用场景,重塑耕地本体及其外援系统的多功能性。

2)"五地"组合形成"标准地",满足农业项目建设用地需求

廊下镇探索了规划弹性"留白"与刚性红线管控相结合的规划管控机制。在农业空间布局中优先划定永久基本农田保护红线,对优质耕地进行优先保护;在集建区外,按照土地用途分类,结合资源利用的主导方式,对乡村用地空间进行分区管控引导,重构乡村空间利用格局。另外,因部分乡村建设用地项目规模相对较小,且分布和选址具有不确定性,廊下镇在郊野单元规划当中预留一定比例的规划建设用地指标和设施农用地指标,采取规划"留白"弹性管控的方式,对暂不能准确定位的乡村建设项目,在规划实施中根据项目实际用地落实指标管控。基于上述用地管控策略,廊下镇已经逐步形成设施养殖、设施种植、露地种植、乡居田园四类组合用地,可在确保耕地保护的前提下适用于不同应用场景,满足多元招商要求,缩短项目引进至审批落地的时间。针对乡村产业布局灵活的特点,在各类用地规模比例不突破的情况下,五块地的布局可在项目用地范围内自由调配,从而避免烦琐的规划调整程序。

3)农业"标准地"实现"1+1+1>3",助推农业供给侧结构性改革

按照国家政策规定,乡镇政府是设施农业用地审核备案的主体。在具体实践中,廊下镇依据廊下镇郊野单元规划,综合产业发展类别、明确用地形态、调配用地资源类型,特别是对农村一、二、三产业融合发展项目予以了

积极引导。廊下镇农业"标准地"的实践,实现农业生产力布局优化,土地集约节约利用,田园生态美丽,生产高效安全。具体表现为,在土地流转的基础上,依托廊下镇郊野单元规划,借助金土地平台开展招商引资,实现现代农业经营主体的筛选与重塑,推动现代农业发展。农业"标准地"兼顾社会效益和生态效益,以种养业为基础,吸纳劳动力就业,带动农民增收,促进产业融合、产村融合,实现农业多元化发展。

5.3.4　农业标准地试点存在的问题与优化建议

1) 存在的问题

(1) 集建区外新增建设用地指标紧张,不利于农业"标准地"发挥应有的功能。一段时间以来,乡村发展用地受地方资源禀赋的限制较多,如土地开发强度较高、永久基本农田保护率较高、新增建设用地指标相对紧张等,部分地方政府受经济利益驱动,优先倾向保障城镇地区发展用地和二、三产业用地的导向还没得到有效扭转。乡村发展用地的优化配置仍有待于从规划管控、计划管理、乡村产业用地政策等多个方面完善。当前,廊下镇集建区外严格限制新增建设用地指标落地,依靠新增建设用地指标来推进农业"标准地"的做法将难以为继。

(2) 镇政府对农村集体经营性建设用地入市抱迟疑观望态度,农民集体较难分享农业"标准地"的改革收益。伴随着《中华人民共和国农村土地承包法》《中华人民共和国土地管理法》的陆续修改,乡村产业发展的外部政策环境发生了较为剧烈的变化,其中农村集体经营性建设用地入市,在要素流动、空间重构等方面的作用潜力与乡村产业发展的内在要求具有高度匹配性和契合性。农村集体经营性建设用地自身独特的土地要素地位和建设用地属性,可以通过嵌入乡村产业发展的要素整合过程,优化乡村产业用地供地方式,推动乡村地域系统结构重组,最终实现乡村功能优化。

在实地调研过程中,笔者发现,廊下镇级政府主要领导对农村集体经营性建设用地入市持迟疑观望态度,这主要源于农村集体经营性建设用地入市可能存在主体治理能力孱弱、集体土地入市收益不稳固等风险。但是,在农业"标准地"实践过程中,如果将"农村集体经营性建设用地入市"排斥在外,将无益于缓解农业"标准地"的实践中旺盛的建设用地需求,不利于农业"标准地"的可持续推进,也不利于农民集体分享农业"标准地"的改革收益。

(3) 市—区两级政府尚未就农业"标准地"开辟政策通道,镇级地方政府在研发类建设用地指标申请等方面遇阻。规范化的农业"标准地"改革需要建立在规范农业"标准地"认定标准和程序,出台推进农业"标准地"改革政策意见,创新农业"标准地"服务体制,制定农业"标准地"考核评价体系,设立农业"标准地"项目数字管理模块,建立农业"标准地"长效管护机制,完善农业"标准地"数字管理体系等基础之上。然而,当前上海市—区两级政府尚未就农业"标准地"出台相关支持性政策,这导致镇级政府在具体探索农业"标准地"改革实践过程中出现的正常诉求无法得到有效解决。例如廊下镇政府在向金山区人民政府申请研发类建设用地指标时,面临职能部门间相互踢皮球的窘境。

(4) 农业"标准地"实践建立在"设施农用地指标富余"这一历史红利之上,长效机制和企业准入标准等规则有待建立。目前,廊下镇农业"标准地"系列探索仍然是建立在"设施农用地指标富余"这一历史红利之上,相较于浙江省湖州市等地区的农业"标准地"实践,廊下镇农业"标准地"实践尚处于初级阶段,长效推进机制还未有效建立起来。除此之外,农业"标准地"的企业准入标准仍较模糊,尚未形成制度性规定,这将不利于企业公平竞争农业"标准地"的市场环境的培育。

2) 优化建议

(1) 统筹农村集体经营性建设用地入市政策,破解集建区外新增建设用地指标难落地困局,有效满足农业"标准地"建设用地需求。统筹利用乡村集体经营性建设用地资源,聚焦乡村振兴所需要的生产要素,是为乡村振兴提供建设用地保障的重要基础。当前,修订后的《中华人民共和国土地管理法》已经允许农村集体经营性建设用地入市。从浙江等地区的实践来看,农村集体经营性建设用地入市已经成为破解乡村产业发展困局和助推农业供给侧结构性改革的重要政策保障。在廊下未来农业"标准地"实践中,应首先摸清集体经营性建设用地底数,建立入市程序,确立入市主体、入市条件、入市范围、入市方式、入市途径,制定交易规则,完善增值收益分配与监管机制,提升入市用地审批效率,鼓励农村集体经济组织以集体土地使用权入股、以联营等方式参与农业项目运营。

(2)借助全域土地综合整治试点红利,充分盘活零散农村建设用地,保障农业"标准地"用地空间需求。《自然资源部 国家发展改革委 农业农村部关于保障和规范农村一二三产业融合发展用地的通知》(自然资发〔2021〕16号)明确提出,在充分尊重农民意愿的前提下,可依据国土空间规划,以乡镇或村为单位开展全域土地综合整治,盘活农村存量建设用地,腾挪空间用于支持农村产业融合发展和乡村振兴。当前,廊下镇已经成功申报为全域土地综合整治试点。随着土地整治由单一项目建设转向全域土地综合整治,使得分散的土地整治活动逐渐具备对地区经济社会发展全局的战略支撑力。全域土地综合整治作为一种多功能的土地利用方式,是当前解决乡村问题、促进乡村振兴的重要手段,可以有效激活农村低效闲置土地,优化土地布局,提高土地利用效率,为产业发展和乡村建设提供有力支撑,促进农村转型。此外,全域土地综合整治可以为农村产业发展提供空间载体,为农村产业发展提供土地保障,完善农业产业链和价值链,激发农村内生发展动力。通过全域土地综合整治,可以有效解决农村发展中资金、人才、产业、土地等要素不足的问题,为乡村振兴注入新的活力。鉴于乡村产业用地的供给困境,廊下镇在下一步的全域土地综合整治工作中,应积极运用城乡建设用地增减挂钩政策工具,允许在实际拆旧产生的建新指标中,提留一定比例用于动态调补村庄规划预留新增建设用地指标,积极保障农业"标准地"的用地空间需求。

(3)加快农业"标准地"制度建设,细化农业"标准地"的准入要求与用地额度等,让农业"标准地"真正有"标准"。新出台的《国家标准化发展纲要》提出:"强化标准引领,实施乡村振兴标准化行动。加强高标准农田建设,加快智慧农业标准研制,加快健全现代农业全产业链标准,加强数字乡村标准化建设,建立农业农村标准化服务与推广平台,推进地方特色产业标准化。"当前,廊下镇虽然已经大胆探索了"标准地模块",但是缺少制度保障,未确立明确的准入标准等。未来,廊下镇需要在土地流转程度高、镇级土地流转平台运营成熟等先行条件之上不断细化优化农业"标准地"改革标准,让农业"标准地"真正有"标准"。具体如下:

　　第一,以遏制耕地"非粮化"为核心目标,开展农业生产力布局。以廊下镇郊野单元规划为载体,围绕农业"标准地"建设目标,匹配地区的比较优势以及气候、水文、地理、环境等条件,合理布局农业"标准地"区块和产业布局,将农业"标准地"真正与郊野单元规划实现联结,改变当前廊下镇虽有实践内涵层面的农业"标准地"探索,但是在郊野单元规划当中尚未有明确指向的模糊游离状态。

　　第二,基于现有的空间管制分区,对农业"标准地"分级分类。在廊下镇郊野单元规划中,廊下镇要自西向东布局生态涵养林、高标准农田、设施菜田、经济果林四大片区,未来需要结合已有的空间管制分区,进一步实现农业"标准地"的分级分类。

　　第三,充实镇级土地流转平台职能,适应农业"标准地"改革需求。当前,廊下镇已经成立了镇级农地流转经营公司①,对农用地实行统一流转经营,主要负责土地流转收储和招商等工作,这为农业"标准地"改革奠定了重要基础。未来,金土地公司需要进一步结合农业"标准地"改革内涵,按照农业生产力布局规划,结合农业"标准地"控制性指标要求,健全招商考核机制,明确项目招引任务,建立与农业"标准地"市场需求相匹配的政府调控机制。

　　(4) 坚持农业"标准地"项目用地优先配置,在郊野单元规划框架内实现"专地专用",加强农业"标准地"用途管制。牢固树立农业农村优先发展的政策导向,发挥地方政府的调控作用和市场在资源配置中的决定性作用,优先满足农业"标准地"项目用地需求。乡村产业用地要符合廊下镇郊野单元(村庄)规划布局,与乡村建设和乡村运营相协调;加强农业"标准地"风险识别与防控,严格落实农业"标准地"用途管制,不得分割,严禁私自转卖、转租,不得用于房地产开发。农业"标准地"由镇(开发区)人民政府实行属地管理,对农业"标准地"的流转、建设、使用以及相关农业生产行为等环节实行全过程监管。

---

　　①　上海金土地绿色农业有限公司。

第 6 章

大都市全域土地整治与
乡村多功能转型

全域土地综合整治是助推乡村多功能转型的综合性空间治理政策工具,对于优化城乡空间格局、显化大都市乡村多元价值、促进现代化大都市乡村振兴具有重要意义。本章系统分析了上海大都市全域土地整治实践的发展历程,从全域土地整治的综合性、系统性本质特征与实施过程中的多部门、分散性现实出发,提出了当前全域土地整治面临的 5 个协调困境,并提出了可操作性的对策建议。同时,本章进一步从乡村空间治理和制度分析与发展(institutional analysis and development,IAD 框架)的视角,提出了从全域土地整治到"规划—整治—运营"一体化的治理范式。最后,针对全域土地整治给乡村治理带来的新挑战,以上海市金山区廊下镇为例,分析了新型乡村治理模式的特点及发展建议。

6.1 上海大都市全域土地整治实践

6.1.1 上海土地整治的四个阶段

2024 年,中央一号文件《中共中央国务院关于学习运用"千村示范、万村整治"工程经验有力有效推进乡村全面振兴的意见》发布,学习运用"千万工程"经验被提至前所未有的高度。"千万工程"是习近平总书记在浙江工作时亲自谋划、亲自部署、亲自推动的一项重大决策,为乡村振兴提供了重要引领和宝贵经验。全域土地综合整治则是通过"全域规划、全域设计、全域整治"等综合措施,系统性推进乡村生产、生活、生态空间的优化重构,促进乡村经济社会全面发展的现代化国土空间治理工具,是助力"千万工程"落地实施和提质增效的强大引擎。

上海作为一个超大城市,人口高度集中,土地等资源供需矛盾突出,环境容量有限,走"资源节约、环境友好"的绿色发展之路是提升城市竞争力的必然选择。在不同时期,上海不断改革国土资源管理思路、转变土地利用方式,积极探索以国土空间综合整治、助力土地节约集约利用和城乡融合发展之路,总体经历了农用地整治、"三集中"整治、土地整治和全域土地综合整治四个阶段(顾守柏等,2018)。

1) 以农用地整治为主的阶段(1949—1990 年)

上海土地整治的第一阶段以农用地整治为主,核心是围绕农业生产。中华人民共和国成立之初,经济凋敝、物资匮乏。在此背景下,国务院批准将江苏省的嘉定、松江等 10 个县划归上海市,为上海郊区大规模的农业基本建设提供了重要条件。与此同时,上海紧跟国家步伐全面完成土地改革,使农民成为土地真正的主人,郊区农民发展农业生产的积极性高涨。上海市域土地整治也由此拉开帷幕。在此阶段,上海通过培修圩堤、发展机电排灌和联圩建闸等措施,提高抗涝能力、农田排水能力以及土壤生产力。此外,农村环境综合整治也开始起步。

2) "三集中"整治阶段(1991—2008 年)

上海土地整治的第二阶段聚焦"三集中"发展战略,以农地整理、农村居民点置换和耕地占补平衡为主。20 世纪 90 年代,在国家政策引领下,上海的战略地位和城市功能都发生了巨大变化,工业化和城镇化高速发展。1993 年,上海提出了在全国影响广泛的"农业向规模经营集中,工业向园区集中,农民居住向城镇集中"的"三集中"郊区发展战略,极大地推动了沪郊产业集聚、人口集中和土地规模经营的一体化进程。以"三集中"为代表的整治理念在全国产生了深远的影响。在此阶段,上海土地复垦工作,对田、水、路、林、村的综合整理,宅基地置换试点工作等也开始稳步推进。

3) 土地整治阶段(2009—2020 年)

上海第三阶段的土地整治逐渐成为助力"绿色生态""集约高效""综合

统筹""公平共享"的超大城市可持续发展的重要组成部分。随着上海进入超大城市转型发展新阶段,新增建设用地空间严重不足与城市开发边界外低效建设用地散布现象并存,生态空间供给愈发有限与生态休闲游憩需求迅速增长并行,大都市乡村多功能发展用地需求与严峻的耕地保护形势同在,城市经济高速发展与乡村发展相对滞后并发等系列挑战显现。面对综合且复杂的难题,土地整治在战略机遇期的地位逐渐凸显。2010 年,上海市成立了市级土地整治专门机构,至此,上海土地整治工作驶入了快车道。经过近 10 年的持续探索与实践,上海实现了镇级层面 84 个郊野单元规划的全覆盖,推动了 5 批次 17 个市级土地整治项目的实施,建成了首批 7 个郊野公园,完成了低效建设用地减量 73.74 平方千米,实现补充耕地 31.64万亩,推动实现 2 万余户农民集中居住,维护了耕地红线,保障了新增建设用地空间,提升了绿色生态空间的品质,改善了乡村生产生活面貌,在保护资源、保障发展、建设生态空间等方面成效显著。

4) 全域土地综合整治阶段(2021 年至今)

2019 年 12 月,自然资源部印发关于《关于开展全域土地综合整治试点工作的通知》(自然资办发〔2019〕35 号),明确了全域土地综合整治的核心内容和主要目标,系统指导地方组织开展试点工作。2020 年,为了深入贯彻中央开展全域土地综合整治的政策要求,上海市政府印发《关于实施全域土地综合整治的意见》,强调要深刻认识全域土地综合整治在强化耕地保护、彰显乡村价值、促进乡村振兴中的重要作用,提出"十四五"期间将完成15 个以上街镇(乡)全域土地综合整治试点。同年,按照自主申报、审核筛选原则,上海选取了松江区泖港镇和金山区廊下镇作为 2 个申报自然资源部的国家级试点。2022 年,上海又遴选浦东新区周浦镇、宝山区罗泾镇、闵行区浦江镇、嘉定区安亭镇、青浦区金泽镇、奉贤区西渡街道、崇明区竖新镇、临港新片区书院镇为 8 个市级试点,最终形成了"2+8"的试点规模。随后,上海市规划和自然资源局印发《上海市全域土地综合整治工作管理办法(试行)》,指出全域土地综合整治工作要坚持以土地整治工程为核心,充分发挥郊野单元村庄规划空间统筹整合的平台作用,加强政策供给和保障,强化工作组织和协同,在实施周期内统筹规划社会经济发展目标,按照"渠道不乱、各负其责、集中投入、形成合力"的原则,协同各条线,优化相关工作程序,助力实现国土空间规划实施和乡村振兴的工作目标。

上海全域土地综合整治工作严守了耕地红线不被突破,保障了新增建设用地空间需求,提升了绿色生态空间的品质,改善了乡村生产生活面貌,在保护资源、保障发展、建设生态空间等方面成效显著,有力支撑了大都市乡村振兴与城市转型和高质量发展。但在实践探索过程中,上海土地综合整治工作也面临综合理念不尽清晰、资金统筹渠道单一、乡村产业空间保障力度不足、多部门精细化协作水平有待提升等一系列突出问题,亟须在落实国家要求和解决上海现实问题的双重驱动下进行机制创新,助力全域土地综合整治的高效推行。

6.1.2　上海全域土地综合整治面临的五个"协调难题"

党的十八大以来,习近平总书记提出的生态文明建设"统筹山水林田湖草系统治理""全方位、全地域、全过程开展生态文明建设"的理念,为上海的空间治理改革指明了方向。新的发展阶段,乡村不再是从事单一农业生产的空间,而是一个涉及生产、生活、生态多目标重叠的空间,同时具备重要的生态功能、令人向往的休闲观光功能、独具魅力的文化体验功能,因此其土地利用结构相对城市也更加复杂。上海大都市乡村更承载着村民的生产生活空间、市民的生态休闲游憩空间、新村民的创新创业空间等多种功能和使命。然而,全域土地综合整治试点工作中大多仍是沿用单一要素、单一手段的资金和项目投放的模式,使得同一时空内低效建设用地减量、永久基本农田保护、农林水生态建设任务和乡村振兴建设项目等空间协调矛盾突出,综合统筹困境尚未破解。具体而言,主要面临以下五个"协调难题"。

1) 土地少而需求多,各类用地刚需面临"指标如何分配"的难题

上海乡村土地资源紧张、"僧多粥少"问题由来已久。一方面,是土地总量少。近年来,上海乡村落实田、水、林、产等用地需求,几乎都是通过对乡村低效建设用地减量化后再复垦或利用的方式实现的。但是,随着全市前两轮减量化的持续推进,低效建设用地存量已越来越少,区、镇、村各层级开展减量化的难度越来越大。尤其是全市农民集中居住项目也基本收官,即使考虑到把国有企业低效建设用地纳入减量化范畴,短期内通过减量化置换保障田、水、林、产等用地需求的既有路径也不再可靠。

另一方面,是农村各类用地刚需指标不降反增。根据《上海市自然资源利用和保护"十四五"规划》要求,到"十四五"期末,上海市耕地保有量不少于 202 万亩,其中永久基本农田不少于 150 万亩,全部在乡村空间落地。同时,全市森林覆盖率应达到 19.5%,人均公园绿地面积达到 9.5 平方米,河湖水面率不低于 10.1%,大陆自然岸线保有率不低于 12%,湿地保护率达50% 以上等生态保护空间目标,市、区、镇逐级分解后大部分目标任务也划定到乡村空间。另外,按照《上海市乡村振兴"十四五"规划》文件要求,"十四五"期间新增建设用地计划中用于重点产业等乡村振兴类项目的比例不低于 5%,乡村空间在保障耕地保护和生态用地的前提下还需要同时保障产业用地需求。其结果是,全域土地综合整治工作陷入"分配僵局"。具体表现为规划和自然资源局、农业农村委、水务局、林业局、生态环境局等部门客观上存在较为明显的争夺都市乡村用地资源的问题,从而导致减量化置换出的用地空间的使用引起部门之间的直接冲突的情况较为常见。

在调研中笔者发现,田、水、林各管理部门都出台了"只增不减""占一补多"的操作政策,如全域土地综合整治要求项目区内 5% 的基本农田增长,农业农村部门要求 5% 的乡村产业空间保障,水务部门要求"水域占补平衡"要占 1 补 1.1 到 1.4 不等,林业部门要求占补保证"区位相当、品质对等"。各个部门对涉及乡村用地空间布局调整的土地整治项目,都按照"占一补多"的口径操作,造成"一张蓝图放不下"的困境,甚至出现即使村庄所有建设用地全部减量,都不能满足各部门要求的田、水、林等保护类用地需求的极端情况。

2) 重城镇而轻乡村,城镇—乡村用地面临"规划能否统筹"的难题

在长期"重城轻乡"的发展惯性下,大都市乡村土地资源已被挤占得较多,若继续保持现状,仅在乡村范围内开展土地整治工作,则难以实现"全域土地综合整治"的政策初衷。

从发展惯性的限制来看,由于城镇区域重"发展"而轻"保护",将其落实水、林等"保护"的责任转嫁到大都市乡村地区。乡村地区被迫承担了更多的保护性指标,久而久之,已远超大都市乡村的实际可承受能力,并在"市—区—镇"的逐级传导过程中,乡村用地空间被不断挤压。比如,"区、镇级河道蓝线规划"和"绿化面积指标"等指标,虽经长时间协调完善,仍无法与总

体规划和其他各项规划完全一致,落实率仅有 70%～80%。

从现有规划的限制来看,全域土地综合整治新政放开了"整体性优化调整空间布局"的权限。但在现实中,该权限的落地极大地受限于《镇国土空间规划》和《郊野单元(村庄)规划》这两个"泾渭分明"的规划的限制。根据两个试点镇的情况,全域土地综合整治工作目前仅能在郊野单元村(村庄)规划范围内开展,并不能与镇区已经划定的集中建设区进行联动调整。然而,上述两个规划的编制,均延续了"重城轻乡"的导向,即为保障城镇用地需求而过度压制了大都市乡村必要的发展空间,且目前两个规划空间格局划定的依据(始于 2013—2015 年的"两规合一")一定程度上已与上海市城乡发展的现实需求不匹配。

从上海各都市乡村空间的实际情况来看,经过评估,部分镇存在建设用地空间规划过大而实际需求不足的问题,使得配合城镇建设工作的乡村建设用地减量化工作变成"无用功",造成指标的空置和浪费。这些镇由于缺乏机动指标和布局自主权,难以突破 2 个规划的制度框架限制,将城镇用地指标调配用于都市乡村地区的试点工作;有些镇经济发展程度高、用地总规模大,城镇地区建设用地指标已处于倒挂状态,与原定规划产生较大出入。

3) 共识少而标准多,各个部门工作面临"步调如何一致"的难题

一方面,各部门均有各自固有的、完善的管理标准和要求,虽然这符合各部门精细化管理的需要,但成为开展综合整治工作的掣肘。尽管土地综合整治是对都市乡村空间中的田、水、林、产、村、厂等各种资源整体性布局的优化,在实际工作中,各类用地都由不同部门管理,各部门已经出台的规范文件的数量丰富且规定详细。

另一方面,全域土地综合整治工作尚缺乏全域性、统一性的治理标准和协调机制,导致各个部门虽然聚在一起,却"无据可循",只能各依其规。具体表现为:一是缺乏实施过程中的工作对接安排,导致规划内容虽达成一致,但具体如何实施、谁先谁后,难形成共识。各部门就管控要求、占补时序、占补规模等问题难以形成共识并统筹推进。例如林业局、绿容局等部门按照各自部门的规定与任务要求分别开展立项、实施、验收监管,但是两个部门对项目期限要求或调整标准产生了冲突,导致自身项目难以推进和验

收。二是缺乏对划拨资金的整合和协调机制。从目前已开展的土地整治工作中发现,各类用地建设资金主要由市、区两级政府财政支持,但不论是部门资金还是专项资金,都有其既定的使用和管理规范要求,因此在开展工作过程中资金的整合及统筹使用难度大,存在"不听哨子难协调"的窘境。同时,不同部门在项目问责压力和验收风险压力下,难以将资金直接拨付用于全域土地综合整治工作,进一步造成了"资金统筹难"的问题。两个试点镇也反映当下各部门之间资金存在如资金整合相当困难、监督机制并不完善、审批流程过于烦琐等问题。此外,土地整治工作还存在资金来源单一、社会资本参与机制滞后的问题。

4) 事权散而问题多,各种焦点争议面临"决策如何做出"的难题

一方面,缺乏总体牵头部门或机构。从管理方式看,各条线部门事权未完全统一且缺乏总体统筹或牵头负责的角色,统筹协作的管理机制较难形成。各类用地空间规划落实由哪个部门统筹,用地调整的制度边界和合规裁量由谁界定,不同部门用地需求有矛盾时听谁指挥。目前来看,这些焦点问题都没有明确的答案。自 2018 年国务院机构改革组建自然资源部以来,北京、浙江等地的各级政府也均效仿中央设立具有综合职能的自然资源和规划部门,将自然资源规划和管理的事权集中统一。上海市机构改革与之不同,涉及自然资源利用的部门仍然主要是规划和自然资源局、水务局和绿容局,并未在自然资源管理上实现事权的完全统筹和集中,上述部门在事权、职能、责任、利益等方面更易产生重叠。同时,乡村耕地保护和宅基地管理的事权正从规划自然资源局向农业农村委转移的过渡阶段,客观上也容易出现部门职能重叠问题。

另一方面,缺乏权威的权责认定机制。调研中发现,上述各个部门都依据管理职能,积极开展各具特色的乡村空间治理工作,比如上海市农委负责乡村振兴示范村、高标准农田建设,住建委推进的农民集中居住项目,水务部门开展的生态清洁小流域建设,绿容局实施"十四五"造林任务,每个部门都有总体一致但模糊分化的任务和目标,这直接造成各部门在政策执行过程中产生事权归属不合理、职能定位不清晰、责任划分不科学、利益保障不充分等问题。尽管上海全域土地管理全口径归属规资局,但农委、住建委、房管等部门对大都市乡村地区土地也拥有部分管辖权,在后续产业发展和

用地整治过程中出现了"该听谁的"的尴尬局面。不难看出,这种事权分散的管理方式主观上造成了各类用地空间管理归属不明晰、产业发展乱、统筹难度大、规划执行难、调整效果差的问题,对全域土地综合整治工作的统筹协作形成了阻碍。

5) 原则多而细节少,社会资本参与土地整治面临"游戏规则如何制定"的难题

为了缓解全域土地综合整治过程中财政资金不足的问题,需要更多的金融资本和社会资本参与上海市全域土地综合整治的工作中。然而,当前上海市社会资本参与土地整治的机制尚不健全,具体表现在以下 3 个方面。

从政策制定和执行机制看,一方面是政策仍然停留在宏观层面,落地性不强、不确定性较大。虽然自 2013 年起,中央一号文件和相关部门出台的各类政策法规相继提出要鼓励和引导社会资本参与乡村振兴和农业农村现代化,并出台了一系列宏观性的指导文件,但缺乏细化的实施细则和配套方案,以致部分支持政策无法有效落地。譬如,中央出台了很多补贴或支持政策,但部分政策的补助和不予补助标准等信息更多地掌握在政府部门手中,社会资本对政策的了解甚少。政策的不确定性增加了社会资本与政府的沟通成本,因缺乏政府持续支持导致项目停滞的风险上升。总体看来,现行政策难以为社会资本进入乡村场域提供稳定环境,不能充分调动社会资本投资农业项目特别是农业新业态的积极性。另一方面是政策缺乏稳定性和明晰性。不少政策常一年一变,资助项目或资金规模都无法确定,一些政策在前后年度会产生矛盾和冲突,甚至部分地方政府以行政命令或优惠政策发展特定产业,从而导致许多社会资本盲目投资,急于铺摊子、造声势,运转经营靠吃补贴。这种选择性政策给社会资本埋下了巨大风险,使其面临市场波动和政策波动的双重风险。一旦主要领导更换或政策出现变化,企业经营风险很快就会凸显。

从金融保障机制看,涉农涉村项目的融资渠道不畅,社会资本参与乡村开发以自有资金投入为主,资金链压力大。长期以来,乡村地区金融基础薄弱、金融市场发展相对滞后,具体表现为:征信机制不完善;金融机构融资工具的作用未能有效发挥;抵押贷款、担保贷款等传统融资模式以及证券、互联网金融融资、涉农商业保险等新型融资渠道目前还不健全,

无法为资本流动提供便捷有效的金融渠道。与此同时,乡村地区的开发往往投资回报周期长、波动性大,导致社会资本参与乡村发展的金融风险高、资金压力大。

从利益分配机制看,既有研究认为,即便是最成熟、最有效率的市场经济体制,也不可能对纷繁复杂的利益关系进行自动修补和矫正。目前,在部分社会资本参与乡村土地整治的活动中,各主体之间的利益调节机制仍不健全。第一,企业在参与乡村土地整治的过程中,忽视了如何将资产增值收益更多地留给村民。第二,虽然资本和农业、农民结合的形式多样,但结合的方式较为松散,多为短期的订单合同,也常出现在发展早期没有制定较周全的协议,导致资本结合的违约率较高、未形成持续稳固的利益共同体、农户和企业的利益均得不到有效保障等问题。

6.1.3　优化上海全域土地综合整治的对策建议①

1) 强调以"思想共识"引领全域土地综合整治集体行动

一方面,横向的各条线部门和纵向的各层级政府要就全域土地综合整治的重要性和有效性达成共识。全域土地综合整治这一政策工具对于统筹乡村空间冲突的优势体现在以下两方面:一是目标定位多元,从顶层设计上为乡村空间综合治理奠定基调。《自然资源部关于开展全域土地综合整治试点工作的通知》明确提出了农用地整理、建设用地整理和乡村生态保护修复三项重点任务,多元任务导向在一定程度上有利于倒逼试点地区加强部门协调,搭建综合治理平台。二是给予政策杠杆,以耕地和产业用地为切入口破解乡村空间冲突困境。在耕地方面,全域土地综合整治允许试点地区在确保永久基本农田新增面积不低于调整面积5%的前提下对其空间布局进行优化,这是现行制度下唯一能够对耕地进行调整的政策通道。在产业用地方面,将全域土地综合整治腾退的建设用地重点用于乡村一、二、三产业融合发展,以增强乡村的自我造血功能,同时将试点地区节余的建设用地指标流转范围从县域扩大到省域,以凸显乡村土地资产的价值。总体而

---

① 本部分内容来源于:谷晓坤,等.上海土地综合整治实施机制及路径优化研究[R]. 2022.

言,全域土地综合整治有利于促进各部门的专项规划和指标任务在乡村空间落地,是一项旨在实现多方共赢的制度设计。因此,各层级各部门要认真参加全域土地综合整治的宣讲培训活动,正确认识全域土地综合整治中所提供的政策杠杆的力度,在思想观念上就全域土地综合整治的重要性和有效性达成共识。

另一方面,政府、社会资本、村集体等多元行动主体要就全域土地综合整治的"规划—整治—运营"一体化工作思路达成共识。全域土地综合整治是一项以规划实施为导向、以乡村可持续运营和资源资产化为目标的系统性工程,需要将"规划—整治—运营"各个环节串联起来。但在过去的土地整治项目中,社会资本往往只能有限地承担其中一部分开发建设任务和参与后续空间的经营利用,大多数资本被排除在规划和整治行动之外,空间蓝图规划、空间底板打造和后续空间使用的割裂导致社会资本在乡村的发展受制。社会资本作为乡村空间开发的直接使用者,在全域土地综合整治过程中,只有嵌入"规划—整治—运营"全流程,才能够高效对接空间供给与需求,实现价值最大化。

2) 建立"资本参与＋收益共享"的市场激励机制

(1) 建立共同富裕导向的社会资本"平台化"参与机制。

社会资本种类多元,包括国有资本、集体资本、民营资本以及基金、银行等金融资本。为了使多样化的社会资本能够有效参与全域土地综合整治,需要形成一个能够统筹行动的平台,通过股权结构和公司架构的合理设计,确保资本能够为乡村发展愿景服务。在这方面,上海市奉贤区青村镇已经进行了较为成功的探索。

一方面,青村镇在"全域统筹、全域规划"的思路下对镇属资产进行盘点分类,设立了"1＋4"的镇属平台公司。具体而言,将优质资产整合重组形成农工商联合社下属的全资公司(东方桃源),下设 4 家全资子公司(胤腾建设、胤腾置业、清溪畔公司和桃源里公司),分别负责乡村基础设施新建和改建、保障房开发、资产运营和资产管理,使青村镇高效率发展拥有了重要的抓手。

另一方面,青村镇吴房村的整村建设开发过程中,镇级平台公司的子公司(桃源里)联手长三角乡村振兴基金,并充分吸纳社会资本,合资成立思尔腾公司。其中,长三角乡村振兴基金由国盛集团(上海市国有资本运营公司)、桃源里公司(青村镇集体资本运营公司)和祥生集团(民营企业)三大股东各持股 1/3。与此同时,思尔腾公司结合吴房村业态运营需求,吸纳了中小民营资本成立了一系列控股公司。为确保该公司运作符合乡村利益诉求,思尔腾公司成立之初,镇级平台公司的分公司(桃源里公司)就参与了其组织架构构建、明确了公司发展的目标愿景,使之能够致力于"乡村振兴"产业融合发展。此外,思尔腾公司在吴房村的运营过程中,在产税和投资领域等方面对入驻企业设置了明确的约束条件和完善的退出机制,进一步确保下乡资本真正为乡村增值服务。

(2) 构建多元主体互惠共赢的"立体收益共享"机制。

在全域土地综合整治过程中,不能对都市乡村资源进行"一次性买断",只有引导社会资本探索形成利益共享机制,以提升村民福祉为目标,保障村民全过程、普惠式受益,才能够降低外来资本进入乡村的阻力。从上海当前的实践看,地产集团在华亭镇以及国盛集团在青村镇的相关整治项目中,探索设立了"订单收购+分红""土地流转+优先雇用+社会保障""农民入股+保底收益+按股分红"等多种利益保障机制,其经验值得学习推广。

总体看来,在收入保障方面,形成了"租金+股金+薪金"的立体收益格局:一是租金,村民与村集体签订长期的房屋租赁合同并设置合理的涨价机制,以保障村民利益不受损;二是股金,村民将承包地流转给村集体,村集体将土地承包给市场主体后获得土地承包费,再以分红的方式给予村民股金收益;三是薪金,入驻企业为失地村民提供就业岗位,使村民成为产业工人,获得工资性收益。在养老服务方面,通过建设颐养公寓、购买社会化的养老服务等方式,乡村运营成果能惠及乡村老年群体。

3) 明确"优先排序+分类微调"的用地统筹逻辑

(1) 明确各类用地需求保障的优先次序。

形成"主次分明"的用地需求保障原则,是确保土地整治工作科学性的关键之一。就上海市而言,基于土地总量有限和多元空间发展目标这两大现实条件,按照"耕地和产业优先保障,水面和林地次位保障"的原则,厘清各用地指标在全域土地综合整治中的优先保障顺序,可以确保各类用地指标的划分和使用"有据可依、有规可循"。之所以提出这个优先次序,是因为以下四个原因:一是从刚性和弹性来看,耕地和乡村产业用地是刚性要求,只能布局在乡村空间,而水面和林地则相对具有弹性,可以布局在乡村空间,也可以布局在城市空间。二是中央将上海的耕地保护纳入考核和监管范围。近两年,中央一再强调禁止耕地的"非农化""非粮化",耕地保护红线的刚性不断增强,突破的可能性几乎为零,不能落实耕地保护的政策风险日趋加大。三是乡村产业用地需求量小,无论是通过点状供地还是指标调剂等现行政策通道都可以落实,但同时在乡村增加微量的产业空间能为乡村整体空间功能带来的提升效果却很明显。四是水面率指标和绿地指标是为了保障上海全市的空间安全和生态安全而制定的,但由于这两项功能辐射范围有限,要想提高城市防洪除涝能力和居民的生态福祉,就不能将指标保护的重担全盘压在乡村。与此同时,林和水还可以进行复合利用以发挥更好的生态功能。

(2) 按照分类微调原则统筹优化城乡用地。

在现有城市规划调整难度大、耕地红线刚性渐强的前提下,要想从根本上破解城乡用地需求不平衡的问题,最主要的就是从主观上摒弃"重城轻乡"的治理理念,根据空间利用现状对全域土地综合整治试点地区进行分类,对不同类型试点进行弹性管控,在尊重已有乡村空间规划格局的前提下,赋予分类的规划微调权限和小额机动建设用地指标使用权限,从而实现乡村空间布局的整体优化与分类微调。具体可划分为三类:第一类,若试点地区本身可以通过对整治区域内都市乡村空间布局的微调就能实现各类指标平衡、满足全域土地综合整治的既定目标,则允许其微调集建区外的郊野单元规划,保持镇总规不变,不额外配置机动建设用地指标。第二类,若试点地区按照现行规划在郊野空间无法同时落实田、水、林、产的指标,但集建区内尚有节余的建设用地指标,则允许在保持镇域内各类指标总量不变的情况下调整建设用地指标的空间配置,即通过适度调整开发边界范围以满足全域土地综合整治需求,缩减现行规划中镇域集建区规模,将集建区内的建设用地指标转移至乡村空间,同样不额外配置机动建设用地指标。第三类,若试点地区按照现行规划在大都市乡村空间无法同时落实田、水、林、产的指标,且集建区内也没有节余建设用地指标,在其无法通过优化自身空间布局实现各类指标平衡的情况下,则需要跨区域统筹解决,可考虑将区级层面预留的机动建设用地指标配置到整治区,以保障全域土地综合整治的顺利实施。

4)加强"管理监督＋奖惩激励"协同治理措施

(1)探索周期性封闭管理和过程性实时监督。

一是要探索周期性封闭管理模式。可将全域土地综合整治的试点视为"乡村经济特区",允许试点地区在全域土地综合整治期内实行周期性封闭管理,在整治结束后统一验收各项指标任务的完成情况;同时对各条线的资金、项目进行统筹,由试点地区基于自身发展需求制定全域土地综合整治实施方案,适当尝试和引入"规划—整治—运营"全链条嵌入的社会资本参与合作模式,并将方案上报市级专班审批,通过后,方案内涉及的资金和项目在市级层面统筹形成"资金项目包",在此过程中对空间优化的需求按照项目统筹算总账,打包进行审批调整。

二是要加强数字化监督技术应用。德国利用地理信息系统、日本设立工程调查评估数据平台以实现土地整治区域的过程管理和精准监控,达到提升整治方案的效果。这些案例实践无疑对上海市土地整治项目监督技术的使用具有重要的参考价值。对此,建议可在全域土地综合整治试点地区同步开展数字治理试点,在统筹资源本底的同时实现过程性监督。该领域可完善和升级"一网统管"和城市运行数字体征系统,以真正赋能精细化乡村土地管理实践,通过人工智能平台实现全局即时分析,通过数字治理统筹乡村资源本底,在技术层面上监督各部门空间配置可能存在的冲突;通过搭建市、区、镇、村各条线部门和设计施工单位"全过程监管＋全流程跟踪＋验收后评估"的数字治理体系,在试点区域周期性封闭管理期间做到过程性监督,有效降低风险,增强全域土地综合整治工作推进的信心。

(2)完善部门协调的奖惩激励措施。

一方面,要完善奖励措施。将各部门在试点地区的资金、项目投入力度与奖励机制挂钩,可以根据不同部门在全域土地综合整治中项目和资金的投入力度,在"田产优先保障,水林次位保障"目标排序原则的基础上适度调整优先保障顺序,以此作为部门行动激励。具体而言,当各部门项目、资金投入力度相等时,按"田—产—水—林"的排序进行空间保障,若在某个试点地区部门投入力度出现明显差异,例如绿容部门投入力度超过水务部门,则可以将"林"的排序调整到"水"之前。

另一方面,要完善追责力度。在土地综合整治过程中,要统一各部门指标保障的追责力度,尤其要防止因一些部门追责力度过严导致其难以参与全域土地综合整治的集体行动,充分调动各部门参与全域土地综合整治的积极性。

6.2　从全域土地整治到"规划—整治—运营"一体化治理①

6.2.1　大都市乡村空间治理特征

依据《中华人民共和国乡村振兴促进法》,乡村是指城市建成区以外具有自然、社会、经济特征和生产、生活、生态、文化等多重功能的地域综合体,包括乡镇和村庄等。大都市乡村,即指位于大都市行政区域范围内、都市建成区以外的空间区域。在城市和乡村两种力量的影响下,大都市乡村在人口、土地和产业上呈现出与纯农业乡村不同的特征:大都市乡村受到都市中心区强劲的辐射与带动,农业人口大规模流出,非农就业人口增加,返乡创业、居住以及其他短期工作居住人口增加,人口构成日趋复杂;乡村产业也不局限于单一的传统农业,而是逐级呈现出一、二、三产业融合发展的新业态形势;人口的多元化需求、产业的融合发展以及其他城市功能必要的相关配套等引发多类型的建设需求,共同导致大都市乡村空间利用的复杂程度超越了城市建成区和纯农业乡村。

大都市乡村是受城乡两个维度共同影响下的"人口—土地—产业"系统,面临复杂的空间利用冲突,表现为土地利用结构无序、景观空间破碎、产业功能滞后、人口结构混杂等一系列问题。在空间权力按照层级、部门、区域和类型进行自上而下分权的国土空间规划制度框架下,大都市乡村空间治理可以定义为对分权至乡村空间末端的不同部门、区域和类型的空间权

① 本节内容来源于:谷晓坤,李小天,刘静.基于 IAD 理论框架的大城市乡村空间治理研究:以上海市金山区廊下镇为例[J].人文地理,2023,38(3):100-107.

力的重新统筹,表现为基层政府与城乡多元权益主体共同开展的集体行动,以解决乡村空间利用的冲突和问题,提升城乡整体的系统韧性和可持续发展能力。大都市乡村空间治理具有以下三个基本特征。

(1) 治理对象的城乡结构黏性。不同于省级或市县级空间规划可以按照城市或乡村进行二元化分割,大都市乡村空间是城乡混合的、以多样性生态资源作为载体的具有结构黏性的空间,因其同时具备生产、居住、游憩、生态、创业等面向城市居民和乡村居民的多功能价值,不能简单地将其划分为"生产区域、生活区域和生态区域"而相互排斥或竞争。

(2) 治理主体的跨度混杂性。大都市乡村空间的城乡结构黏性,决定了其空间利用的权益主体除了村集体、村民、地方政府及相关部门外,还必然涉及跨越城乡、从组织到个人的多样化主体。此外,随着乡村土地作为要素市场化配置的重要环节逐步放开进入市场交易,以及大量工商业资本持续加快进入区位优越的大都市乡村并参与空间利用,相关治理主体的多样性和混杂性将进一步加剧。也恰因此,大都市乡村空间治理在以政府主导的国家空间治理制度框架下,将有可能率先出现更多元主体治理的转型探索。

(3) 治理工具的兼容性。在以国土空间规划为引导的国家空间治理框架下,乡村基层政府涉及建设空间管控和非建设空间管理的事权十分有限,尤其对重要自然资源的管理权限几近缺失,政府主导的空间治理工具相对有限。但是,这种政府主导治理工具的有限性,恰好为社会和市场力量介入提供了可能。相较于纯农业乡村,大都市乡村具备更为优越的资源、资金和人才优势,在解决各种复杂的空间利用冲突过程中,势必通过实践探索更多具有在地化特征的以政府、市场和社会互动为原则的治理工具,并与政府主导的治理工具共同达成治理目标。

6.2.2 "规划—整治—运营"一体化空间治理模型

1) IAD框架原型及适用性分析

自20世纪80年代以来,以奥斯特罗姆为首的学者群体提出并完善了制度分析与发展框架(IAD框架),广泛应用于地下水、森林、草原等具有竞争非排他特性的公共资源治理研究中(Ostrom,2015)。IAD框架是奥斯特罗姆基于奥尔森的集体行动理论发展而来的一般性分析框架,用于确认制度分析中需考虑的要素以及要素间的关系,能够帮助人们理解制度如何对人类行为、互动及其结果产生影响,继而促进不同研究领域围绕"制度"进行交流合作(李文钊,2016)。该框架由三部分构成,分别是外部变量、行动舞台和结果评价。① 外部变量是指在制度形成过程中能够对行动舞台产生影响的各种因素,包括自然物质条件、经济社会属性和通用制度规则等。② 行动舞台作为 IAD 框架的核心,是承载不同行动者相互作用、交换商品和服务、解决问题、相互支配或冲突的社会空间或场域,又包括行动者和他们采取的具体举措或可能的策略,即行动情景中行动者是对制度形成和制度执行产生影响的个体或组织,行动情景则是行动空间。③ 行动者在社会空间中互动并形成结果产出,该结果会反作用于外部变量和社会空间。当结果与预期观点或价值观一致时,行动者继续遵循原有行为模式或互动方式;当两者不一致时,行动者修正自身行为或推动社会空间结构变迁。

　　大都市乡村空间治理涉及中央政府、地方政府、村集体、市场主体、村民等不同层级、不同类型的行动者,具有显著的公共池塘资源特征,适合使用 IAD 框架分析跨层次行动者间的互动,并能够将行动者的策略选择和治理层级关联起来。但是,利用 IAD 框架分析大都市乡村空间治理,仍需注意以下两方面:① IAD 框架是一个复杂系统,相互嵌套,既能对多个关联问题进行综合性分析,也能够用于深入剖析单一问题的内在机理。因此,将其应用于大都市城乡空间治理分析,要明确原始框架中要素与特定问题在乡村空间治理语境下的具体内涵。② IAD 框架作为凝练的一般性分析框架,只说明了单一行动环节的分析范式,而大都市乡村空间治理是一项涉及多种治理行动的复杂过程,因此原始框架中的单一行动环节难以清晰阐释治理机制,需要对其进行情景化拓展。

　　2) 基于 IAD 的大都市乡村空间治理框架

　　基于上述分析,本书对 IAD 框架进行了适应性调整,将外部变量、行动舞台和结果评价分别界定为大都市乡村空间治理的治理环境、治理行动和治理绩效,治理行动受到治理环境的影响与制约,并产生相应的治理绩效,如图 6-1 所示。

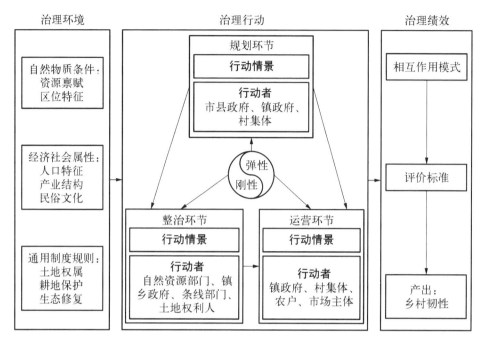

图6-1 大都市乡村空间治理理论框架

资料来源：谷晓坤,李小天,刘静.基于IAD理论框架的大城市乡村空间治理研究：以上海市金山区廊下镇为例[J].人文地理,2023,38(3)：100-107.

首先,治理行动是整个治理框架的重点,基于大都市乡村空间治理内在特征,将原始IAD框架中的单一舞台拓展为"规划—整治—运营"三个独立又具有相互影响的环节,这三个环节也是整个治理系统的核心。其中,规划是对空间的预计性安排,整治是在执行规划基础上的具体空间调整,运营是对整治后已优化的空间资源实现资产转化与增值,而随着运营需求的升级,又会推动下一轮规划调整。因此,大都市乡村空间治理是一个持续动态的过程,规划环节、整治环节和运营环节也呈现出循环互动关系。同时,在大都市乡村空间治理过程中,既有政府主导、强制执行的刚性选择,也有市场主导、灵活变通的弹性策略,规划、整治和运营三个环节由于行动者角色定位和目标导向存在差异,导致其规则的刚性和弹性配比不同,进而呈现出个性化的规则基调。

其次,治理环境是开展大都市乡村空间治理行动必须考虑的外部变量和约束条件。自然物质条件主要包括乡村的资源禀赋和区位特征;经济社会属性体现为特定乡村场域内的人口特征、产业结构、民俗文化等;通用制度规则是超越空间治理行动本身的上位制度约束,涉及土地权属制度、耕地保护制度、生态修复制度、土地市场化制度等多个维度。

最后,基于治理环境开展的一系列治理行动会产生治理绩效,最终的产出表现为乡村韧性的提升,可以通过对治理行动不同作用模式的评价来测度对乡村韧性水平的影响。也即经过规划、整治和运营等空间治理行动后,大都市乡村在面对内外部冲击和扰动时保持其结构稳定、功能完整的能力得到提升。需要说明的是,由于整个治理理论框架内容丰富,此处聚焦整个框架的核心即空间治理行动,外部变量和治理绩效仅稍作涉及。

6.2.3　上海市廊下镇"规划—整治—运营"一体化空间治理实践

廊下镇位于上海市金山区西南部,距上海市中心 60 千米,是典型的大都市乡村区域。镇域总面积约 47 平方千米,下辖 12 个行政村,户籍人口 3.1 万人,常住人口 3.8 万人。镇域国土利用以农用地为主,呈现"西林东田"的布局,耕、林地资源较为丰富,是上海远郊生态农业镇的典型代表。2003 年,廊下镇与金山区现代化农业园区实行镇区合一行政管理体制,是上海唯一的国家级现代农业产业园。然而,受快速城市化与乡镇企业发展的影响,廊下镇整体上形成了农用地、建设用地与生态用地混杂分布的国土空间利用格局,建设用地与生态和农业用地之间的冲突显现:工矿仓储用地布局分散、部分存在污染与低效等问题;宅基地过于零散,10 户以下的占比达 34%,且多建于 20 世纪八九十年代。低效、分散的存量建设用地利用问题又进一步影响和制约了全镇生态空间和现代农业发展所需空间的持续利用。同时,乡村区域面临着医疗、基础教育、文化体育等公共设施用地空间不足、整体品质不高等问题,城乡国土空间高质量利用面临系统性治理困境,而这些又是促进乡村振兴、提升农民生活水平的关键所在。

1) 规划环节

规划环节主要关注国土空间治理行动中作为主要政策工具的国土空间规划,包括镇域国土空间规划及郊野单元规划。从 2014 年到 2022 年,廊下镇滚动开展了四轮郊野单元规划编制,对城市开发边界之外的乡村区域各类用地空间、各类专项规划进行总体统筹安排。规划编制主要涉及三类行动者,在互动过程中有乡村集体"自下而上"力量的加入,如图 6－2 所示。一是廊下镇政府,它具有国土空间规划编制主体与部分国土空间产权主体的双重身份,也是规划环节的主角;二是上海市政府和金山区政府及农、林、水相关条线部门,它们通过环节运行规则及规划审批权限将意志"自上而下"传导至镇政府,是一个非显性的重要角色;三是镇域内各乡村集体及相关土地和房屋权利人,它们是国土空间最重要的权利人,可以通过"上下结合"、多次迭代参与乡村空间规划编制。

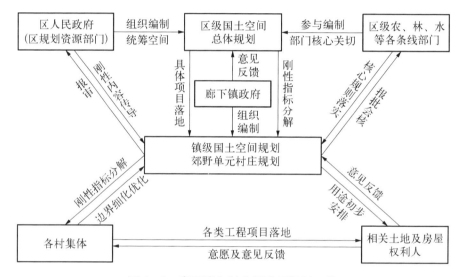

图 6－2　廊下镇乡村空间治理规划环节

资料来源:谷晓坤、李小天,刘静.基于 IAD 理论框架的大城市乡村空间治理研究:以上海市金山区廊下镇为例[J].人文地理,2023,38(3):100－107.

在国土空间治理行动的规划环节,廊下镇政府作为统筹镇域发展的核心行动者,遵守以下行动规则:

第一,严格落实耕地保护目标、建设用地总规模控制目标以及生态保护红线划定、森林覆盖率等刚性管控目标。

第二,兼顾效率与公平原则,统筹规划镇中心、保护村、保留村、拆并村以及产业用地空间,形成全镇域统筹的镇村体系,明确低效工业用地减量化和宅基地整治与农民集中居住用地的空间范围。

第三,优化公共基础设施。通过规划统筹城乡空间的市政基础设施(给水工程、污水工程、雨水工程、供电工程、燃气工程、通信工程)和公共服务设施(镇级公共服务设施、村级公共服务设施、休闲农业和乡村旅游设施)布局。

第四,着力优化空间品质,逐步强化对村庄风貌的引导。以廊下镇政府为主导,各村集体经济组织和相关土地权利人共同参与,以镇级国土空间规划和逐版更新的郊野单元村庄规划作为核心,一方面将刚性管控指标层层分解至村并落实至地块,在此过程当中,土地权利人及村集体经济组织自下而上,表达意愿,提出空间边界落地的具体优化建议;另一方面,廊下镇政府在空间"三线"相对刚性管控规则之下,空间上统筹安排耕地、永久基本农田、建设用地、林地、水面等各类空间在全镇域内统筹布局、安排和平衡,时序上结合涉农各条线项目及资金投入安排,统筹整合,实现时间序列上空间的置换、腾挪和平衡,并提升区域品质。

2) 整治环节

整治环节主要关注作为乡村空间治理行动中具体空间布局优化实现手段的土地综合整治,涵盖高标准农田建设、宅基地整治、低效建设用地减量化、矿山修复和地质环境治理、乡村基础设施建设、生态修复、郊野公园等。回溯过去 10 年,廊下镇分别于 2013 年、2015 年、2021 年布置了三期土地综合整治项目,并以此为平台,统筹开展了河道整治、林地建设、四好农村路建设等空间治理项目。该项目主要涉及四类行动者(见图 6-3):一是上海市和金山区自然资源主管部门。它们负责制定政策、标准,并监督指导各类土地综合整治项目的有序开展。二是农、林、水等相关条线部门。土地综合整治是国土空间全域、全地类、全要素的统筹调整,涉及建设、农业、水务、林业等多个部门,需在土地整治工作开展过程中,就各地类规模、结构等达成一致意见。三是镇政府及各村级集体经济组织。镇政府是土地综合整治的实施主体,是整治环节的主角,由其统筹开展各类整治活动,各农村集体经济组织负责其管辖范围内的各类整治活动的统筹。四是各相关房地权利人,包括各村级集体经济组织、农户、涉及复垦地块企业业主以及相关承租人等多类型主体。

在土地综合整治过程中,廊下镇政府作为整治环节的主角,主要行动是将规划蓝图由"理想"转化为"现实",不仅要严格遵守国土空间用途管制规则,向上负责落实好空间规划"一张蓝图",还要追求镇域空间布局的最优调

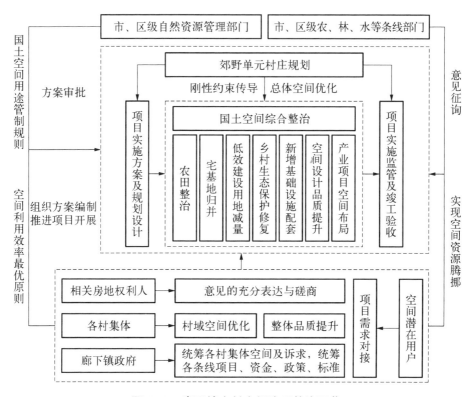

图6-3　廊下镇乡村空间治理整治环节

资料来源：谷晓坤,李小天,刘静.基于IAD理论框架的大城市乡村空间治理研究：以上海市金山区廊下镇为例[J].人文地理,2023,38(3)：100-107.

整。如图6-3所示,廊下镇政府以在郊野单元村庄规划引领下的土地综合整治项目规划设计和实施为抓手,从时间和空间两个维度,统筹安排农田整治、农民集中居住(宅基地归并)、低效建设用地减量、乡村生态保护修复、新增公共服务及基础设施配套、空间设计品质提升、新增产业项目等各类活动。一方面,统筹安排各类建设和非建设类活动,与全域土地整治活动形成有效衔接;另一方面,统筹协调各农村集体经济组织,使各相关主体在整治环节形成一致步伐。在微观主体层面,主要涉及：① 搬迁农户。按照自愿原则,对于认同镇政府提出的搬迁方案的农户,通过让渡其原有宅基地及房屋相关权利,换取特色家园农民居住小区新住宅。② 减量化地块相关企业主,其通过与镇政府及村集体经济组织谈判,通过交换其拥有的工业用地使用权及其地上物相关权利换取相应的经济利益。③ 未来的经营主体,对于确定的经营主体及大规模经营的农业项目,在整治过程中完成基础设施的精准配置,达到后续直接对接主体需求的目的。

3) 运营环节

乡村运营是乡村场域中,整合土地、房屋、特色民俗、乡风文化等有形或无形资产,以市场化为导向进行体制机制创新,培育或引进多元主体进行经营,并进行收益合理化分配的过程。运营环节主要关注镇村尺度的乡村运营,目的在于最大限度激活镇村空间资源,通过一系列市场化运营方式显化国土空间价值。

廊下镇运营环节主要涉及四类行动者:① 廊下镇政府,其在运营过程中成立了金山现代农业园区建设发展有限公司和金土地公司,具备了市场主体资格,继而在公司架构下整合镇域内资产进行一体化运营。② 村集体,它们是在乡村市场化运营过程中起到桥梁作用的关键行动者之一,村集体基于村民对其的信任,能够完成对分散的乡村土地权属资源的集中,便于后续的统筹运营,以实现效益最大化。同时,村集体经济组织也能够以市场主体身份进行房屋土地租赁、股权投资等一系列市场活动。③ 村民,他们是乡村场域内宅基地、承包地等国土空间使用权的持有者,村民在运营环节的行动策略选择在很大程度上影响了乡村运营的方式和效果。④ 外部市场主体,包括从事农业经营、业态管理、资本投入等各类市场主体,这些外部市场主体能够发挥其在资金、市场、管理等方面的优势,有效激活镇村空间资源。不同主体在收益共享规则下合作,构建了"股金＋租金＋薪金＋流转金＋现金＋保障金"的立体化农户收益体系,同时建立村企联合模式带动村级经济发展,壮大村级集体经济组织。

按照土地供给侧的集约化程度和土地需求侧的市场化程度,如图 6-4 所示,可以将上述行动者间的行为互动划分为四类不同的模式。① "农供城需"模式。土地供给侧的行动主体——个体农户,对接的需求直接来自城市居民。廊下镇高度重视民宿经济,鼓励山塘、中华等村域内的农户开办民宿,形成了精品民宿集群,同时积极鼓励分散的民宿和农家乐发展,以满足廊下郊野公园引入客流的消费需求。② "村供农需"模式。供给侧围绕土地承包经营权进行农户和村集体的主体间互动,村集体在农民自愿的原则下通过土地流转集中土地承包经营权,并出租给家庭农场或种粮大户,完成

了"农户→村集体→家庭农场/种粮大户"的供需匹配。廊下镇南塘村此类
模式最为典型,该村 40% 以上的耕地都由种植大户或家庭农场承包经营。
③ "村供镇需"模式。此类模式的供给侧同样是"农户→村集体"完成土地
流转,形成村级层面的运营供给;需求侧是廊下镇的现代农业园区,园区是
在"镇区合一"的管理体制下形成的新型主体,拥有专业的运营团队,对廊下
镇农业产业现状与格局、土地分布情况、建设规格等有充分的了解,可以进
行建设实施主体招标、牵头与主导建设项目推进,满足现代农业的配套设施
需求,实现配套设施的规模经营。④ "镇供企需"模式。村集体将土地统一
流转给镇属集体公司,即上海金土地绿色农业有限公司,形成了"农户→村
集体→金土地"的镇级层面运营供给。后者获得土地使用权后向再对接需
求侧,包括各类有乡村空间承租需求且符合产业发展规划的企业。

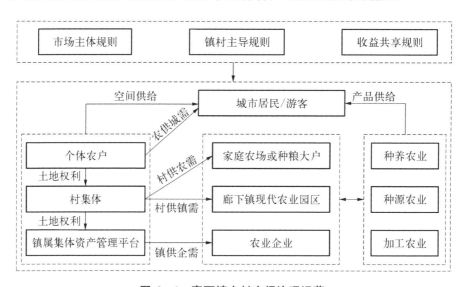

图 6-4 廊下镇乡村空间治理运营

资料来源:谷晓坤、李小天、刘静.基于 IAD 理论框架的大城市乡村空间治理研究:以上海市
金山区廊下镇为例[J].人文地理,2023,38(3):100-107.

由于廊下镇围绕农业产业进行乡村运营,因此参与其中的外部市场主
体可以分为以下三类:① 种养农业,充分发挥了松林、联中、爱索特等农业
龙头企业的主导作用,形成了包含粮食种植、花卉种植、牲畜养殖等在内的
多样化、规模化农业业态。② 种源农业,是上海光明"致优"鲜奶的奶源基
地,并形成了以上海市农业生物基因中心为代表的种源农业集聚区。③ 加

工农业,形成了以鑫博海农副产品加工有限公司为代表的核心农产品加工区。此种模式适用于单次土地流转面积在 300 亩以上的大型专业企业主导经营。

总体来看,运营环节遵循了市场主体规则,去行政化特征明显,在"政府引导、市场运作、收益共享"的原则下,由个体农户、村集体再到镇属集体资产管理平台汇集形成了由小至大的空间供给链,将乡村空间资源转移至家庭农场或种粮大户、廊下镇现代农业园区、一般农业企业等不同类型的新型使用者手中,由他们提供产品,对接来自市场和城市居民的各种需求,通过有效的供求对接,实现乡村的自我发展、积累和增值。

4)"规划—整治—运营"一体化治理行动

规划、整治和运营三个环节共同构成了廊下镇乡村空间治理行动的完整过程,如图 6-5 所示。规划环节以国土空间规划和逐版更新的郊野单元村庄规划为基础,提出了各类空间在全镇域内统筹布局和安排的平衡方案,呈现以刚性为主、弹性为辅的规则基调;整治环节统筹协调各类主体,针对建设用地、未利用地和农用地三类对象,采取各类整治活动,实现城乡建设用地空间优化落地、耕地和永久基本农田空间布局优化,具备了在操作层面的一定弹性空间,呈现刚性与弹性兼顾的规则基调;运营环节按照市场主

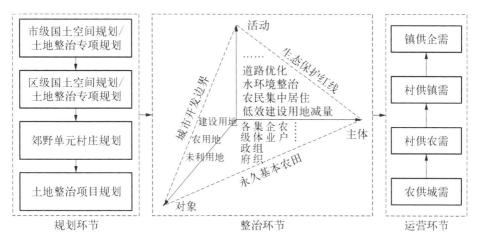

图 6-5　廊下镇"规划—整治—运营"一体化空间治理

资料来源:谷晓坤,李小天,刘静.基于 IAD 理论框架的大城市乡村空间治理研究:以上海市金山区廊下镇为例[J].人文地理,2023,38(3):100-107.

体、镇村主导、收益共享的规则运行,建立了"农供城需""村供农需""村供镇需""镇供企需"等不同运营模式,实现政府主导下各类社会资本有序参与国土空间价值实现与共享,相较于其他两个环节,呈现弹性为主的规则基调。

6.3　从全域土地整治到新型乡村治理

6.3.1　全域土地整治对乡村治理的挑战

廊下镇市级土地综合整治项目于 2013 年正式立项,总面积达 1 771.22公顷。依托市级土地综合整治项目,廊下镇在上海市委、市政府提出的"政府引导、农民自愿、因地制宜"原则指导之下,通过"上楼""平移""置换"3 种主要形式实现农民相对集中居住。其中,上楼安置是农民自愿放弃宅基地建房资格,搬入政府提供的平层型公寓居住;平移安置是通过集中归并的形式,农民在农村地区规划的平移集中点易地建房;置换安置是农户自愿放弃原有农宅,同时将自有土地进行流转,搬迁至由政府出资修筑的低层联排住宅区。

对于万亩设施粮田 3 000 亩核心区内的农户,廊下镇采用宅基地置换的形式进行农民安置,安置地点是位于邻近廊下镇区的勇敢村地块的"特色民居家园"。置换遵循"一补、二换、三不变"规定:"一补"即一次性发放适当补贴,"二换"即老宅基置换新宅基,"三不变"即村民身份不变、土地产权性质不变、享有土地收益的权利不变。安置点内的道路、电力、燃气等配套设施均由政府财政承担,房屋质量对标城镇商品房配套建设标准,保障提升居住品质。

"特色民居家园"项目共涉及廊下镇的友好村、勇敢村、南塘村、山塘村、南陆村、景阳村 6 个行政村。来自不同行政村的村民们由传统分散居住,分2 期搬迁至"特色民居家园"内集中居住,实现新家园生活空间连片。新居住模式也为构建相应的新型乡村治理模式提供了良好的"试验田"。

作为土地综合整治项目的大型安置区,如何协调各村村民利益,调动村民共建美丽家园的积极性,实现高效治理,廊下镇政府、各村村委、村民携手面临着巨大的挑战。

1) 居住规模大

特色民居家园占地约 340 亩,容纳了来自 6 个不同行政村的 600 余户村民,数量规模相当于一个行政村的建制。若采取各村轮值管理或各村仅负责本村村民的治理模式,将会产生效率低下、管理困难等问题。因此,面对大型安置区的建立,需要由廊下镇政府引导设立一个常态化管理家园内各项事务、协调多方事宜的组织。

2) 邻里关系疏

被纳入搬迁安置计划的村民多同属一个村民小组,宅基地位置相对靠近,邻里之间的关系十分紧密。而在特色民居家园内分配房屋时,出于公平公正公开的原则,房屋采用抽签式分配方法。因此,原同村村民被随机分散在家园内各处,村民们的"新邻居"极大可能来自其他村落。邻里之间相对较为陌生,进行统一管理需要经历过渡与磨合的阶段,这期间会出现效率低下、成效不佳等问题。因此,亟须新组织机构进行牵头领导,并采取措施不断加强邻里之间的联系。

3) 生活变化大

特色民居家园内房屋呈联排建造,绿化设计与房屋排列类似于城市小区,房屋密度较大,靠近镇区且远离田地。即便"村民"身份不变,但村民们的生产生活方式向城市社区居民靠拢——无法利用房前屋后的小块田地进行蔬菜的种植、生活物资需要前往超市采购……基于家园实际,采取村民们能够接受的管理方式、提供贴合村民生活方式的基本服务,成为各方需要考虑的一大问题。

4) 归属感缺乏

尽管搬离了原村,但村民们对于土生土长的原村落具有很深的感情,对于特色民居家园的新环境与新生活则缺乏归属感:"刚搬来的时候,挺不适应的,感觉自己既不属于这里,又跟之前村里联系不那么紧密。"如何凝聚来自 6 个不同村落的村民,共同建设好、维护好特色民居家园,树立村民对于特色民居家园的"主人翁"意识,也是特色民居家园治理的一大挑战。

5) 老龄程度高

作为大型城市远郊地带,年轻人外迁成为各村落的普遍现象,因此特色民居家园内的居民老龄化程度也较高。目前,特色民居总人口数量为 2 600 多人,其中 60 周岁以上老年人共 880 人左右,老年居民数量约占总人口的 1/3。老年居民、赋闲居民占比较高,对家园内文化、养老等基本公共服务供给提出了更高的要求。

6)管理先例少

对于廊下镇而言,特色民居家园的建设及治理是在土地综合整治背景下的居民宅基置换安置领域工作中的探索与尝试,在全国范围内少有先例及可借鉴的经验。家园管理既有别于普通城市社区化管理,也与农村管理有别,是介于二者之间的融合状态。"村民"身份不变、多村统一安置等特殊要素要求廊下镇内的各方共同在实践中摸索前行。

6.3.2 新型乡村治理模式探索

2014 年,随着特色民居家园二期项目的居民陆续迁入,家园建设已基本成型。在数年的发展与经验积累之后,如今的特色民居家园已构建起新型治理模式,依托"一个治理平台",组建队伍提供"一项核心服务",借助为老服务中心资源打造"一项治理特色"(见图 6-6)。

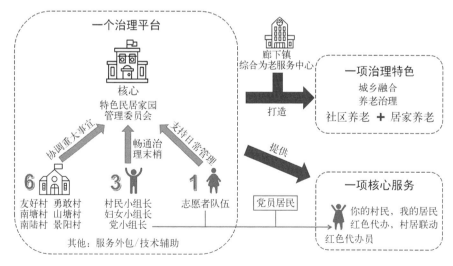

图 6-6 特色民居家园治理模式示意图

资料来源:由廊下镇政府提供。

1) 一个治理平台："管委会＋6＋3＋1"，畅通治理末梢

大型居住区的日常管理事项繁杂，治理困境亟待破解。在镇政府的有力引导及各村两委、家园居民的大力支持下，以管委会为核心的"管委会＋6＋3＋1"治理平台成为破解治理难题的关键之钥。

（1）管委会：核心组织开展管理服务。特色民居家园工程共分为两期。一期搬迁的规模较小，相关居民事务由地块南边的景展居委会代为管理。随着二期居民的正式迁入，特色民居家园基础建设基本完毕。2015 年11 月，由廊下镇政府直接领导的"特色民居家园管理委员会"正式成立，同时从景展居委会处正式接手一期居民的相关事务管理工作。管委会由政府指派人员，负责特色民居家园内部包括物业管理在内的大小日常事务，以"心联鑫党群服务站"为据点，为家园内村民提供基本服务。管委会负责家园内的日常行政工作、主持协调一般事宜、完善家园内配套建设以及开展物业管理工作。编制内的正式干部数量少，其余事宜离不开其他一些治理力量的协助与支持，进而拓展出"6＋3＋1"治理链条。

（2）"6"：六村联席会议协调重大事宜。家园内村民来自不同行政村，身份上仍属各村村民，生产生活的情况与各村仍紧密相关，家园建设与发展的各项事宜、产生的大小矛盾纠纷也需要进行协调。在镇政府及管委会的主持下，来自 6 个行政村的村委会主任作为代表定期参与联席会议，由管委会通报一定时期内家园内的基本情况，并通过联席会议讨论，进行重大事项的决定或矛盾纠纷的化解，共商家园发展对策，保障相关工作的正常推进。各村民委员会主任与管委会也就本村村民的单独事宜建立常态化联系机制，以更好地服务于居住在特色民居家园的村民。

（3）"3"：三支队伍畅通治理末梢。近年来，金山区深入贯彻落实上海市委有关农村社会治理、干部队伍建设的基层社会治理工作要求，开展的农村"三支队伍"建设工作为充实农村管理力量、维护农村和谐稳定树立了良好示范。"三支队伍"，即农村各党小组长、村民小组长、妇女小组长所组成的队伍，是村级治理的骨干力量。各小组组长组成的三支队伍分别对应党员群体、村民自治、妇女团体，整合党员力量、自治力量与社会群团力量，极大地畅通了基层治理的末梢。

在特色民居内，依照房屋区域划分出若干网格及小组，管委会根据划分

情况,摸排、动员相关人员组建服务于民居内部事务的三支队伍。特色民居三支队伍与六个行政村内的三支队伍并立运行:如果遇到涉及民居内部事务的相关问题,居民可直接向所在区域的三支队伍成员进行反映;如果遇到涉及原村事务的相关问题,居民可寻找原村归属的三支队伍成员进行反映。双重三支队伍的运行,既保障新家园内部治理工作的顺利开展,又确保村民与原村相关组织建立紧密的联系。

特色民居三支队伍发挥"五大员"(宣传员、信息员、调解员、示范员和监督员)作用,搭建好公众与管委会之间的"桥梁";同时也是为民服务的"店小二",是"红色代办"服务开展的坚实力量。管委会与三支队伍的日常沟通通过微信群聊,管委会要求各小组长每日定时在群聊中说明本小组是否出现新情况、新问题,管委会亦将新通知和新事项快速下发。网络沟通的便利及三支队伍的密切配合,使得信息与问题解决得以双向互通,既减轻了管委会管理的压力,便于管委会工作的开展,又给村民表达意愿和想法提供了便利,为美丽家园建设及治理注入了活力。

(4)"1":1支志愿者队伍支持日常管理。志愿者队伍由家园内村民自愿报名组建,分为党员志愿者、保洁志愿者、平安志愿者、能人志愿者以及文艺志愿者5个主要类别,职责内容涵盖了卫生保洁、便民服务、物业维修、平安守护、文艺演出等多个方面,并开展日常的监督居民垃圾分类等基本工作。

志愿者队伍目前有将近20人,成员每月可获近2 000元的志愿补贴,其志愿服务热情高涨。人员组成以60岁左右的女性为主,多数是从单位、工厂里刚退休赋闲在家,具备一定的工作能力,可以通过做志愿工作补贴家用,同时照顾家庭,并且为家园建设奉献力量。作为家园居民,志愿者对小区内部情况、其他居民比较熟悉,其工作开展效率高、干劲足,能够得到其他居民的信任和支持。

(5)其他:服务外包及"天网"管理。服务外包,专业管理。就物业保绿工作而言,考虑绿化养护及园林设计的专业性问题,特色民居管委会通过委托第三方、实现服务外包的形式,开展基础的绿化管理。技术支撑,平安守护。就物业保安工作而言,不设围墙的特色民居家园的治安环境良好。除了"平安志愿者"的鼎力支持外,家园内现有160余个高清监控,对重要卡口和内外主要道路进行全天候的安全监护。

2）一项核心服务："你的村民、我的居民——红色代办"，实现村居联动

让干部多跑腿，让百姓少跑路。为了更好地服务居民，特色民居家园在党群工作上创新了"你的村民、我的居民——红色代办"服务。通过特色民居管委会的有效协调及引导，居住在特色民居家园内的党员居民、社区能人、"三支队伍"成员、志愿者队伍成员自发成立了"红色代办员"志愿者小队，为居民提供优质服务，实现村居联动。通过"红色代办"服务，发挥"三支队伍"、党群志愿者及乡贤能人的作用，切实发挥党建引领优势，体现了"双城"的人民理念。

（1）初期：事项代办，服务居民。对于家园内居民而言，"村民"身份不变，因此事关村民福利、保险等相关事宜仍与原村落挂钩，居民们仍需返回原村办理相关事务。但特色民居家园离部分村落的距离较远，公共交通不便，部分居民因年龄较大或身体行动不便，在返村时面临着一定的困难。

在服务开展的初期，"红色代办员"的职责多以事项代办为主。通过干部上门、微信群聊等宣传形式告知家园内的各户居民，如果有相关代办需求，居民们可以通过拨打热线电话或前往管委会党群服务点进行需求告知及登记。将相关材料交由管委会，管委会将会协调"红色代办员"，帮助家园居民完成事项办理或材料转交，为居民服务。

（2）发展：服务范围扩大，搭建联动桥梁。对于各村村委而言，村委与特色民居家园之间的物理距离是事项传达、材料收取等工作开展的障碍；对于管委会而言，干部人员数量紧俏的现实困境也成为开展管理工作时的主要困难。

随着代办服务的不断成熟以及现实服务需求的不断涌现，特色民居管委会通过摸排常见民生事项，依照"一网通办"清单，将"红色代办"所涵盖的服务范围不断扩大。至此，"红色代办"服务切实充当了"桥梁"作用，具体包括以下三方面的内容：

（1）代表居民对接各村村委或事务主管部门，高效服务居民。协助特定群体申请红十字失智老人服务项目、雪中送炭救助项目、计划生育奖扶项目、居家养老项目，以及开具证明等其他日常代办事宜。

（2）代表各村村委联络家园内居民，便捷开展工作。统计居民养犬情

况并代收预防狂犬病疫苗费、开展城乡居民养老保险相关业务等。

（3）协助管委会开展家园内各项服务管理，减轻管理压力。关心弱势群体、采集退役军人信息并悬挂光荣牌、开展居民矛盾调解、为残疾人免费提供用品用具、开展家园内党建服务等。

3）一项治理特色："居家养老＋社区养老"，探索远郊养老治理新模式

金山区是全国第二批居家和社区养老服务改革试点地区，位于金山廊下的特色民居家园新兴的规划建制及家园内老龄人口比重条件使其成为金山区创新养老服务运行模式的战地。一般而言，农村老人更倾向于居家养老，而特色民居的社区化管理模式，又使得城市社区养老有了施展的空间。特色民居养老治理工作既借鉴了城市社区养老的模式，又汲取了农村居家养老经验，将"居家养老＋社区养老"紧密融合，通过探索远郊养老治理的新模式，将养老治理打造成一项治理特色。

特色民居养老治理工作主要由管委会开展，摸排并密切跟踪家园内老龄居民的实际情况及养老需求，为老年人提供生活照料、康复护理和精神慰藉等方面的服务。在社区养老方面，依托于为老服务中心的场地与资源，管委会在中心内组织提供面向家园居民的社区养老服务，得到廊下镇政府的大力支持。在居家养老方面，管委会和为老服务中心相关人员进行情况摸排后，上报上级民政部门，由政府出资、对接提供相关居家养老服务。

三支队伍、志愿者队伍、红色代办员队伍也作为家园养老治理工作开展的辅助性力量，具体而言包括帮助老年人代买药品、协助转运轮椅等老年用具等具体性服务事项，为老年居民提供便利。

（1）社区养老。廊下镇综合为老服务中心位于特色民居家园 666 号，紧挨着管委会"心连鑫党群服务站"（即管委会办公地）。借助服务中心的养老设施，特色民居管委会负责老年居民的社区养老服务的主要工作，社区养老的相关资金支出、养老护理员的招募与培训等均得到政府的支持。

服务中心室内外均设有宽敞的老年人活动场地，室外包括露天健身娱乐设施、休闲座椅等，室内包括棋牌室、舞蹈室、饮茶室、餐厅等，空调、电视、按摩椅、净水器等设施条件优越，为老年人提供活动、休闲娱乐的条件，让老人们"有茶喝、有天聊、有事做"，进而"走得进、留得住"。中心每

日有 200 余名老人到场,中心专职养老护理员不定期为老人们举办各式各样的文体活动、科普课堂等。此外,中心也为老年人提供日托服务和助餐服务,家园内符合条件的老年人可以进行服务申请,由中心负责老年人的午餐供应与基础照料。此外,中心还为行动不便的老年人免费提供轮椅、拐杖等用具。

(2)居家养老。2018 年,金山区推行"养老顾问"制度,以更好地解决养老服务供需对接"最后 100 米"的问题。来自镇综合为老服务中心的"养老顾问"及管委会工作人员会在家园内进行老年居民情况的摸排,收集居家养老需求。针对老年居民的个性化需求,制定不同的居家服务清单,引导符合相应条件的老人或其家属进行居家服务项目申请。免费上门洗衣、洗头、剪指甲、剪头发等各式各样居家养老服务都受到老龄居民的青睐。

6.3.3　主要成效与发展建议

党的十八届五中全会上,"构建全民共建共享的社会治理格局"的思想被首次提出。随着实践的深入,党的十九大报告将"共建共享"进一步深入阐发为"共建共治共享",成为我国当下基层社会治理的重要指导理念。党的二十届三中全会决定提出"完善共建共治共享的社会治理制度"。建设人人有责、人人尽责、人人享有的社会治理共同体,完善共建共治共享的社会治理制度,是新时代加强和创新社会治理的重要任务,其成效将直接影响我国国家治理现代化水平。

对于特色民居家园而言,城市社区生活与农村村民身份的双重背景孕育出了"共建共治共享"的新型治理模式。多方共建,村民共治,服务共享,为土地整治安置区管理、大都市乡村社区治理提供了先进经验。

地处六村内部管理的"尴尬地带",由镇政府引导建立起自治及对话平台,并与各村村委、安置村民实现共建共治,提升家园内治理水平,强化了居民对于新家园的归属感。地处远离原村的"安置地带",由党建引领自发创新了特色便民服务,方便了居民与原村的联系;临近镇区的地理位置优势,让特色民居家园与城市镇区享有相同水平的基础设施及公共服务保障,包含超市、学校、医疗机构等"便民服务圈"的构建。地处镇内人口的"老龄地带",依托金山区、廊下镇发展资源及自身"城市+乡村"的复合背景,把养老服务特色做好做实。

国家治理现代化将"善治"作为理想模式。基层社会治理作为国家治理的重要部分,迈向"善治"成为当下基层治理的重要目标。"善治"是使公共利益最大化的社会管理过程。其本质特征就在于它是政府与公众对生活的合作管理。从现有发展情况看,特色民居家园内的治理仍在迈向"善治"的过程中不断发展,从"共建、共治、共享"三个角度看,仍有优化的空间。

1) 深度共建:满足居民合理化需求,实现美好家园共建

当前,特色民居家园的整体规划科学有序,房屋、流水、景观、桥梁错落分布;房屋外墙设计的整体风格非常统一,呈现"白墙、黛瓦、观音兜"的传统建筑风貌,在设计中融入了当地农村民居的传统元素,展现地方特色。

当前建设更多的是根据上级统一要求进行严格落实,居民在其中扮演着配合者的角色,在一些需求的满足上遇到了些许困难。以自搭棚子为例,二期居民搬入特色民居家园的前几年时间里,管委会根据美观要求,对于居民自行搭建阳光棚、雨棚等行为进行了劝阻,对搭建行为进行严格的规范,目的在于保障整体面貌的统一与整洁。但无法搭建阳光棚及雨棚则意味着无法满足居民对于室外长期晾晒及电动车充电的需求,尤其是室内电动车充电甚至可能导致消防安全上的隐患。管委会在充分了解居民需求之后,决定适当放松管制,但是要求居民进行报备,且搭建的尺寸将由管委会统一标准,达到公平公正的目的,对于家园整体形象不能造成大的影响。

家园是居民的家园,在合乎基本要求、保证安全合法合规的前提下,应更多地满足都市乡村居民合理化的需求,为居民建言献策提供更广阔的协调平台;也可以通过举办"家园规划师"等系列活动,吸引居民为家园人居环境整治与改造设计提供创新想法。美好家园需要共同建设,深化共建水平,让家园居民从"配合者"真正转变成为"建设者"。

2) 多元共治:引入第三方社会力量,优化养老治理服务

提升治理水平,优化治理服务,还需要社会力量的有效支持,与政府力量、公众力量相衔接,以实现多元共治。作为民居家园治理特色的"养老治理",当前主要由代表政府力量的管委会负责,而镇级为老服务中心辐射、带动全镇养老服务的效果仍比较有限。下一步,无论是内部的养老治理还是面向廊下的养老治理,还需要进一步引入第三方社会力量,实现养老服务管

理模式和思路的创新,以提升其专业服务水平。

通过引入社会力量,培养专业化的人才团队,让养老服务有人管、有人干;完善多样化养老设施,让养老服务有得选、有得享;发挥养老品牌的社会化效应,让养老服务有人关注、有人参与;深化智慧养老平台建设,让养老服务与网络接轨、高效优质;专业养老知识应用于实践,让养老服务有保障、有意义。

同时,政府监管与扶持、公众自身的参与也作为优化服务的重要帮手。实现多元共治,增加养老服务的有效供给,继续打造廊下养老招牌,满足家园老年居民乃至廊下老年居民多样化、多层次的美好生活愿景,真正让老年人老有所养、生活幸福、健康长寿。

3) 发展共享：多渠道深化村居共享,合作发展实现共赢

作为廊下镇土地综合整治安置区,特色民居家园的建设是廊下镇的建设与发展的一道印记,也是大都市乡村创新建设的一项成果。作为六村村民集中居住的家园,家园内的居民们其乐融融,随着时间的推移,来自不同村落的居民相互间的友谊不断加深,家园意识、"共同体"意识逐步形成。友谊之桥同样也在各村之间、村居之间搭建起来。

未来,建议各村可以将特色民居家园建设而建立起来的友谊转化为一种发展机遇,在各村全面深化发展伙伴关系,变"村居联动"为"村居共享",让有利资源畅通于各村之间,成为镇内六村实现共赢的有力渠道。如成立"特色民居家园乡贤会"等议事平台组织,或成立村级发展联盟,笼络各村资源,将乡村振兴、毗邻发展的机遇辐射至各村,合作治理、共同发展,齐头并进、开放共赢。

第 7 章

社会资本嵌入助推的大都市
乡村多功能转型

近年来,中央一号文件和各部门相继出台的政策文件,多次提出要鼓励并规范社会资本参与乡村振兴。社会资本参与乡村多功能转型,从本质上看是资本要素的城乡间流动,大城市乡村有引入社会资本的天然区位优势,上海在资本下乡和乡村自然资源空间治理、共同富裕等方面开展了一系列实践探索。本章首先梳理了社会资本参与乡村多功能转型发展的政策背景,基于嵌入理论和助推理论,从社会嵌入、网络嵌入和地域嵌入三个维度入手,构建将社会资本嵌入助推大都市乡村多功能转型的理论框架。其次,本章进一步以上海市嘉定区乡悦华亭项目为例,系统解析了社会资本嵌入的乡村自然资源空间治理机制。最后,本章以上海市青村镇吴房村为案例,总结分析了社会资本嵌入助推乡村共同富裕的模式与机制。

7.1 社会资本内涵及其乡村多功能转型嵌入的分析框架

7.1.1 社会资本的内涵

在经济学意义上,资本指的是用于生产的基本生产要素,即资金、厂房、设备、材料等物质资源。在金融学和会计领域,资本通常用来代表金融财富,特别是用于经商、兴办企业的金融资产。社会资本是社会学家首先使用的一个概念,顾名思义就是孕育在社会网络中的资源。根据世界银行社会资本协会的界定,广义的社会资本是指政府和市民社会为了一个组织的相互利益而采取的集体行动,其表现形式有社会网络、规范、信任、权威、行动的共识以及社会道德等方面。

从目前已出台的公私合营(public-private partnership,PPP)相关政策法规看,我国将项目合作方都统一定义为"社会资本"。2014 年,财政部发布《关于规范政府和社会资本合作合同管理工作的通知》(财金〔2014〕156号),其中附件《PPP 项目合同指南(试行)》中明确 PPP 项目的参与主体通常包括政府、社会资本、融资方、承包商和分包商、原料供应商、专业运营商、产品或服务购买方、保险公司以及专业机构等。

依据 2004—2016 年以来我国相关部门颁布的关于特许经营和 PPP的相关文件,有人将社会资本定义为:具有提供某项公共产品或服务的专业能力、运营管理能力、财务实力、融资实力且信用状况良好,通过政府采取竞争性方式择优选择的,在一定期限和范围内经营某项公用事业向社会提供某项公共产品或服务,并依据公共产品或服务的绩效评价结果获取相应对价的具有法人资格的企业法人或者其他组织①。周月萍和周兰萍(2020)在考虑公共产品和服务主要集中在生态环保、农林水利、市政基础设施、社会事业等重点领域后,进一步将社会资本分为两类:从所有制形式看,包括国有企业、民营企业和外商投资企业等;从参与方式来看,包括单独的投资人和联合体投资人。总之,在政策和实践层面的社会资本内涵,相较于理论学术层面的内涵更加具象化,主要指各类企业以及非政府的民间组织。

7.1.2　社会资本参与乡村振兴的政策背景

随着乡村振兴战略向纵深推进,过去单纯依靠政府财政兜底进行乡村建设的模式将难以为继,公共财政总量不足和配置刚性等问题会掣肘乡村转型发展。对于那些在大资本下乡时代以政府为主导的各类财政性项目完

---

① 郑宏宇.谁是"社会资本方"从政策文件中寻找答案[EB/OL].(2017 - 03 - 07)[2024 - 06 - 15]. https://www.sohu.com/a/128160934_480400.

成硬件设施改造、积累下大量可观资产的乡村,当前迫切需要解决的问题是如何实现资产的保值增值,如何持续吸引人、财、物下乡,形成乡村的造血机制。在以城乡融合发展为引领的新阶段,以资本为代表的生产要素在城乡之间的双向流动日益频繁。

与此同时,近年来的中央一号文件和各部门相继出台的政策文件多次提出要鼓励并规范资本投入农业农村领域。2013 年,中央一号文件首次明确鼓励工商资本投向农业农村领域。此后,2015—2020 年的中央一号文件都在鼓励并规范社会资本投向农业农村领域。2021 年的中央一号文件明确提出,要"强化农业农村优先发展投入保障",鼓励和引导社会资本参与乡村振兴和农业农村现代化。2022 年的中央一号文件提出广泛动员社会力量参与乡村振兴,深入推进"万企兴万村"行动。2023 年的中央一号文件提出"加强资本下乡引入、使用、退出的全过程监管"和"撬动金融和社会资本按市场化原则更多投向农业农村"。2024 年的中央一号文件——《中共中央、国务院关于学习运用"千村示范、万村整治"工程经验有力有效推进乡村全面振兴的意见》提出,鼓励社会资本投资农业农村,有效防范和纠正投资经营中的不当行为。

为激发社会资本投资活力,更好地满足在实现乡村振兴过程中多样化的投融资需求,相关部门先后发布了鼓励社会资本参与乡村振兴的政策文件。代表性的政策文件包括《财政部 国家开发银行关于创新投融资模式加快推进高标准农田建设的通知》(2015 年),水利部印发的《深化农田水利改革的指导意见》(2018 年),《国务院办公厅关于鼓励和支持社会资本参与生态保护修复的意见》(2021 年),农业农村部办公厅和国家乡村振兴局综合司印发的《社会资本投资农业农村指引》(2021 年,2022 年,2023 年)等。比如,《社会资本投资农业农村指引(2022 年)》就提出,鼓励社会资本投入现代种养业、现代种业、乡村富民产业、农产品加工流通业、乡村新型服务业、农业农村绿色发展、农业科技创新、农业农村人才培养、农业农村基础设施建设、数字乡村和智慧农业建设、农业创业创新、农村人居环境整治、农业对外合作等重点产业和领域。

7.1.3　社会资本嵌入乡村多功能转型的理论分析框架

发达国家的乡村发展表明,城乡资本流动改变了乡村的经济、景观和环境,对农村治理体系和社会结构产生了重大影响。比起传统乡村,大都市乡村的城乡互动更为频繁与多元,也更能吸引城市资本。大都市乡村多功能转型关系到城乡深度融合与社会总体发展,是国土空间治理体系和治理能力现代化的关键环节。相较于产权清晰、开发模式成熟的城市空间,大都市乡村的多功能转型更为复杂,乡村空间资源所有权主体虚置、使用权分散,资本的逐利本性往往促使其对乡村空间资源进行掠夺式开发,加之乡村集体组织对资本的约束能力较弱,使得资本下乡的"跑路烂尾"乱象频发。

20 世纪 40 年代,Polanyi 最早提出"嵌入性"的概念,认为经济行为的根源或动机是由各种非经济因素促成的,而不只是牟利。此后"嵌入"作为新经济社会学研究的核心问题被不断丰富完善(黄中伟、王宇露,2007)。Granovertter(1984)提出要在综合考虑行为主体双边关系和社会整体网络结构的前提下理解经济行为,并初步构建了关系嵌入和结构嵌入的分析框架,学者们进而从影响经济行为的因素或主体间关系等不同视角划分了嵌入类型,例如认知、文化、结构、政治、时间、空间、市场和技术等(Halinen and Tornroos,1988;Dacin et al.,1999)。随着社会嵌入理论不断发展成熟,该理论也被广泛用于公司治理、社会治理等多个研究领域。近年来,有学者开始将社会嵌入理论引入乡村相关研究。例如,从嵌入性视角分析农地整治、生态耕种等项目中的农户行为(田甜等,2015),以及社会资本参与新乡村建设运动过程中的嵌入性困境等(申明锐,2020)。上述这些研究,为本书基于社会嵌入理论探索社会资本参与乡村自然资源治理提供了借鉴。

在行为导致的市场失灵下,本书选择了社会嵌入、网络嵌入和地域嵌入的嵌入维度三分法(范曼铃、宗会明,2021),构建将社会资本嵌入助推大都市乡村多功能转型的理论框架,如图 7-1 所示。

(1) 社会嵌入路径,涉及地方长久形成的法律、制度、管制等社会性背景,通过社会嵌入能够帮助资本在"规划—整治—运营"各治理环节找准自身角色定位,实现企业经营逻辑和自然资源治理逻辑的融合。

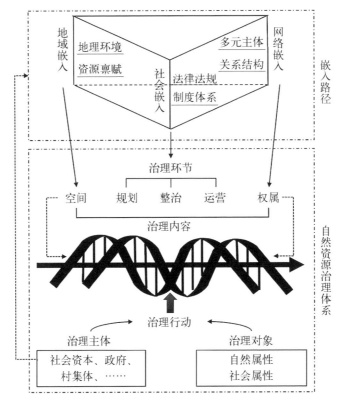

图 7-1   社会资本嵌入乡村多功能转型的理论框架

资料来源：笔者自绘。

（2）网络嵌入路径，涉及乡村自然资源多元治理过程中一系列人、企业、集体、机构等主体的关系结构，主体间的关系类型和结构会影响网络嵌入的稳定性、持久性，同时也是对自然资源隐性权属的调整。

（3）地域嵌入路径，要求充分考虑乡村的地域性，通过对资源禀赋和地理环境的整合实现对显性空间的合理配置，实现社会资本经济效益与乡村发展社会效益的双赢。

社会资本通过助推"规划—整治—运营"一体化的乡村空间治理行动（详见第 6 章），形成大都市乡村多功能转型的合力。其中，规划环节是对空间配置权进行重新统筹，整治环节是围绕空间使用权进行的显性用途和隐性权属重构，运营环节的重点则是保障资产增值和多元主体的空间收益权不受损。

7.2　社会资本嵌入乡村自然资源空间治理[①]

7.2.1　农村集体产权制度改革"留白"与案例概况

1) 农村集体产权制度改革的"留白"

2017 年底,上海基本完成了农村集体产权改革,取得了显著成效。据上海市农业农村委数据,全市集体资产总量达到 5 620 亿元,净资产达到 1 637 亿元;共计 1 650 个村和 62 个镇完成了改制,分别占到全市总量的 98％和 51％,成为全国农村集体产权制度改革的领头羊。改制后的农村集体资产形成了村党组织领导下的、村民委员会管理、村社区经济合作社经营以及村务监督管理委员会监督的治理结构。尤其是村社区经济合作社,作为经营主体,不仅由主管部门正式颁发证明书,还完成了统一社会信用代码证、金融机构开设账户、会计制度、收益分配制度等系统的制度建设,切实加强了村社区经济合作社作为独立经营主体进入市场的制度保障。

美中不足的是,上海上一轮的农村集体产权制度改革也有"留白",即集体资产核算并没有涉及宅基地。宅基地是农民最基本的生活保障和重要的家庭财产,也是农村经济社会活动的重要空间载体。村集体对闲置宅基地和闲置住宅的盘活利用,将对乡村振兴发展起到积极的促进作用。但是上海市的宅基地想要盘活利用、实现市场化经营,面临着两个突出的难题:一是宅基地现状总规模大、单个宅基地面积小且空间布局分散。2016 年底,全市宅基地规模为 415 平方千米,约为 75.5 万个宅基地图斑,其中显性闲置和隐性闲置情况都较为普遍。这种大量的、分散的宅基地使用权如果进入市场,必然面临着极高的交易成本,承担这个交易成本的主体待确认。二是宅基地是农民家庭的重要财产,盘活闲置宅基地进行市场化经营,需要大量的资金投入以及良好的市场经营能力。然而,上海村集体组织长期以社区管理功能为主,并没有经济发展功能,半数左右乡村实行了村财镇管理方

────────────────
　　①　本节内容主要来源于:① 谷晓坤.超大城市国有企业参与的集体资产合作治理模式——上海案例解析.《中国土地科学》微信公众号文章,2021 - 04 - 12. ② 谷晓坤,李小天.上海嘉定乡悦华亭项目调研报告[R].2021.

式。无论是村集体还是新成立的村社区经济合作社,普遍面临集体资产治理能力不足的困难。因此,地方政府、村集体组织或村社区经济合作社以及农民自身对于闲置宅基地进入市场面临的风险也愈加敏感。

2)上海华亭镇乡悦华亭案例概况

乡悦华庭项目区位于上海嘉定区华亭镇,涉及联一村等5个村和1个社区,约6 500户农户。项目区长期以来粗放的农业经营方式导致耕地土壤板结问题严重;同时备受空心化、老龄化困扰,村域内宅基地空置率高;区域内河网密布,但由于缺乏维护,河道内杂草丛生且水污染严重,总体看来自然资源治理现状和治理能力较差。

整个项目的社会资本嵌入过程开始于2017年底,正好是上一轮全市农村产权制度改革基本完成之后。2018年嘉定区人民政府与上海地产(集团)有限公司签署战略合作框架协议,双方就嘉定区涉农街镇范围建立全面战略合作伙伴关系,分期、分批、有步骤地推进项目引进落地。框架协议下的首个合作项目——"乡悦华亭"同时签约。项目将推动传统以生产与生活功能为主的城郊空间转型为农、养、旅、居一体化的多功能乡村空间,包括农民集中居住区、市民农庄、农业展示中心等不同空间类型。随后两年内,历经郊野单元规划编制与批复、规划实施方案编制与批复、项目公司成立、宅基地使用权补偿回收与作价入股出让、集中平移安置等一系列政策与实践探索,先行区于2020年6月对外开放。2020年11月,"乡悦华亭"项目代表嘉定区参加"2020世界城市日"主题活动——2020上海国际城市与建筑博览会,作为超大城市乡村振兴的上海样板进行展示,因其"将村庄集中平移归并,实现土地的集约利用;通过优化户型、高标准接入生活配套,完成了村容村貌生活品质全面提升;创新采用集体建设用地使用权作价入股模式,助力集体经济内生造血",获2020年蓝城"模式破冰者"奖。

乡悦华亭项目的代表性体现在以下三个方面:首先,空间治理前在发展现状和空间利用上面临全国大多数乡村的共性问题,具体表现为粗放的农业经营方式带来的土壤板结,空心化、老龄化致使村域内宅基地空置率高,以及长期缺乏维护导致人居环境较差等。其次,从下乡资本的性质看具有典型性,国有集团A是上海实力强劲的国有功能性企业集团,长期参与包括城中村改造、美丽乡村建设、保障房建设运营管理等涉农涉村的各项重大专项任务,有着与地方政府、村集体组织、村民等多元主体合作的丰富经验,能够为本研究探讨资本如何嵌入乡村空间合作治理体系提供充足的案例资料。最后,从空间治理成效看,项目区通过对空间资源的合理配置和市场化运营,打造了市民农庄、农民集中居住区、农业展示中心等不同空间类型,逐渐实现了从传统农业乡村向大都市多功能乡村的转型,空间治理成效显著,诸多举措具有研究和借鉴价值。

为了提高案例研究的信度,本书在数据收集阶段遵循三角互证原则,通过多种收集方法获取一手资料,以求能够形成证据三角,实现对案例资料的互相补充和相互印证。一是在 2021—2023 年期间对镇、区、县三级分管乡村和规划的政府工作人员进行了集中座谈,并对联一村的村长(村支部书记)、当地原住村民、项目区规划编制人员和项目公司负责人等多元主体进行了面对面的深度访谈,共访谈 23 人次,积累一手访谈资料约 20 万字;二是开展了多轮实地调研,对乡悦华亭项目区从空间整备到开园运营的全过程进行跟踪调研和现场观察;三是从受访对象和网站获得并整理了 15 份相关的规划文本、政策文件和新闻报道等。在资料分析阶段,笔者建立了案例研究资料库,对访谈记录、政策规划和其他资料进行分类梳理,对质性数据进行了初步的清理和编码分析,进而采用对照检验的分析方法对比案例实践与所构建的理论分析框架的契合性。

7.2.2　社会嵌入路径与自然资源治理环节衔接

1) 社会资本进行社会嵌入的行动逻辑和角色定位

社会嵌入涉及自然资源治理各个环节的法律、制度、管制等要素,是社会资本嵌入乡村自然资源治理系统必须满足的前置条件。以上海地产集团为代表的社会资本参与乡悦华亭项目区自然资源治理,遵循治理和市场两条并行的行动逻辑,形成治理和经营的双重角色。

(1) 基于自然资源保护开发的治理逻辑承担治理职责。一方面,以底线管控思维进行乡村资源保护。上海地产集团在进行乡悦华亭项目区自然资源治理时,遵循现行的土地用途管制制度,同时结合国家战略和上海发展导向严控项目区各类资源保有量底线。另一方面,以弹性调整措施进行乡村自然资源利用。在项目开发过程中,地产集团借助国家农村土地制度改革东风和上海本地的各类政策通道,对项目区内部分资源的功能用途进行了弹性调整,例如将减量节余的宅基地统一调整为集体经营性建设用地并允许其建设休闲农业和乡村旅游相关设施,有效释放了自然资源活力。总体而言,资本在进行社会嵌入时需要加强与政府的联结,遵守现行的自然资源管理体制和相关法律,在遵守国家和当地政策的基础上进行乡村资源的保护和开发,履行其治理职责。

(2) 基于社会资本生存发展的市场逻辑承担经营职责。首先,地产集团作为市场主体具有天然的逐利属性,随着上海中心城区资源开发逐渐饱和,以乡悦华亭项目区为代表的大都市乡村地区大量沉淀的资源会对其产生吸引力,是资本增值的潜在机会。其次,上海地产集团作为一个大型国有功能性企业,需要在追求经济目标的同时承担企业的社会责任,在国家乡村振兴战略和上海美丽乡村建设的背景下,开发乡悦华亭项目有利于其履行自身的社会责任。最后,市场规则是资本顺利运作的制度性保障,虽然上海大都市乡村相较于传统乡村市场化程度较高,但与社会资本长期扎根的城市相比,乡村的市场规则体制还不够健全,因此在地产集团正式着手进行乡悦华亭项目区资源开发利用时需要逐步将市场规则引入乡村场域。概括而言,资本在进行社会嵌入时要综合考虑市场环境、企业属性和发展战略等因素,以盈利为目的对乡村资源进行资产化开发利用,即基于市场逻辑承担经营职责。

2) 形成"规划—整治—运营"全链条的社会嵌入机制

在自然资源治理实践中,"规划—整治—运营"的治理环节是一个从蓝图绘制、底板打造到价值显化的完整链条。但在传统的"资本下乡"模式中,社会资本大多被排除在规划和整治行动之外,治理环节的割裂导致社会资本在乡村的发展受制。社会嵌入则是融合市场与治理的双线逻辑,在"规划—整治—运营"全流程发挥社会资本双重角色的作用,在治理环节上打破社会资本的参与壁垒。

(1) 在规划环节,上海地产集团全程参与乡悦华亭项目区村庄规划的编制工作,在乡村发展蓝图上实现治理角色和经营角色的衔接。作为治理角色,社会资本一方面嵌入国土空间规划体系当中,严格落实耕地保护红线、生态红线、河道蓝线等一系列刚性的规划要求,同时做好与上位规划(嘉定区土地利用规划)和相关条线规划(包括村庄建设规划、农林水专项规划、乡村旅游规划等)的衔接；另一方面也嵌入法律政策和管理制度当中,在编制乡悦华亭规划前,基于对土地管理体系和上海市各条线部门相关政策的梳理,确立了"土地不转性,村民不上楼,建设用地不增加"的总体规划原则。在承担经营职责时,社会资本需要考虑如何让规划为后续的乡村资源价值显化服务。在乡悦华亭的规划过程中,基于"全方位全系统"的规划构建了乡村骨架,通过与给排水、通信、电力、燃气等市政专项系统衔接,提升乡村基础设施建设水平,同时在规划上对地块布局进行弹性调整,从蓝图上解决了乡村建设与非建设地块关系混乱模糊的问题；引入若干专业团队进行专项项目规划,作为项目区整体规划的补充,提升规划的可实施性。

(2) 在整治环节,乡悦华亭项目中,社会资本作为治理角色进行宅基地整治时,以村民意愿为导向设计多样化的安置方案,尽可能避免集中归并过程中的潜在冲突；在进行集体建设用地整治时,以国家出台的土地征收、集体经营性建设用地入市等相关规定和上海《关于支持本市休闲农业和乡村旅游产业发展的规划土地政策实施意见》等政策文件为依据,确保土地整治行为符合制度和法律规范。当社会资本转变为经营角色时,其行动目的是以整治为运营打造空间底板,项目区通过对低效工业用地和宅基地进行减量化,腾挪出新增建设用地指标并建立了一地一档管理制度,为进一步盘活乡村资源、实现资产增值打下良好的基础。

(3) 在运营环节,社会资本的经营角色比规划和整治环节更加鲜明,集中体现为将市场规则引入乡村资源资产化过程,以补齐乡村营商环境较差的短板。在乡悦华亭的案例中,一方面引入了市场主体规则,联一村作为先期启动区,探索成立了村属集体公司,与地产集团共同投资负责资源运营的项目公司,保证了市场主体的规范性；另一方面引入了市场竞争规则,建立的创新创业孵化平台吸引了各类设计、文创、民宿等小微企业入驻,多元主体形成了相互促进、良性竞争的营商氛围,有效提升了资源价值显化的效率。社会资本的治理角色则表现为设立了"订单收购＋分红""土地流转＋优先雇用＋社会保障""农民入股＋保底收益＋按股分红"等多种利益保障机制,在为原住民提供多样化就业机会的同时,保障了集体经济发展和村民增收,有效促进乡村治理体系优化和维持乡村社会秩序稳定。

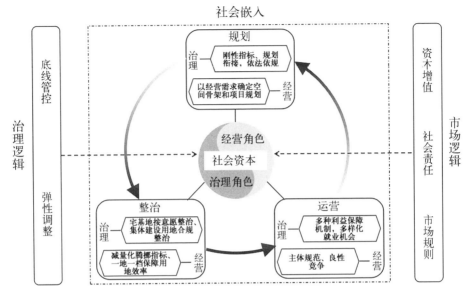

图 7 - 2　社会嵌入路径

资料来源：笔者自绘。

7.2.3　网络嵌入路径与自然资源权属整理

1) 网络嵌入中的主体和关系结构

在乡村自然资源治理过程中,围绕资源所有、使用和空间配置等隐性权属形成了复杂的社会关系网络。传统的资本下乡模式大多在整村搬迁后进行建设运营,解构了乡村自然资源权属的关系网络,容易造成村社集体虚置和公共性迷失等问题。社会资本的网络嵌入有别于资本下乡,其本质是在理清乡村自然资源治理中涉及的利益主体及其关系结构的基础上,找到嵌入乡村原始关系网络的突破口。

(1) 乡村自然资源治理的利益相关主体。乡悦华亭是一个典型的政企合作主导、村级联动配合的乡村自然资源治理行动,过程中涉及三大类主体: ① 村集体组织及其成员。其中,双塘村、连俊村、毛桥村、北新村、联一村这 5 个村集体是项目区集体自然资源的所有权主体,在项目中主要负责产权收回与委托、集体成员间收益分配,进而成立村集体合作社作为集体自然资源的新使用权主体,代表村集体进入市场参与经营。村民是耕地、宅基地等资源的原使用权主体,在乡悦华亭项目推进过程中可以获得合理的宅基地退出补偿、集中居住并享受村集体资产收益的分配。② 以国有企业为代表的社会资本。上海地产集团作为实力雄厚并长期承担各类上海市专项工作的国有独资企业,是乡悦华亭项目的支柱性资本力量,同时该项目还吸纳了以蓝城品牌为代表的龙头民企和其他小微创业资本。这些社会资本又细分为投资主体、运营主体和开发主体,是乡悦华亭项目区乡村自然资源的有期限使用权人和实际运营人,通过投资与市场化运营获得长期收益。③ 地方政府。在乡悦华亭项目中,嘉定区政府与上海地产集团签订美丽乡村华亭项目协议,华亭镇政府与地产乡悦公司签订"乡悦华亭"项目合作协议,通过制度环境创新和政策供给将一部分政府的空间配置权力让渡给社会资本,有助于其更好地嵌入乡村自然资源权属关系网络。

（2）以使用权作价入股为突破口嵌入乡村自然资源权属的关系网络。在乡悦华亭的项目启动区,联一村集体合作社以土地使用权人身份将村内集体建设用地和腾退后宅基地的使用权作价入股,项目公司 D 以运营主体身份带资金入股,共同设立项目公司 E 作为乡村资源的开发主体,通过出让方式获得有限期的土地使用权。其中,项目公司 D 则是由开发经验丰富的地产集团国企子公司 B 与运营经验丰富的国企公司 C 共同设立,能够保证项目区整体的资源开发运营水平。通过使用权作价入股的方式,社会资本嵌入由村集体享有所有权和村民享有使用权的原始乡村自然资源权属网络,能够使社会资本和村内主体共享资源增值收益。

2）构建以"信任"为核心的社会资本网络嵌入保障机制

以土地为代表的自然资源是乡村重要的财产,关系到乡村地区的经济发展和社会稳定,但乡村由于市场体制发展滞后,村集体和村民对社会资本参与乡村自然资源治理的风险敏感度高。为了使社会资本能够顺利嵌入乡村自然资源的关系网络,在乡悦华亭的案例中设计了两项信任机制作为社会资本网络嵌入的保障。

（1）将上级政府纳入乡村自然资源治理关系网络,建立区级政府与社会资本之间的信任。由于上海半数以上的乡村实行村财镇管,村集体组织对村域内自然资源治理能力普遍不足,对将乡村资源交给社会资本开发和经营较为谨慎。与此同时,社会资本也担心自身参与乡村自然资源治理在产权获得、规划空间、用地指标保障等关键问题上的政策不确定性风险。因此,乡悦华亭在实践中将合作层级上升到区,由国有地产集团与嘉定区政府签订了一个战略合作协议。一方面,由实力雄厚的国有企业牵头,可以确保在自然资源资产化过程中最大限度地降低风险,进行大额投入并追求长期收益,提高地方政府对社会资本的信任程度;另一方面,社会资本与高于村镇级别的地方政府直接建立战略合作关系,能够有效规避或者抵抗政策变化导致的风险,从而增强了地方政府和社会资本之间的信任。

(2)将村集体作为整合乡村分散自然资源的关键行动者,在村集体组织与社会资本之间建立信任。在乡悦华亭项目的自然资源开发和运营过程中,村集体组织与国有社会资本双方通过建立清晰的产权委托代理关系,理顺了自然资源资产化过程中所有权、使用权、开发权和经营权的主体和权责;同时又建立了股权化收益分配机制,通过市场评估的土地价值作价入股,依据双方的股权比例分配收益,保障了村集体组织可长期参与自然资源增值收益的分享过程。清晰的产权委托代理和股权化收益分配增强了双方之间的信任,减少了村集体和村民对社会资本进入乡村场域的担忧,能够帮助社会资本进行网络嵌入扫除障碍。

3)通过网络嵌入实现乡村自然资源权属优化

社会资本通过网络嵌入,理顺了乡村自然资源治理过程中多元主体间的关系结构,形成了不同主体之间分工精细化的委托代理关系,实现了对乡村自然资源隐性权属的优化调整,体现在以下两方面:

(1)对分散的乡村自然资源产权进行整合,能够有效降低产权的交易成本。乡悦华亭项目区原住村民较多,耕地和宅基地使用权分散,项目公司D利用资金优势帮助村集体回收分散在村民手里的资源使用权,重新整合形成统一产权,交由村合作经济社作为新的产权使用人进入市场,降低了分散产权的交易成本。

(2)提高乡村集体资源产权的稳定性,降低了企业持续经营的风险。在乡悦华亭的案例中,社会资本借鉴了国有土地市场化交易的成熟经验,通过精细化的产权委托代理关系的设计,由项目公司E通过出让的方式获得了集体土地一定期限的使用权,最大限度地降低了集体产权进入市场后因稳定性不足而产生的持续经营风险;又通过项目公司 D 对项目公司 E 的实际控股,确保了市场经营经验丰富的投资主体对项目运营长期稳定性的保障。由此,清晰精细的委托代理关系确定了产权的稳定性,降低了企业长期经营面临的风险,这也是社会资本愿意参与乡村自然资源治理的一个重要原因。

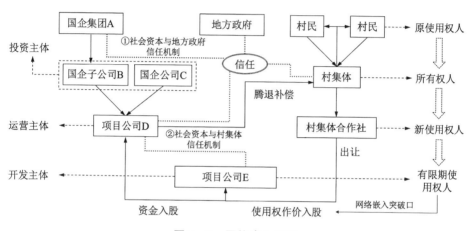

图 7 - 3　网络嵌入路径

资料来源: 笔者自绘。

7.2.4　地域嵌入路径与自然资源空间生产

1) 以乡村本底资源和城市外缘环境作为地域嵌入基础

(1) 乡村本底资源。乡悦华亭项目在正式进行开发建设前,地产集团对项目区内的资源情况进行了较为详细的摸排。从有形资源角度看,一方面,村庄原始肌理好,但基础条件差。项目区自然条件优越,村落自然分布,水乡特征明显,有发展乡村旅游业的潜力,但由于原住村民较多,导致村内宅基地布局零散混乱,村落风貌和景观面较差。另一方面,农业基础资源好,但生产方式低效。项目区内生态农田成片发展,形成了哈密瓜、梨、鳄龟等农业特色产业,但由于产业经营主体分散且类型多样,缺乏有机整合和统一指导,导致项目区内农业生产分布散乱,难以形成品牌效益。从无形资源角度看,乡悦华亭项目区具有悠久的农耕历史和深厚的农耕文化,"华亭人家"作为国家 AAA 级旅游景区,享有全国农业旅游示范点、上海市旅游标准化示范单位、上海市科普教育基地等荣誉,是项目区宝贵的无形资源。

（2）城市外缘环境。由于大城市城乡结构黏性特征显著,在对乡村自然资源价值进行显化的过程中,需要关注外部城市的市场需求和资金流向。乡悦华亭背靠上海城区巨大的消费市场,当前城市消费者希望能够便捷地实现生活方式的转换,对体验田园生活的市场需求类型多样且需求强度较大,为项目区规划发展各类农旅产业创造了契机。在资金流向方面,上海市出台了一系列现代农业扶持政策及美丽乡村建设政策,为乡村自然资源开发提供了专项资金。与此同时,上海其他各类社会资本也认识到乡村自然资源开发的价值,并逐渐向乡村场域流动,有利于在项目区构建起以"城市投资＋旅游投资＋财政专项投资"为支撑的多元资金支持体系。

2）设计兼顾经济效益与社会效益的地域嵌入长效方案

地域嵌入有别于传统资本下乡的短期掠夺式开发模式,需要社会资本拉长投资回报周期,将自身的发展融入乡村当地的振兴进程当中,通过设计在地化的自然资源保护与开发方案,实现经济效益与社会效益相互促进的地域嵌入目标。

（1）保障社会资本经济效益的可持续性。地产集团在进行乡悦华亭的项目开发时,经济效益的方案设计主要关注以下两个方面:一是优化产业结构,实现资源价值的高质量显化。针对项目区传统农业存在的经营主体多、技术水平不一、管理混乱等问题,乡悦华亭提出以整合农业企业为抓手实现规模经营,并不断提升项目区农业的品牌附加值和科技附加值,进而构建了"农业＋农旅＋农居"的多元产业结构,提高了乡村产业的获利能力和风险抵御能力。二是平衡现金流,实现长久的资金哺育与运营投入。在乡悦华亭案例中,社会资本通过"市民农庄"项目匹配乡村闲置资源和城市消费需求,依托产品认养、房屋租借、经营性长租颐养农庄和度假酒店等多种形式保障项目区的现金流平衡。

（2）确保乡村社会效益的有效性。一方面是生态价值的地域嵌入。乡悦华亭项目区将生态理念嵌入了村容治理、资源保护和产业发展等方面,通过河道清理、村庄保洁等措施基本实现生活垃圾规范化处理,有效提升村容村貌,同时保护乡村农、林、水等生态资源,并形成了农业的绿色生产方式。

另一方面是文化价值的地域嵌入。项目区依托当地乡村深厚的农耕文化，叠加了农业科普教育、农事体验等业态，同时围绕哈密瓜等特色农产品打造主题节庆活动，实现农耕文化传承。

3）通过地域嵌入实现乡村空间再生产

乡村是由物质、经济、文化等空间共同构成的复合空间系统，通过社会资源在自然资源治理过程中的地域嵌入，能够促进乡村多元空间的再生产。

（1）物质空间再生产。乡悦华亭在项目推进过程中，委托建筑公司统一进行宅基地翻新，以中式景观风貌为主风格，还原江南水乡粉墙黛瓦的建筑风貌。同时，在基础设施配套方面，除了道路建设、污水纳管、河道整治等常规项目之外，为了更好地提升乡村物质空间品质，还增加了天然气接入、电缆架空线入地、景观品质提升等工程。从整体效果看，项目启动区实现了对建筑景观、基础设施和生态环境等实体空间的改造，优化了乡村物质空间布局。

（2）经济空间再生产。在乡悦华亭项目中，社会资本以农业产业为锚点，叠加多种业态，形成了一、二、三产融合发展的新经济空间格局。一产方面，以"国有资本＋合作伙伴"的联社模式发展有机蔬菜示范种植园，开展标准化、订单化生产，并充分利用社会资本的市场平台搭建销售渠道，实现农产品去化；二产方面，迎合上海大都市消费需求发展中央厨房，并建设了高规格的农产品加工、多温区仓储和冷链配送体系平台；三产方面，通过发展农业管家服务、建设人才创业孵化园、建立会务服务平台等方式延长产业链。总体看来，项目区以产业发展为核心实现了经济空间重构，有效提高了乡村资源的利用效率，激活了乡村经济发展动能。

（3）文化空间再生产。在乡悦华亭案例中，一方面，"百姓·秀舞台"举办了一系列文化宣讲和文艺演出活动，激发了村内能人的活力和创造力，丰富了人们的精神文化生活，在潜移默化中提升了村民的文化水平；另一方面，社会资本在对乡村资源进行开发利用的过程中也带来了市民下乡的新潮流，使得城乡文化在碰撞过程中生产出多元化的文化空间。社会资本的地域嵌入带来了新的资源治理理念和资源盘活模式，改变了乡村的表象活动和秩序观念，完成了对乡村文化空间的再生产。

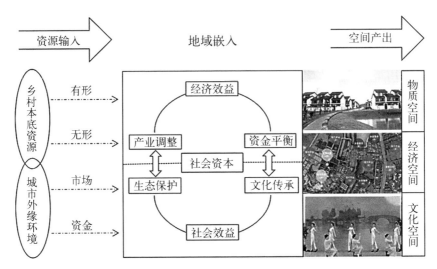

图7-4　地域嵌入路径

资料来源：笔者自绘。

7.3　社会资本嵌入助推共同富裕①

7.3.1　共同富裕目标与案例概况

1）共同富裕与社会资本

2021年发布的《中共中央 国务院关于支持浙江高质量发展建设共同富裕示范区的意见》明确指出,要通过一系列政策措施,推动城乡融合发展,实现城乡居民共同富裕。这不仅为超大城市乡村的发展指明了方向,也为整个社会资本的合理配置和利用提供了政策保障。在上海,这一政策导向的作用同样明显。《上海市人民政府办公厅关于进一步促进农村集体经济高质量发展的意见》(沪府办规〔2022〕2号)强调,要创新农村集体经济发展体制机制,提升农村资源要素统筹能级,以促进农民农村的共同富裕。这一政策的实施,不仅有助于激活农村各类资源要素的活力,提高农村集体经济的发展水平和质量,更能让农村集体经济组织及其成员持续受益,实现共同富

①　本节内容来源于：谷晓坤,李小天,周小平.青村镇乡村转型调研报告[R].2021.

裕的目标。

社会资本下乡,不仅为农村地区带来了资金、技术和管理经验等生产要素,促进了农村经济的增长和产业升级,更为实现共同富裕奠定了坚实的基础。中央高度重视社会资本下乡工作,并通过一系列政策文件和措施来引导和支持社会资本投入农业农村。这些政策文件不仅明确了社会资本投资的重点产业和领域,还提出了具体的监管措施和保障措施,以确保社会资本能够有序、有效地投入农业农村领域,推动乡村振兴战略的深入实施。然而,不可否认的是,传统的资本下乡大多是"一次性买断",乡村和农民只是在最初收获了并不丰厚的土地租金,却无法从资本的后续增值过程中持续受益,乡村也无法控制资本"逐利本性"对乡村价值的透支和偏离。与此同时,中国大都市近郊的乡村发展,已逐步走过了单纯强调物质积累的"乡村建设"时期。接下来,迫切需要反思和关注的问题是,如何持续吸引人才和资本下乡,以实现乡村资产保值增值。同时,如何改变资本下乡的工业化、资本化逻辑,以避免农业化学化、小农破产化以及生态环境破坏等一系列后果。

2) 上海青村镇及吴房村概况

青村镇位于上海市区南部、奉贤区中部,东与奉城中心镇接壤,南邻海湾旅游开发区,西依南桥新城,北以青村界河与金汇镇相望。中心地理坐标为东经 121°27′、北纬 30°56′。2020 年,镇域面积为 73.16 平方千米。

青村镇在唐宋时代成村,溪水穿村而过,通流大海,两岸芦苇茂密翠绿,故古名青溪。清雍正年间称青村港,民国始称青村镇。青村镇位于奉贤中部偏南,东与奉城镇为邻,南接海湾镇,西与南桥镇隔金汇港相望,北连金汇镇。1958 年 11 月 24 日,奉贤县划归上海市管辖,后几经行政区划变更,于 2003 年 11 月撤青村、光明、钱桥镇建新青村镇。2020 年,青村镇常住总人口为 88 658 人,户籍人口为 53 555 人,下辖 3 个社区、24 个村、9 个居委会、2 个场。

青村镇形成了由"万亩黄桃""万亩蔬菜""万亩水产""万亩生态园林""二万亩优质水稻"五大板块构成的青村特色农业基地;全镇拥有青港、光明、钱桥、商贸、奉城五大经济园区。2020 年上半年,青村镇实现财政收入 25.82 亿元,同比增长 29.04%,其中地方财政收入 8.72 亿元,同比增长

47.31%;规模以上工业产值达 58.7 亿元,全社会固定资产投资完成 3.31 亿元,社会消费品零售总额达 17.6 亿元。

青村镇乡村振兴形成了农区、镇区和园区"三区联动"的发展格局。① 农区。大力发展现代绿色农业,有效融合一、二、三产,立足"1+1+X"现代农业发展模式,以"黄桃+"产业为契机和着力点,聚焦农创、科创、文创,加强一、二、三产的融合,实现现代农业转型升级。② 镇区。坚持聚焦城乡一体化建设,以青村老街风貌保护区为核心,北部以智慧居住为主,南部以产业金融、职业教育、特色商业旅游,推动区域文化与商业业态融合。③ 园区。推进"东方美谷"园中园项目和"未来空间"产业布局,打造 1.6 万亩"东方桃源"农业科技港,推进"两个百万工程",聚焦"三园一总部"建设,加快产、城、乡一体化建设步伐。

吴房村位于奉贤区青村镇西南部,是上海市第一批 9 个乡村振兴示范村之一,2019 年成为首批"全国乡村旅游重点村",2021 年被评为"全国生态文化村"。吴房村积极探索产城乡一体化新模式,成功激活乡村资源要素,走出了一条"乡村形态、城市品质、自然肌理、多元化居民"的国际化大都市郊区建设新路。一是坚持规划先行,引入中美院、上美院等名师团队助其整体设计规划,集中采用整体打包立项、EPC 统一设计、采购、施工开放建设新模式。二是坚持机制创新,探索资本混改新模式,搭建多方参与、优势互补的运作平台,成立长三角乡村振兴(上海)股权投资基金,创设"产业+基金+基地+智库"推动模式。三是坚持"人民至上"理念,通过宅基地回租、村集体经济合作社入股分红、"家门口"就业等形式,探索"租金+股金+薪金"的村民受益新模式。

7.3.2　镇级平台公司搭建共享价值底座

1) 多元主体参与的必要性

近年来,随着乡村振兴战略的深入推进,上海市各层级政府落实中央乡村振兴战略精神,开展了一系列的乡村整治和建设工作,例如"五违四必"整治、"和美宅基"创建、"乡村振兴示范村"建设、农民集中居住项目等。通常,这些工作的开展在很大程度上依赖于政府资本,市、县、乡镇等各级政府需要投入大量的财政资金。虽然政府主导的模式能够确保乡村项目的落实,形成良好的社会经济效应,但也会给公共财政造成压力,乡镇一级的财政压力尤为显著。以青村镇的农民集中居住项目为例,除去市、区两级的补贴之外,镇级财政需要补贴每户 150 万～200 万元。

乡村振兴是当前中国社会政策的重点领域之一,但随着乡村振兴战略深度和广度的不断延展,政府资本不足对乡村发展形成掣肘已经是不可回避的问题了。因此,需要转变思路,采用更加积极的发展型社会政策,通过对政策对象赋权增能,提高他们的市场参与度,从而增加社会整体福利。在发展型社会政策视域下,市场、企业与政府等多元主体均在社会发展中承担重要角色:政府要有目的地主导发展过程,在进行财政转移支付的同时,还应将经济政策与社会政策相结合,把各类市场主体纳入促进发展目标实现的过程中;而企业作为最主要的市场主体,在参与政府发展目标的过程中,应当找到企业经济效益与社会公共利益相融合的"共享价值",以实现社会效益的有效性和经济效益的可持续性。

2) 镇属平台公司组织架构

青村镇为了实现乡村振兴的社会目标,以镇政府为媒介,搭建了策划、规划、开发、建设、运营"五位一体"的平台公司,以此作为市场主体,在镇域发展过程中引入市场化模式。从平台公司架构看,青村镇在"全域统筹、全域规划"的思路下对镇属资产进行盘点分类,将优质资产整合重组,成立东方桃源公司,其作为农工商联合社下属的全资公司,代表青村镇全域内 24 个行政村参与市场活动。东方桃源公司下设 4 家子公司,分别为胤腾建设、胤腾置业、清溪畔公司和桃源里公司。其中,胤腾建设主要承担乡村基础设施新建和改建等项目,包括青村老街建设和吴房村、李窑村的开发建设等;胤腾置业则将业务重点放在农民集中居住和保障房开发方面;清溪畔公司是一个资产运营公司,负责李窑村和青村老街的招商和运营;桃源里公司则是资产管理公司,持有土地、厂房等重资产,同时还负责涉农相关领域。除了上述 4 家全资子公司外,东方桃源公司还充分吸纳社会资本,合资成立了思尔腾公司,负责吴房村的具体运营。从平台公司结构看,基本涵盖了从基础设施建设、保障房建设、产业运营到资产管理的乡村发展重点环节,能够成为青村镇乡村振兴建设的重要抓手。

3) 企业共享价值实现逻辑

从青村镇依托镇属平台公司进行乡村建设和运营的实践看,较好地体现了"发展型社会政策"和企业"共享价值"在乡村振兴过程中发挥的积极作用。

在社会效益方面,青村镇的平台公司架构对乡村和农民的"市场可及性"起到了积极的促进作用。首先,桃源里公司作为效仿奉贤区"百村公司"模式成立的资产管理公司,对镇域内 24 个村的优质资产进行整体运营,以实现资产增值,继而通过增值收益分红达到壮大集体经济的目的,为经济薄弱村参与市场活动并从中获益开辟了通道。其次,平台公司充分利用自身的企业资源,引进大型农企入驻青村镇。一方面有利于打造青村镇的农业品牌,开拓高端市场;另一方面也能够通过公司化的经营方式改善农业设施,提高科技附加值,减少自然环境对农业生产造成的损害,增强小农户的避险能力。最后,在现行的平台公司运作模式下,为农民开辟了"宅基地租金＋承包地租金＋工资性收入＋股金收入"的多维度增收渠道,基本实现了"资源变资产,资金变股金,农民变股民"。

在经济效益方面,最重要的衡量标准是经济的可持续性,主要考量经济效益与社会效益的融合程度,即企业实现社会效益需要付出的额外经济成本越低,经济的可持续性越强。在"共享价值"谱系中,上端是从社会公益型组织逻辑出发,下端则是从常规企业型组织逻辑出发,越靠近中轴线表明经济效益与社会效益的平衡能力越强,共享价值型组织特征越明显。从"共享价值"谱系图分析青村镇的平台公司架构(见图 7 - 5),可以看到胤腾置业、胤腾建设两家子公司是以社会效益为主要目标,其中胤腾置业的主要业务方向为农民集中居住和保障房建设,相较于传统的房地产开发,保障房项目经济回报低,可以说胤腾置业是以牺牲一定的经济效益为代价追求社会效益。而胤腾建设主要负责镇村基建,虽然为青村镇和镇域内乡村的可持续发展打下了基础,但就胤腾建设公司而言,基础设施建设完成后将会由运营公司进行后续开发,经济上的可持续性不强。清溪畔和桃源里两家公司作为资产持有和运营公司,则生发于常规企业经营逻辑,在市场规则主导下以追求经济效益为核心。清溪畔公司在市场化模式下对李窑村和青村老街进行招商运营,既能够达到了乡村振兴的社会目标,企业又可以从中获得经济利益。而桃源里公司在资产持有和运营之外,还承担涉农业务,用公司化、规模化和生态化的思路发展农业生产,因此体现出更强的社会效益。总体来看,这 4 家公司均匀分属谱系图两侧,使得东方桃园作为总公司,基本能够实现经济效益和社会效益的平衡,体现出较强的共享价值型企业特征。

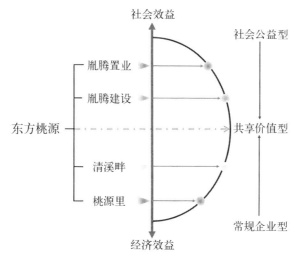

图 7 - 5　平台公司架构与共享价值谱系

资料来源:笔者自绘。

青村镇在通过土地整治、市场融资等方式完成镇级层面的资产积累和资产激活后,继续发挥市场主体和社会资本的力量,针对不同村庄的特点,探索更加精细化、个性化的运营模式。吴房村即是其中的一个典型代表。

7.3.3　吴房村的社会资本嵌入路径[①]

上海思尔腾科技服务有限公司由镇级平台公司、长三角乡村振兴基金和其他社会资本共同出资成立的(见图 7 - 6),是吴房村的运营公司。思尔腾公司成立之初,桃源里公司参与构建了其组织架构,并为思尔腾公司确定了公司发展的愿景目标,使之能够致力于"乡村振兴"产业融合发展。当前,思尔腾公司依托吴房村特有的资源禀赋,以生态保护、业态植入、文化传承

---

①　谷晓坤,李小天.青村镇吴房村乡村振兴调研报告[R].2021.

为抓手进行"嵌入性"运营,不断探索集农业生产、旅游观光、农产品种植、精品民宿开发、招商运营为一体的新产业、新业态、新模式。

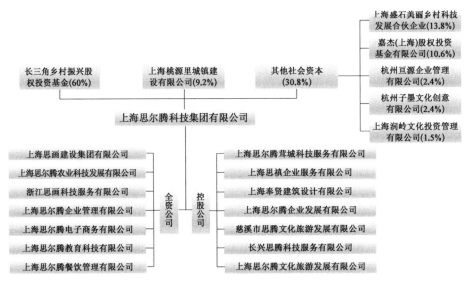

图7-6   上海思尔腾科技集团有限公司架构图

资料来源:天眼查。

1) 生态嵌入性,建设乡村振兴示范村

建设生态宜居的乡村,是实施乡村振兴战略的一项重要任务,也是塑造美丽乡村形态的重要一环。思尔腾公司在吴房村的运营过程中,注重将生态价值嵌入乡村发展,引入专业的绿化和物业管理公司打造和维护村庄人居环境,依托入驻的大型农企、企业下属的农业子公司和市农科院发展生态农业,突出农区对生态保护的重要意义。

在人居环境方面,镇级平台公司完成对吴房村的基础设施、房屋等硬件设施的改造升级后,思尔腾公司在运营过程中引入专业的物业公司和绿化公司打造和维护人居环境,同时还聘请当地村民进行日常的河道清理、村庄保洁、绿化带整理等工作。这些措施使吴房村基本实现生活垃圾规范化处理、村庄绿化水平提升,体现了乡村运营中的生态嵌入性。

在生态农业方面,吴房村在完成承包地流转经营后,开始在绿色生态导向下从招商和自营两个维度进行农业生产的运营。从招商看,引进京禾天润等一批大型农业企业,这些企业基本都面向高端市场走生态农业发展道路,强调农产品的品质,与吴房村的"生态嵌入性"运营理念是契合的。从自营看,思尔腾公司下属的全资子公司思农科技负责吴房村的农业板块运营,该公司通过改良土壤、控制化肥农药施用量、优化种植方式等一系列措施进行生态化的黄桃种植,同时上海市农科院还会每月入村进行指导。在此过程中,承包地流转的农民被吸纳为产业工人,他们将按照农业公司的生产规范进行操作,对于承包地没有流转的农民进行订单化生产,让他们按照绿色生态的验收标准从事农业生产。这些措施将农民纳入生态农业发展的共赢式范式中,在很大程度上规避了农民因追求短期经济利益而滥用化肥农业的问题。在思农科技的运营管理下,吴房村的土壤板结情况得到改善,黄桃品质大幅提升,基本实现了农业的生态价值嵌入。

2) 业态嵌入性,打造乡土韧性产业链

产业兴旺是乡村振兴的基础,只有做好业态植入,才能让乡村形成造血机制。思尔腾公司在吴房村的运营过程中,充分利用黄桃产业基础,围绕黄桃进行三产融合,做好农业业态升级,夯实吴房村的农业底色。同时,依托上海市奉贤区"三园一总部"政策,发展总部经济及其相关配套产业,丰富吴房村业态。

在农业业态方面,吴房村充分利用其作为大都市乡村发展现代农业的先天优势,以传统的黄桃产业为基底,以三产融合为目标,进行农业业态的提升优化。在一产的黄桃种植上,吴房村在上海市农科院和思农科技公司的带动和指导下,降低黄桃种植密度,将传统的平面型树权修剪为斜向上的两树权形,为农机作业留出空间,同时主动提高绿色生态标准,逐步用物理防虫取代化学防虫,使黄桃的总产量和良果率稳步提升。在二产的黄桃加工上,在思农科技运营下,当前已经开发了 30 多种黄桃衍生品,生产黄桃的果汁和果酒的加工厂已经投入运营,同时与山东沂蒙、江苏阳山等水蜜桃产地开展农产品深加工合作,形成了较为成熟的农业加工业态体系。在三产的其他黄桃相关业态上,思尔腾公司着力打造"吴房有桃"品牌,进一步打响吴房村黄桃的知名度,并以此为依托,发展农创产业和农旅产业,例如黄桃采摘、桃树认领等,形成了较为稳定的客流量。

在总部经济方面,桃源里公司和思尔腾公司落实奉贤区的"三园一总部"政策,把总部经济作为吴房村的核心业态进行嵌入。在完成宅基地改建和重建工作后,利用优美的办公环境和税收优惠政策吸引企业总部入驻,将吴房村流转出来的宅基地作为企业总部的办公场所,这些企业创造了高额的税收价值,能够有效壮大镇—村两级的集体经济。当前吴房村已有近30家企业、名人工作室、高校创新中心陆续入驻,其中包括同济大学新农村创新融合中心、上美院乡村艺术中心、中国美院乡村工作站以及著名国画家吴山明大师工作室、越剧表演艺术家吴群工作室等。为了给这些企业、工作室、艺术中心等机构营造良好的办公环境,吴房村在业态嵌入时也引进了餐饮、民宿等配套产业,使村域内形成一个较为完整的业态体系。同时,吴房村的运营公司充分考虑到了企业的生命周期,科学制定了准入机制和退出机制,以确保吴房村的产业能够长期保持旺盛的生命力。

3) 文化嵌入性,共绘乡愁乡情新画卷

文化振兴是乡村振兴的精神基础,也是留住乡愁、提升乡村文化软实力的重要步骤。

首先,以弘扬传统文化为基础。思尔腾公司一方面利用乡村民宿和农旅产业吸引游客关注吴房村的传统建筑和村落布局,同时增强村民的文化自信。吴房村在修缮改建过程中,以吴山明教授提议创作的水墨长卷"桃源吴房十景图"为蓝本,聘请中央美院进行整体的风貌把控,基本保留了包括老树、栈桥、河流等要素在内的乡村原始肌理,在宅基地改建过程中进行了外立面风貌统一,使得房屋建筑更能体现传统江南水乡的美感,成为美丽乡愁的承载。

其次,以培育尊老文化为切入。思尔腾公司以提供养老服务为切入口进行文化嵌入,协助村委会运营吴房村的青春里颐养公寓,为老年人提供基本的健康安全检测。同时,村内还建有"生活驿站",在运营过程中将养老的公共服务发包给熙春堂,借助市场主体提供的高效率公共服务,为老年人提供了免费多彩的养老活动。通过上述运营,帮助吴房村营造了尊老敬老的乡村文化。

最后,以再造乡土文化为抓手。文化嵌入也体现在运营公司和吴房村的融入上。在乡村运营和业态植入的过程中,外来人口流入吴房村,在一定程度上对传统的乡土文化产生了冲击。为了更好地进行乡村运营,思尔腾公司每年负责主办村民融合日,新老村民在一起过生日、举办各类活动,使新老村民能够在村域内和谐共处,共同促进乡村振兴。同时,思尔腾公司结合吴房村的黄桃产业,举办桃花节等文化活动,一方面能够为吴房村创造客流量,并转化为经济收益,实现服务业态嵌入;另一方面能够丰富村民的精神文化生活,提高村民对运营公司的认可度。

参考文献

［1］（春秋）左丘明著,李德山注评.国语［M］.南京：凤凰出版社,2009.

［2］（汉）班固.汉书［M］.北京：中华书局,2007.

［3］（汉）许慎撰,（宋）徐铉校定.说文解字［M］.北京：中华书局,2013.

［4］（晋）陶潜.搜神后记［M］.上海：商务印书馆,1936.

［5］（晋）陶渊明著,袁行霈解读.陶渊明集［M］.北京：国家图书馆出版社,2020.

［6］（晋）陈寿撰,（宋）裴松之注.三国志［M］.2 版,北京：中华书局,1982.

［7］《古代汉语词典》编写组.古代汉语词典（最新修订版・彩色本）［M］.2 版,北京：商务印书馆,2021.

［8］蔡运龙.中国农村转型与耕地保护机制［J］.地理科学,2001(21)：1－6.

［9］陈明珠.发达国家城镇化中后期城市转型及其启示［D］.北京：中共中央党校,2016.

［10］陈晓华,张小林."苏南模式"变迁下的乡村转型［J］.农业经济问题,2008(8)：21－25.

［11］陈玉福,孙虎,刘彦随.中国典型农区空心村综合整治模式［J］.地理学报,2010,65(6)：727－735.

［12］程章灿.江南通志［M］.南京：凤凰出版社,2019.

［13］杜国明,孙晓兵,王介勇.东北地区土地利用多功能性演化的时空格局［J］.地理科学进展,2016,35(2)：232－244.

［14］范曼铃,宗会明.基于嵌入理论的中国跨国企业的企业社会责任研究：以华为公司为案例［J］.人文地理,2021,36(4)：143－150.

［15］方劲.内源性农村发展模式：实践探索、核心特征与反思拓展［J］.中国农业大学学报(社会科学版),2018,35(1)：24－34.

［16］房艳刚,刘继生.基于多功能理论的中国乡村发展多元化探讨：超越"现代化"发展范式［J］.地理学报,2015,70(2)：257－270.

［17］谷晓坤,李小天,刘静.基于 IAD 理论框架的大城市乡村空间治理研究：以上海市金山区廊下镇为例［J］.人文地理,2023,38(3)：100－107.

［18］谷晓坤,李小天,许德娅,等.大城市居民对周边乡村多功能转型的响应：基于"知识—态度—行为"(KAP)模型的分析［J］.地理研究,2023,42(6)：1598－1612.

[19] 谷晓坤,刘静,代兵,等.大都市郊区工业用地减量化适宜性评价方法与实证[J].自然资源学报,2018,33(8):13171325.

[20] 谷晓坤,陶思远,卢方方等.大都市郊野乡村多功能评价及其空间布局:以上海89个郊野镇为例[J].自然资源学报,2019,34(11):2281 - 2290.

[21] 谷晓坤,周小平,刘博研,等.基于"情境—结构—行为—结果"分析的上海市低效工业用地减量化治理[J].自然资源学报,2022,37(6):1413 - 1424.

[22] 谷晓坤.大都市郊野空间治理的上海探索[M].上海:上海交通大学出版社,2018.

[23] 顾守柏,谷晓坤,刘静.上海大都市土地整治[M].上海:上海交通大学出版社,2018.

[24] 何鹤鸣,张京祥.产权交易的政策干预:城市存量用地再开发的新制度经济学解析[J].经济地理,2017,37(2):7 - 14.

[25] 贺雪峰.谁的乡村建设:乡村振兴战略的实施前提[J].探索与争鸣,2017(12):71 - 76.

[26] 洪惠坤,谢德体,郭莉滨,等.多功能视角下的山区乡村空间功能分异特征及类型划分[J].生态学报,2017,37(7):2415 - 2427.

[27] 胡彬彬.中国村落史[M].北京:中信出版社,2021:8.

[28] 胡书玲,余斌,王明杰.乡村重构与转型:西方经验及启示[J].地理研究,2019,38(12):2833 - 2845.

[29] 黄中伟,王宇露.关于经济行为的社会嵌入理论研究述评[J].外国经济与管理,2007(12):1 - 8.

[30] 贾宏俊,黄贤金,于术桐,等.中国工业用地集约利用的发展及对策[J].中国土地科学,2010,24(9):52 - 56.

[31] 李广东,方创琳.城市生态—生产—生活空间功能定量识别与分析[J].地理学报,2016,71(1):49 - 65.

[32] 李梦桃,周忠学.基于多维评价模型的都市农业多功能发展模式探究[J].中国生态农业学报,2016,24(9):1275 - 1284.

[33] 李平星,陈雯,孙伟,等.经济发达地区乡村地域多功能空间分异及影响因素:以江苏省为例[J].地理学报,2014,69(6):797 - 807.

[34] 李文钊.制度分析与发展框架:传统、演进与展望[J].甘肃行政学院学报,2016(6):4 - 18,125.

[35] 林若琪,蔡运龙.转型期乡村多功能性及景观重塑[J].人文地理,2012,2(27):45 - 49.

[36] 刘守英,王一鸽.从乡土中国到城乡中国:中国转型的乡村变迁视角[J].管理世界,2018,34(10):128 - 146,232.

[37] 刘彦随,刘玉,陈玉福.中国地域多功能性评价及其决策机制[J].地理学报,2011,66(10):1379 - 1389.

[38] 刘彦随.中国东部沿海地区乡村转型发展与新农村建设[J].地理学报,2007,62(6):563 - 570.

[39] 龙花楼,李婷婷,邹健.我国乡村转型发展动力机制与优化对策的典型分析[J].经济地理,2011,31(12):2080-2085.

[40] 龙花楼,李裕瑞,刘彦随.中国空心化村庄演化特征及其动力机制[J].地理学报,2009,64(10):1203-1213.

[41] 龙花楼.论土地利用转型与乡村转型发展[J].地理科学进展,2012,31(2):131-138.

[42] 罗吉斯,伯德格.乡村社会变迁[M].杭州:浙江人民出版社,1988.

[43] 罗雅丽,李同昇,张常新等.乡镇地域多功能性评价与主导功能定位:以金湖县为例[J].人文地理,2016(3):94-102.

[44] 罗震东,项婧怡.移动互联网时代新乡村发展与乡村振兴路径[J].城市规划,2019,43(10):8.

[45] 罗震东.流乡村:移动互联网时代的中国城镇化[M].南京:江苏凤凰教育出版社,2022:11-12.

[46] 宁志中.中国乡村地理[M].北京:中国建筑工业出版社,2019.

[47] 彭建,刘志聪,刘焱序.农业多功能性评价研究进展[J].中国农业资源与区划,2014,35(6):1-8.

[48] 彭锐,张婷,张秋玲,等.大城市近郊都市现代农业多功能实施路径探究:以苏州高新区通安现代农业示范园为例[J].中国农业资源与区划,2021,42(10):11-18.

[49] 申明锐,张京祥.新型城镇化背景下的中国乡村转型与复兴[J].城市规划,2015,39(1):30-34.

[50] 申明锐.从乡村建设到乡村运营:政府项目市场托管的成效与困境[J].城市规划,2020,44(7):9-17.

[51] 宋庆宇,付伟.关注乡村振兴中的"数字乡民"[N].光明日报,2023-06-16(2).

[52] 唐林楠,潘瑜春,刘玉,等.北京市乡村地域多功能时空分异研究[J].北京大学学报(自然科学版),2016,52(2):303-312.

[53] 唐林楠,杨茂伟,刘玉,等.大都市郊区乡村多功能分类、演化趋势与研究展望[J].热带地理,2024,44(1):68-78.

[54] 田甜,杨钢桥,赵微,汪文雄.农地整治项目农民参与行为机理研究:基于嵌入性社会结构理论[J].农业技术经济,2015(7):16-26.

[55] 涂圣伟.工商资本下乡的适宜领域及其困境摆脱[J].改革,2014(9):10.

[56] 王爱玲,串丽敏.韩国归农归村发展动向对我国返乡入乡的启示[J].农业经济,2022(3):42-44.

[57] 王枫,董玉祥.基于灰色关联投影法的土地利用多功能动态评价及障碍因子诊断:以广州市为例[J].自然资源学报,2015,30(10):1698-1713.

[58] 王航.我国东部地区都市现代农业多元功能比较分析[J].农业现代化研究,2013(1):25-29.

[59] 王明,周忠学,冯海建.西安都市圈都市农业多功能协调性研究[J].干旱区地理,2015,38(4):858-866.

[60] 王鹏飞.论北京农村空间的商品化与城乡关系[J].地理学报,2013,68(12):1657 - 1667.

[61] 吴传钧.中国农业与农村经济可持续发展问题:不同类型地区实证研究[M].北京:中国环境科学出版社,2001.

[62] 谢高地,鲁春霞,甄霖等.区域空间功能分区的目标、进展与方法[J].地理研究,2009,28(3):561 - 570.

[63] 徐梦瑶,张正峰,谷晓坤,等.低效建设用地减量化对乡村转型发展的影响研究:基于上海市的扎根理论分析[J].中国土地科学,2021,35(6):65 - 74.

[64] 杨其长.以都市农业为载体,推动城乡融合发展[J].中国科学院院刊,2022,37(2):246 - 255.

[65] 杨忍,陈燕纯.中国乡村地理学研究的主要热点演化及展望[J].地理科学进展,2018,37(5):601 - 616.

[66] 杨忍,罗秀丽,陈燕纯.中国县域乡村地域多功能格局及影响因素识别[J].地理科学进展,2019,38(9):1316 - 1328.

[67] 杨振山,蔡建明.都市农业发展的功能定位体系研究[J].中国人口·资源与环境,2006,(5):29 - 34.

[68] 叶林,雷俊华.社会力量助推乡村振兴的内源性发展路径研究:基于"振兴村"试点的分析[J].理论与改革,2022(1):87 - 101.

[69] 张富刚,刘彦随.中国区域农村发展动力机制及其发展模式[J].地理学报,2008,63(2):115 - 122.

[70] 张锦华,吴方卫.现代都市农业的生态服务功能及其价值分析[J].生态经济,2006(2):186 - 189.

[71] 张路路,郑新奇,蔡玉梅.基于投影寻踪模型的湖南省土地多功能时空演变分析[J].长江流域资源与环境,2018,27(8):1754 - 1764.

[72] 张文明,章志敏.资源·参与·认同:乡村振兴的内生发展逻辑与路径选择[J].社会科学,2018(11):11.

[73] 张晓平,朱道林,许祖学.西藏土地利用多功能性评价[J].农业工程学报,2014,30(6):185 - 194.

[74] 张一达,刘学录,范亚红等.基于改进 TOPSIS 法的兰州市土地利用多功能性评价[J].干旱区地理,2019,42(2):444 - 451.

[75] 赵丽,张贵军,朱永明等.基于土地利用转型的土地多功能转变与特征分析:以河北省唐县为例[J].中国土地科学,2017,31(6):42 - 50,97.

[76] 中国社会科学院农村发展研究所,国家统计局农村社会经济调查司.中国农村经济形势分析与预测(2018~2019)[M].北京:社会科学文献出版社,2019:228 - 249.

[77] 中国社会科学院语言研究所词典编辑室.现代汉语词典[M].6 版.北京:商务印书馆,2012.

[78] 中华人民共和国住房和城乡建设部.中国城市建设统计年鉴[M].北京:中国计划出版社,2010.

［79］ 中华人民共和国住房和城乡建设部.中国城市建设统计年鉴［M］.北京：中国计划出版社,2019.

［80］ 周小平,刘博研,谷晓坤,等.城市周边闲置宅基地盘活利用影响机制及治理对策：基于长三角城市群三个典型乡村的案例分析［J］.中国土地科学,2022,26（10）：109－118.

［81］ 周小平,申端帅,谷晓坤,等.大都市全域土地综合整治与耕地多功能：基于"情境—结构—行为—结果"的分析［J］.中国土地科学,2021,35（9）：94－104.

［82］ 周月萍,周兰萍.PPP 项目运作实务［M］.北京：法律出版社,2019.

［83］ 朱娅,李明.乡村振兴的新内源性发展模式探析［J］.中共福建省委党校学报,2019（6）：124－130.

［84］ AJZEN I. The theory of planned behavior［J］. Organizational Behavior and Human Decision Processes，1991，50（2）：179－211.

［85］ BABAEI A A，ALAVI N，GOUDARZI G，et al. Household recycling knowledge，attitudes and practices towards solid waste management［J］. Resources，Conservation and Recycling，2015，102：94－100.

［86］ BRUNORI G. Post-rural processes in wealthy rural areas：hybrid networks and symbolic capital［J］. Research in Rural Sociology & Development，2005，12（6）：121－145.

［87］ DACIN M T，VENTRESCA M J，BEAL B D. The embeddedness of organizations：dialogue and directions［J］. Journal of Management，1999，25（3）：317－356.

［88］ EUROPEAN COMMISSION. Contribution of the European community on the multifunctional character of agriculture? Info-Paper；Directorate General of Agriculture，European Commission［R］. Brussel，Belgium，1999.

［89］ GALDEANO-GOMEZ E，AZNAR-SANCHEZ J A，PEREZ-MESA J C. The Complexity of theories on rural development in Europe：an analysis of the paradigmatic case of Almeria（South-east Spain）［J］. Sociologia Ruralis，2011（1）：54－78.

［90］ GAODI X，LIN Z，CAIXIA Z，et al. Assessing the multifunctionalities of land use in China［J］. Journal of Resources and Ecology，2010，1（4）：311－318.

［91］ GHOSE R. Big sky or big sprawl? Rural gentrification and the changing cultural landscape of Missoula，Montana［J］. Urban Geography，2004，25（6）：528－549.

［92］ GLP. Science Plan and Implementation Strategy 2016—2021［M］. Bern：Centre for Development and Environment，University of Bern，2016.

［93］ GOMES E，ABRANTES P，BANOS A et al. Modelling future land use scenarios based on farmers' intentions and a cellular automata approach［J］. Land Use Policy，2019（85）：142－154.

［94］ GÓMEZ-SAL A，BELMONTES J，NICOLAU J. Assessing landscape values：a proposal for a multidimensional conceptual model[J]. Ecological Modelling, 2003, 168(3), 319 – 341.

[95] GÓMEZ-SAL A, GARCÍA A. A comprehensive assessment of multifunctional agricultural land-use systems in Spain using a multi-dimensional evaluative model [J]. Agriculture Ecosystems & Environment, 2007, 120(1), 82 – 91.

[96] GOSNELL H, ABRAMS J. Amenity migration: diverse conceptualizations of drivers, socioeconomic dimensions, and emerging challenges[J]. Geo Journal, 2011(76): 303 – 322.

[97] GRANOVETTER M S. Economic action and social structure: the problem of embeddedness[J]. Administrative Science Quarterly, 1984, 19(3): 481 – 510.

[98] GU X, XIE B, ZHANG Z, et al. Rural multifunction in Shanghai suburbs: evaluation and spatial characteristics based on villages[J]. Habitat International, 2019, 92: 102041.

[99] GU X, XU D, XU M, et al. Measuring residents' perceptions of multifunctional land use in peri-urban areas of three Chinese megacities: Suggestions for governance from a demand perspective[J]. Cities, 2022, 126: 103703.

[100] HALINEN A, TORNROOS J. The role of embeddedness in the evolution of business networks [J]. Scandinavian Journal Management, 1998, 14 (3): 187 – 205.

[101] HENKE R, VANNI F. Peri-urban agriculture: an analysis of farm typologies in Italy[J]. New Medit, 2017, 16(3): 11 – 18.

[102] HENKE R, VANNI F. Peri-urban agriculture: an analysis of farm typologies in Italy. New medit: mediterranean[J]. Journal of Economics, Agriculture and Environment, 2017, 16(3), 11 – 18.

[103] HERMANNS T, HELMING K, SCHMIDT K, et al. Stakeholder strategies for sustainability impact assessment of land use scenarios: analytical framework and identifying land use claims[J]. Land, 2015, 4(3): 778 – 806.

[104] HOLMES J. Impulses towards a multifunctional transition in rural Australia: gaps in the research agenda[J]. Journal of Rural Studies, 2006, 22 (2): 142 – 160.

[105] HORLINGS L, MARSDEN T. Exploring the "New Rural Paradigm" in Europe: eco-economic strategies as a counterforce to the global competitiveness agenda [J]. European Urban and Regional Studies, 2014, 21, 4 – 20.

[106] HUNGERFORD H R, VOLK T L. Changing learner behavior through environmental education[J]. The Journal of Environmental Education, 1990, 21 (3): 8 – 21.

[107] IKER ETXANO, ITZIAR BARINAGA-REMENTERIA, OIHANA GARCIA. Conflicting values in rural planning: a multifunctionality approach through social

multi-criteria evaluation[J]. Peer-reviewed version available at Sustainability 2018, 10(5): 1 - 29.

[108] LIAO X, NGUYEN T P L, SASAKI N. Use of the knowledge, attitude, and practice (KAP) model to examine sustainable agriculture in Thailand[J]. Regional Sustainability, 2022, 3(1): 41 - 52.

[109] LUO B, WANG S, LI S. Transaction costs, farmers' cognition and farmland transfer: a questionnaire survey from Guangdong Province[J]. Journal of Agrotechnical Economics, 2012(1): 11 - 21.

[110] MADARA D, AINA D, ANDRA Z. Multifunctionality of urban agriculture and its characteristics in Latvia[J]. Rural Sustainability Research, 2022, 48(343): 54 - 67.

[111] MAIER L, SHOBAYASHI M. Multifunctionality: towards an analytical framework[M]. Paris, OECD Publications Service, 2001.

[112] MICHAEL WOODS. Precarious rural cosmopolitanism: negotiating globalization, migration and diversity in Irish small towns[J]. Journal of Rural Studies, 2018, 64(4): 164 - 176.

[113] OSTROM E. A method of institutional analysis and an application to multiorganizational arrangements[M]. Berlin, Boston: DE GRUYTER, 2015, 501 - 524.

[114] PENG J, LIU Z, LIU Y, et al. Multifunctionality assessment of urban agriculture in Beijing City, China[J]. Science of The Total Environment, 2015, 537343 - 351.

[115] PLIENINGER T, BENS O, REINHARD F. Innovations in land-use as response to rural change - a case report from Brandenburg, Germany, multifunctional land use - meeting future demands for landscape goods and services[M]. Springer, 2007: 369 - 385.

[116] POTTER C, BURNEY J. Agricultural multifunctionality in the WTO legitimate non-trade concern or disguised protectionism?[J]. Journal of Rural Studies, 2002, 18(2): 35 - 47.

[117] RANDELLI F, ROMEI P, TORTORA M. An evolutionary approach to the study of rural tourism: the case of tuscany[J]. Land Use Policy, 2014, 38(3): 276 - 281.

[118] ROSENOW S, KERN F, ROGGE K. The need for comprehensive and well targeted instrument mixes to stimulate energy transitions: the case of energy efficiency policy[J]. Energy Research & Social Science, 2017, 33(1): 95 - 104.

[119] SEITZ S J, LORD C G, TAYLOR C A. Beyond pleasure: emotion activity affects the relationship between attitudes and behavior[J]. Personality and Social Psychology Bulletin, 2007, 33(7): 933 - 947.

[120] VAN HUYLENBROECK G, VANDERMEULEN V, METTEPENNINGEN E, et al. Multifunctionality of agriculture: a review of definitions, evidence and instruments[J]. Living Reviews in Landscape Research, 2007, 1: 1 – 38.

[121] WHYKE T W, CHEN Z T, LOPEZ-MUGICA J. An analysis of cultural dissemination and national image construction in Chinese influencer Li Ziqi's vlogs and its impact on international viewer perceptions on YouTube[J]. The Journal of Chinese Sociology, 2022, 9(1): 1 – 19.

[122] WIGGERING H, MÜLLER K, WERNER A, et al. The concept of Multifunctionality in sustainable land development[M]//HELMING K. WIGGERING H. Sustainable development of multifunctional landscapes. Berlin, Heidelberg: Springer, 2003: 3 – 18.

[123] WILLEMEN L, HEIN L, MARTINUS E F, et al. Space for people, plants and livestock? Quantifying interactions among multiple landscape functions in a Dutch rural region[J]. Ecological Indicators Landscape Assessment for Sustainable Planning, 2010, 10(1): 62 – 73.

[124] WILSON A G. The spatiality of multifunctional agriculture: a human geography perspective[J]. Geo forum, 2009, 40(2): 269 – 280.

[125] WILSON G. Multifunctional agriculture: a transition theory perspective[M]. Wallingford: CABI International, 2007.

[126] WILSON G, JONATHAN R. Post-productivist agricultural regimes and the south: discordant concepts?[J]. Progress in Human Geography, 2003, 27(6): 681 – 707.

[127] WILSON G A. From "weak" to "strong" multifunctionality: conceptualizing farm-level multifunctional transitional pathways[J]. Journal of Rural Studies, 2008, 24: 367 – 383.

[128] WOODS M. Engaging the global countryside: globalization, hybridity and the reconstitution of rural place[J]. Progress in Human Geography, 2007, 31(4): 485 – 507.

[129] WOODS M. Rural geography: processes, responses and experiences in rural restructuring[M]. London: Sage, 2005.

[130] XIE G, ZHEN L, ZHANG C, et al. Assessing the multifunctionalities of land use in China[J]. Journal of Resources and Ecology, 2010, 1(4): 311 – 318.

[131] XU D, GU X, XU M, et al. How can land-use practices be modeled? Understanding the influence of knowledge, attitudes and emotional connections on urban residents' behavioral intentions regarding peri-urban areas from an MLU perspective[J]. Habitat International, 2024, 145: 103038.

[132] XU M, ZHANG Z. Farmers' knowledge, attitude, and practice of rural industrial land changes and their influencing factors: evidences from the Beijing-

Tianjin-Hebei region, China[J]. Journal of Rural Studies，2021，86，440 – 451.

[133] ZASADA I. Multifunctional peri-urban agriculture – a review of societal demands and the provision of goods and services by farming[J]. Land Use Policy，2011，28(4)：639 – 648.

索引